전통의료 구술자료 집성(Ⅱ)

-원로 한약업사들의 약업(藥業)과 삶-

박경용 朴敬庸

경남 남해군 창선도에서 농부의 아들로 태어났다. 창선초·중학교와 진주고등학교를 졸업하고 경북대학교 고고인류학과에서 학부와 대학원(석사)을 마쳤다. 박사학위는 영남대학교 문화인류학과에서 사회인류학 전공으로 취득했다. 대구의 약령시한의약박물관과 영남대학교 한국학부, 인문과학연구소, 민족문화연구소 등에서 연구원과 연구교수로 일하면서 20세기민중생활사, 특히 전통의료의 생활사를 연구했다. 전북대학교 20세기민중생활사연구소에서는 전통지식 연구에 몰두하였으며, 지금은 대구대학교 교수로 재직하면서 재외한인의 디아스포라 생활사에 주목하고 있다. 최근의 주요 논저로는 "사찰 민간의료 전승 양상"(2010), "도서지방 나물과 약초의 생태민속학적 연구"(2009), 『대구의 축제 민속지』(2010), 『한국 전통의료의 민속지Ⅰ』(2009), 『전통의료 구술자료 집성Ⅰ』(2011), 『사할린 한인 디아스포라 구술생애사』(2014) 등이 있다.

전통의료 구술자료 집성(Ⅱ)

초판 1쇄 인쇄 | 2016년 10월 21일
초판 1쇄 발행 | 2016년 10월 28일

저 자 | 박경용
발행인 | 한정희
발행처 | 경인문화사
주 소 | 경기도 파주시 회동길 445-1 경인빌딩 B동 4층
전화: 031-955-9300, 팩스: 031-955-9310
이메일: kyungin@kyunginp.co.kr
홈페이지: http://www.kyunginp.co.kr
등록번호 | 제406-1973-000003호(1973.11.8)

ISBN : 978-89-499-4237-7 93380
정가 : 24,000원

전통의료 구술자료 집성(Ⅱ)

-원로 한약업사들의 약업(藥業)과 삶-

박 경 용

景仁文化社

글머리에

I

한의약 '전통'은 한민족의 자연관과 우주관, 인체관, 세계관을 포함하는 민족과학의 중요한 지적자산일 뿐만 아니라, 의료생활문화의 집적체이기도 하다. 광복 이후 전문화가 이뤄지고 임상과 학술 양면에서 괄목할 만한 성과가 나옴으로써 한의약은 이제 표준화와 과학화, 세계화의 기초를 닦는 데 주력하고 있다. 그럼에도 불구하고, 평생을 오로지 의약업에 몸담아오면서 전통의약의 지속과 변화의 전 과정을 일상의 경험과 기억을 통해 전승해온 원로 한의약업인들의 의약업과 생활문화에 대한 학술적 관심은 희소한 실정이다.

이러한 상황에서 한약업사와 한의사, 침구사 등 원로 한의약업인의 구술생애사 연구가 필요한 이유는 다음과 같다. 첫째, 원로 한의약업인의 주체적인 문화적 실천과 경험에 주목함으로써 근대성과 전통성, 과학주의 등의 거대 담론과 문헌, 제도와 정책 위주의 기존의 근현대 전통의약에 대한 연구의 외연을 확장시킬 것이다. 둘째, 전통의약을 평생 동안 전승해온 주체인 한의약 전문인의 생애사를 중심으로 그 지속과 변화를 새로운 각도에서 조망해볼 필요가 있다. 셋째, 일제강점과 광복, 6.25전쟁과 분단 등과 같은 역사의 격변기를 살아온 원로 한의약업인의 의약업과 일상적 삶의 양상들을 더 늦기 전에 생생하게 증언 받을 필요가 있다. 넷째, '전통'의 보존과 재구성, 현대적 활용 차원에서 근현대 전통의약의 일상적 담론과 경험을 포함하는 생활문화 자료들을 발굴, 수집, 정리, 보존할 필요가 있다. 전통의약 전문인들의 경험과 기억을 포함하는 이러한 생활의 물증(物證)들은 전승 주체의 자연 사멸과 함께 대부분 멸실되어 버리므로 이에 대한 사실 발견적(heuristic) 작업이 시급하다.

이에 연구자는 <한의약업인의 구술생애사를 통해 본 한국 전통의약의 지속과 변화-한약업사·한의사·침구사를 중심으로->라는 연구 과제를 수행하였다. 2006년 1월부터 2008년 12월까지 3년 간 사람의 자연 사멸과 함께 차츰 인멸되어가는 전통의료의 문화적 사상들(cultural things)을 수집, 기록하기 위해 80세 전후의 원로 침구사(침술원), 한의사(한의원), 한약업사(한약방) 등을 직접 찾아다녔다. 그리하여 영남과 서울, 경기 등지의 침구사 8명(맹인침술사 1명 포함)과 한의사 13명, 한약업사 17명(계승자 3명 포함) 등 총 38명의 전통의료 전문인들을 만나 면담하고 의료 실천 현장을 관찰할 수 있었다. 때로는 연구자 스스로가 환자가 되거나 가족이나 지인들의 진료와 시술 과정을 참관함으로써 라포(rapport)를 형성하고 관련 구술과 소장 문서, 물증 자료들을 수집했다.

기 연구가 종료된 2009년에는 이상의 연구과정에서 생산된 자료를 분석한 한약업사 관련 논문들을 한데 묶어『한국 전통의료의 민속지 1-원로 한약업사의 삶과 약업 생활문화-』(2009, 경인문화사)를 간행했다. 원자료(raw data)를 정치하게 분석, 가공한 논문과 저술로는 현지조사 과정에서 수집된 다양한 형태의 관련 자료들을 모두 엮어내기가 어렵다. 논문에는 특정의 제한된 주제와 관련된 자료들만 취사선택되므로 전승 주체의 시각이나 인식, 경험, 기억, 지식 등 전통의료의 다양한 나머지 자료들(특히 구술자료)은 '자료 창고' 속에 고스란히 남게 된다.

따라서 연구과정에서 생산된 많은 원자료들은 저장 매체에 잠든 채 방치되므로 이들을 집성하는 연구도 필요하다. 이는 텍스트 성격의 구술자료 집성을 지향할 수도 있지만, 한편으로는 해설이나 주석이 가미된 저술 형식을 띨 수도 있다. 이들은 교양 및 전문 연구서로 뿐만 아니라 담론 분석과 해석을 위한 연구 텍스트로서의 의의도 갖는다. 특히 생산된 여러 부류의 자료들을 논문을 통해 모두 담아내기 어려운 한계를 보완해준다는 점이 가장 큰 장점으로 꼽힌다.

II

원로 침구사, 한의사, 한약업사들이 평생에 걸쳐 환자를 치료하고 연구해오면서 축적, 전승해온 지식과 기술은 전통의료 경험지(experimental knowledges)이자 소중한 무형문화유산이기도 하다. 전통의료 전문인들의 의약업과 생애를 스스로의 시선으로 풀어나가는 이야기는 질병에 대한 인식과 사유, 치유 경험과 기술, 양생(養生) 등에 대한 전통적인 지식을 포함하고 있으므로 관련 분야의 학술적 가치 외에 건강을 도모하기 위한 정보로서의 가치도 적지 않다.

이들의 구술과 증언은 광복을 전후한 과도기 의료제도와 환경, 전통의료에 대한 인식과 생활문화사까지 보여줌으로써 그간 이 분야 연구를 등한시해온 한의학, 의사학(醫史學), 인류학, 민속학, 보건학 등의 학술분야에도 귀중한 자료가 될 것이다. 전통의료의 변화와 지속에 대한 기존의 연구들은 분석의 틀이 너무 거시적이고 설명방식 또한 사변적이어서 전통의약을 담지해온 주체들의 경험과 인식을 제대로 반영하지 못해왔다.

전통의료 전문인에 대한 일부 연구들도 제도사의 맥락과 역사적 인물의 일대기, 주요 임상적 성취 등에 한정되어 전통의료의 생활문화에 대한 생생하고도 총체적인 이해에는 이르지 못한다. 이런 점에서 원로 전통의료 전문인들(한의약업인)의 의약업에 대한 구술자료 집성은 한의학과 의사학(醫史學), 인류학, 민속학 분야의 연구를 크게 보완해줄 것이다. 특히 각 저술서에 포함되는 한의약업인들은 1912년생의 최고령자를 포함하여 1920년대 출생자가 대부분이어서 이제 어느 누구로부터도 채록하기 힘든 관련 경험과 기억들을 포함하고 있다.

　연구자는 2014년도 한국연구재단의 '저술성과확산지원' 사업의 일환으로 <한국 전통의료 구술자료 집성-한약업사·한의사·침구사를 중심으로->라는 주제의 연구를 진행하였다. 2년의 저술 편찬 기간 동안 기 연구과제의 수행과정에서 생산된 원자료들을 '원로 한약업사', '원로 한의사', '원로 침구사' 등의 구술자별로 분류하여 3권의 단행본으로 묶어보았다. 각 권은 구술자별로 어린 시절 성장과정과 가족관계, 전통의료 입문 동기와 과정, 의료지식과 기술 습득, 자격증(혹은 면허증) 취득과 의료제도, 업소 개업과 운영을 통한 의료실천, 주요 치료 사례와 비방(秘方), 전통의료 지식과 기능, 전통의료에 대한 인식과 발전방향, 관련 물증 등의 주제로 나누어 정리하였다.

　각 권에는 한의약업인 6-14명의 의약업과 삶에 대한 구술 자료들을 수록하되, 각 구술자마다 연보(年譜)와 인터뷰 후기 등을 첨부하고 생애 주기별로 내용을 정리함으로써 독자들의 이해를 돕고자 하였다. 각 장의 절과 항의 핵심 주제들은 명사구나 구술 문장 형식의 제목으로 제시함으로써 구술의 흐름이 이어질 수 있도록 하였다. 본문의 특정 내용에 대해서는 각주를 붙이고, 저술의 마지막에는 색인을 달아 독자의 편의를 도모하였다.

　각 권의 제목은 『전통의료 구술자료 집성 ② - 원로 한약업사들의 약업(藥業)과 삶 -』, 『전통의료 구술자료 집성 ③ - 원로 한의사들의 의업(醫業)과 삶 -』, 『전통의료 구술자료 집성 ④ - 원로 침구사들의 침구업(鍼灸業)과 삶 -』 등이다. 저술서 2~4권의 제목은 대구약령시의 한의사와 한약업사 6명을 대상으로 2011년에 간행된 제1권(『전통의료 구술자료 집성 ① - 대구약령시 원로 한의약업인 6인의 의약업과 삶 -』)의 연속 간행물임을 나타낸다.

　제2권에 수록되는 원로 한약업사들은 1917년생 이기인(대구), 1919년

생 홍준희(대구), 1921년생 조우현(대구), 오대준(경남), 1922년생 류경희(대구), 조덕식(부산), 1923년생 박기택(대구), 1924년생 양명주(대구), 김희정(부산), 1925년생 이시호(부산), 1926년생 박경열(경북), 1928년생 조한제(경남) 등 12명이다. 한약업사 자격증은 취득하지 못했지만, 오랫동안 선대의 한약방에서 수종하며 가업을 계승해오고 있는 1948년생 김종식(대구), 1942년생 박유홍(경남) 등 2명도 포함하였다.

제3권에 수록되는 원로 한의사들은 1912년생 윤판경(대구), 1919년생 신상호(대구), 1922년생 조경제(대구), 1924년생 김천호(대구), 1925년생 정태호(경북), 1926년생 배만근(대구), 1928년생 최종식(경북), 1931년생 서남수(대구), 1932년생 변정환(대구), 1937년생 조의제(경북) 등 10명이다.

제4권에는 1921년생 최영조(대구), 1924년생 진기업(대구), 성낙도(대구), 박정규(부산), 1926년생 최태암(서울), 1937년생 박외식(경북) 등 원로 침구사 6명의 침구 관련 경험과 기억, 인식 등이 수록되었다.

연구자가 만났던 전통의료 전문인들은 광복을 전후한 과도기에 해당 분야에 입문하여 의료 지식과 기술을 습득하고, 면허를 취득해서 전통의료 문화를 전승해왔다. 이들 대부분은 구술 채록 당시 80세를 넘겼으므로 8~10년이 지난 지금 상당수는 이미 고인이 되었다. 특히 면허를 지닌 침구사는 대부분 자연 사멸하여 전국적으로도 거의 찾아보기 어려운 상황이다.

연구자는 전통의료 자료 집성의 필요성에서 '대구약령시 원로 한의약업인' 외에 '원로 한약업사', '원로 한의사', '원로 침구사' 등을 중심으로 4권의 연계되는 자료집을 차례로 간행할 계획이었지만, 이러저러한 사정으로 자꾸만 미루어 왔었다. 이런 와중에서 애써 수집한 1천여 장의 사진 자료들이 관리 소홀로 인해 몽땅 유실되기도 했다. 남아 있는 구술 자료나마 한국연구재단의 '저술성과확산지원' 사업으로 세상에 남길 수 있게 되어 다행이다.

III

본서는 평생 동안 한약방을 경영해온 원로 한약업사 14명의 약업(藥業) 경험과 기억을 집성한 것이다. 정치한 분석보다는 원로 한약업사들의 구술을 통해 한국 전통의료의 역사와 문화상을 이해하고, 이를 바탕으로 전통의료의 지속과 변화를 유추해볼 수 있도록 기획되었다. 구술 내용을 여과 없이 가능한 그대로 전달하려 한 것도 이 때문이다.

당초에는 연구의 편의상 연구자가 거주하는 대구지역에 한정하여 구술자를 선정할 계획이었다. 하지만 연구의 신뢰도를 높이고 '긴급한 제보자'를 가능한 1명이라도 더 확보할 필요성에서 경북(경산), 경남(진주·사천), 부산 등지로 확대하였다.

본서에서 소개하는 원로 한약업사 12인과 한약 계승자 2인은 면담 시점인 2006년을 기준으로 대부분 70~80대에 이르는 연로자들로 한 시대의 증언자들이다. 이들은 일제 강점과 광복, 6.25전쟁 등 근현대의 격랑을 몸소 부딪히며 살아왔다. 평생 동안 한 길을 걸어온 전통의료의 장인들이자 관련 문화를 전승해오면서 국민 건강에 일익을 담당해온 건강 복음의 전도자들이다. 이들은 대구와 경북을 비롯하여 부산과 경남 등 자신들의 생활 처소에서 붙박이로 한평생을 보냈다. 일부는 다른 일을 하다가 나이 들어 시작했지만, 대부분은 어린 시절부터 한방업소에 들어가 근무 사사 방법으로 한약을 만지면서 지식과 기술을 습득했다.

구술자 14명은 아래 <표>와 같이 모두 대구(7명), 경북(1명), 부산(3명), 경남(3명) 등 영남지역에 분포한다. 구술자 연령은 구술 시점인 2006년을 기준으로 80대가 10명으로 대부분이며, 70대 2명이다. 나머지 2명은 60대와 50대 각 1명씩으로 한약업사 시험이 단절된 상황에서 가업을 잇기 위한 방편으로 한약업사를 고용하는 방식으로 한약방을 운영해나가는 계승자들이다.

〈구술자 개요〉

번호	지역	구술자	출생년도	한약방	비고
1	대구	이기인	1919	선인장	4대 계승
2		홍준희	1919	상고당	3대 계승
3		조우현	1923	일제	2대 계승
4		류경희	1924	인산	2대 계승
5		박기택	1925	온화당	당대
6		양명주	1926	춘원당	3대 계승
7		김종식	1948	복원당	2대 계승 종사자
8	경북	박경열	1928	동광	당대
9	부산	조덕식	1922	장수당	당대
10		김희정	1926	천일당	2대 계승
11		이시호	1927	동강당	2대 계승
12	경남	오대준	1921	천수당	3대 계승
13		조한제	1928	강민당	당대
14		박유홍	1941	보생당	3대 계승 종사자

IV

본서가 갖는 의의는 다음과 같은 몇 가지로 정리 가능하다. 첫째, 이 책에 소개된 원로 한의약업인들의 삶은 파란만장했던 지난 20세기의 지역 미시사와 전통의료 문화사 그 자체이다. 이들이 겪어온 생활의 역사를 '기억의 재현'을 통해 조망해봄으로써 근현대 전통의료의 지속과 변화를 엿볼 수 있다.

둘째, 구술자들은 어려서부터 약업에 입문하여 수 십 년씩 한방업에 종사해 왔다. 따라서 이들의 약업 인생의 궤적을 더듬어봄으로써 근현대 한국 전통의료의 역사와 문화를 유추해 볼 수 있다. 실제로 14인의 구술 내용과 소장 문서, 물중 속에는 전통의료 지식과 기술 및 생활문화의 지속과 변화를 비롯하여 그 전승양상과 관련되는 사회문화적 정보들이 녹아 있다.

셋째, 구술자들의 전통의료 경험과 인식을 그들의 시선으로 말하게 하고 이를 가능한 그대로 풀어서 엮어냄으로써 무형의 전통의료 경험지를 집성하였다. 이를 통해 전통의료 경험지의 문화사적 가치와 의의를 환기시키고, 향후 보다 포괄적이고 체계적인 자료 집성과 활용방안을 도출할 수 있는 계기가 될 것이다. 나아가 전통의료의 지속과 변화를 정치하게 분석할 수 있는 텍스트로서의 역할도 가능할 것이다.

넷째, 의식주를 비롯한 물건·물질, 우주·자연, 감각·기술 등 다양한 분야의 전통지식을 망라하여 이를 집성하기 위한 단초를 제공한다. 전통지식은 일상적인 삶 속에서 축적, 전승되므로 개인의 생애사적 맥락에서 조망될 필요가 있다. 따라서 전승 주체의 경험과 인식을 비롯하여 그들이 남긴 물증들도 함께 고려되어야 한다. 이 책은 이런 점에서 전통지식을 더욱 깊이 있게 연구하기 위한 시론적 작업으로 향후 여러 방면의 새로운 연구과정에 시사를 줄 것이다.

다섯째, 전통의료 경험지는 의료 지식과 기술의 집적체로서 무형의 민족문화유산이자 살아있는 의료 박물지(博物誌)로서의 가치를 지닌다. 동시에 지역의 전통지식체계이자 건강과 질병의 사유체계로서 인체관과 우주관, 질병관, 자연관을 엿보게 해준다. 활용 여하에 따라서는 현대적 재해석을 통해 의료 발전 및 국민보건 향상의 견인차가 될 수도 있다.

여섯째, 전통의료 경험지는 한의사나 한약업사, 침구사 등 공식적인 의료체계에 한정되지 않는다. 채약자나 민속치료사, 민중의술사를 비롯한 반가(班家)와 사찰의 비전(秘傳) 및 일반인의 민간의료 분야도 포괄한다. 향후 이들을 포함하는 보다 광범위한 영역에서 전통의료 경험지를 집성해나가는 지침이 될 것이다.

원로 한약업사들의 약업(藥業) 활동상과 삶을 수록한 본서는 '대구약령시 한의약업인 6인의 구술생애사' 간행에 이어 두 번째로 세상에 나오게 되었다. 이어서 한의사, 침구사 등의 구술 자료가 3권, 4권으로 차례로 집성됨으로써 이른바 제도권에 속한 전통의료 전승자들의 의약업과 생활상이 구술자료 중심으로 시리즈로 엮어지게 된 셈이다. 이로써 사라져가는 전통의 한 귀퉁이라도 후세에 남겨둘 수 있게 되었다. 향후 여력이 생긴다면 한약업사와 한의사, 침구사 등의 제도권 전문인 외에 채약인이나 약초 재배자, 민간요법 전문인, 산중의술(사찰 민간의료) 전승자 등 비제도권에 속하는 다양한 부류의 전통의료 전승자들의 구술 자료들도 다른 지면을 통해 차례로 소개하고자 한다. 아무튼 본서가 관련 연구들이 지속적으로 이어지도록 하는 데 조그마한 디딤돌이 되었으면 하는 바람이다.

이 책이 나오기까지는 여러 사람들의 도움과 격려가 있었다. 우선 연구자를 맞이하여 자신의 약업과 삶을 담담하게 구술해주신 14명의 원로 한약업사와 한약 계승자들께 감사드린다. 이 연구가 원만하게 이루어질 수 있었던 것은 당시 연구자가 몸담고 있던 영남대학교 민족문화연구소의 이동순, 이형우 전 소장님과 동료 소원들의 아낌없는 지지가 있었기에 가능했다. 컴퓨터 속에 잠자고 있던 귀중한 자료들이 세상에 나올 수 있도록 연구비를 지원해준 한국연구재단에 감사드린다. 본서가 제대로 된 모양을 갖출 수 있도록 지원해준 경인문화사의 한정희 사장님을 비롯하여 편집 및 교정을 도와준 여러 분들께도 고마움을 표한다.

2016년 10월
박경용 씀

차 례

.

.

글머리에

.

- 제1부 -

대구지역 원로 한약업사들의 약업(藥業)과 삶

콜레라 비방을 전승해온 선인장한약방 이기인

4대 한방 가업 계승/4/ 경험의학으로서의 한방의학/7/ 오운육기(五運六氣)와 한방의학/9/ 비방(秘方)과 활인적선(活人積善), 기보만병환(耆補萬病丸)/11/ 유불선(儒佛禪)과 한방의학/15/ 한약업사로서의 직업의식, 연기론(緣起論)과 활인적선/17/ 약재 관리와 정업(正業)/20/ 서예 공부와 한방의학/23/ 작품 전시회 : '이기인, 인간애에 바친 한 생애'/26

1948년 한약업사 시험을 치룬 상고당한약방 홍준희

어린 시절의 학업과 한약 수업/33/ 한약종상 시험과 활헌한약방 개업/36/ 비방(秘方)과 한약에 대한 인식/38

할아버지로부터 한약을 계승한 일제한약방 조우현

조부의 남강약방 입사와 한약 수업/43/ 한약업사 시험과 한약방 개업/45/ 약업 생활과 한약에 대한 인식/46

경험방 노트를 간직한 인산한약방 류경희

대구 방촌동 출생과 일제 강점기 경험/51/ 6.25전쟁과 피난, 군 입대/56/ 결혼과 4남 1녀의 자녀들/59/ 한약 입문과 이론 및 실물 공부/61/ 한약업사 시험과 대성한약방 개업 /63/ 한약방 운영과 약재 관리/68/ 환자 집증(執症)과 『경험방 노트』/72/ 한약업사 류경희의 처방전 바라보기/78/ 비방(秘方)과 한의약의 우수성, 가업 계승/86/ 정업(正業)의 실천과 일상생활/91/ 인산한약방의 한의약 물질 전승/93

초등교사 출신의 온화당한약방 박기택

학업과 일본생활/99/ 교직생활과 한약업사 시험/101/ 한약업사 애로와 지위 향상을 위한 요구 사항/105/ 약재 조달과 보관방법/110/ 고향 청도의 한약업사들과 비방(秘方) 전승/112/ 한약 감별과 법제, 집증(執症)의 전통지식/114/ 온화당한약방의 한방 물증/116

며느리에게 한약을 계승하는 춘원당한약방 양명주

한약 입문 동기와 한방 수업/123/ 한약 중상(仲商), 녹용장사/126/ 대구 동촌 곽약국 비방(秘方)과 군 복무/129/ 약사 행정의 문제점과 대안/132/ 한약방 경영과 영험한 약효 /135/ 한시(漢詩) 짓기와 한약업사의 일상생활/140/ 양명주의 환자 진찰 및 처방 과정 /144/ 가업 계승자의 시선 1 : 춘원당한약방의 일상/149/ 가업 계승자의 시선 2 : 약재 관리와 한약 수업/153/ 가업 계승자의 시선 3 : 한방(韓方)은 보이지 않는 예술/156/ 춘원당한약방의 생활 물증/159

한약과 한의를 중계하는 2대 계승자, 복원당한약방 김종식

한약업사 부친과 복원당한약방/163/ 3대 한방 가업 계승/165/ 한약방 근무와 한약 수업 /167/ 약재 관리와 한약방 운영/169 복원당한약방의 한약 물증/173

- 제2부 -
경북지역 원로 한약업사들의 약업(藥業)과 삶

우병(牛病) 처방 전문가, 동광한약방 박경열

대구 남산동 출생과 성장과정/181/ 대구전매국 근무와 6.25전쟁 경험/186/ 한약 입문과 공부, 한약업사 시험/188/ 한방(韓方)과 역학(易學)/194/ 동광한약방 개업과 운영/198/ 스승의 『오봉청낭결(五峰靑囊訣)』과 비방(秘方)/201/ 지혈, 설사, 우병(牛病) 처방 사례/205/ 우수 약재 선별과 조달 방법/208/ 업권 투쟁과 한약 갈등/211/ 정업(正業)과 책임감, 한방에 대한 인식/213/ 동광한약방의 한약 물증/218

- 제3부 -
부산지역 원로 한약업사들의 약업(藥業)과 삶

영남약우회 멤버였던 천일당한약방 김희정

밀양 조약국 근무와 한약업사 시험/229/ 부산 감초당한약방(甘草堂韓藥房) 근무와 6.25전쟁/230/ 천일당한약방 개업과 영남약우회 활동/232/ 한약의 현실과 업권 갈등/235/ 한국 인삼의 우수성/237/ 천일당한약방의 한방 물증/238

딸의 약국에서 한약을 조제했던 장수당한약방 조덕식

일본에서 침술(鍼術) 공부/245/ 6.25전쟁 때 단신 월남/246/ 약 심부름하며 한약 공부/247/ 한약업사 허가 취소, 딸(2녀)의 약국 근무/248/ 한약의 특수성과 한의업계 비판/250

17세에 한약에 입문한 동강당한약방 이시호

부산부(釜山府) 곡정(谷町) 출생과 학교생활/255/ 약성가(藥性歌)를 익히면서 한약 수업/256/
경남도청 대강당(연무관)에서 한약업사 시험/258/ 감초당한약방 근무와 약방 개업/260/
동강당한약방의 한약 물증/261

- 제4부 -
경남지역 원로 한약업사들의 약업(藥業)과 삶

개성 삼용상회와도 거래했던 천수당한약방 오대준

부친의 일산한약방과 한약 입문/267/ 공직생활과 한약업사 시험/268/ 천수당한약방(天壽
堂韓藥房) 개업과 운영/270/ 『처방록(處方錄)』과 『처방비람(處方備覽)』/272/ 천수당한약방
의 한방 물증/273

교직과 약업을 겸했던 강민당약방 조한제

교직생활과 한약 공부/281/ 행춘당한약방을 다니며 실물 공부/283/ 경남 진양군 대평면
에 한약방 개원/285/ 집증(執症) 방식과 특수 처방/286

단절의 기로에 선 3대 계승자, 보생당한약방 박유홍

3대 한방 가업/291/ 한약 실물 수련과 약성가(藥性歌) 외우기/292/ 비방(秘方) 전수를 통
한 한약 견문 넓히기/295/ 1983년의 마지막 시험/297/ 가감법(加味法)과 가미온담탕(加味
溫膽湯) 처방/298/ 괘약(掛藥)과 약재 보관/302/ 보생당한약방의 한약 물증/305

참고문헌 및 구술자료 목록/307/

찾아보기/311/

일러두기

・
・
・
・

・ 본서에 수록된 구술자료는 2006년도에 수행된 원로 한약업사와 한약 계승자들에 대한 인터뷰 내용을 바탕으로 하였다. 따라서 구술 내용 중의 나이 및 사건이나 행위 등을 나타내는 연도는 구술 채록 작업의 시점을 기준으로 한다.
・ 본문 내용 중 생략된 말은 [ ]로 표시했다. 그리고 사투리나 간단한 보충 설명을 비롯하여 구술자의 행위, 느낌 등은 ( )로 나타냈다.
・ 본문 내용은 구술자의 언어 중심으로 엮었으며, 연구자의 설명과 해석은 가능한 최소화했다.
・ 구술자의 한약업의 일상과 경험지식을 각자의 생애사적 맥락 속에서 이해하기 위해 '출생과 성장', '한약 지식·기술 습득', '한약업의 실천과 후대 전승', '일상생활과 물질전승' 등으로 암묵적으로 나누어 엮었다.

제1부

대구지역 원로 한약업사들의
약업(藥業)과 삶

콜레라 비방을 전승해온 선인장한약방 이기인

1948년 한약업사 시험을 치룬 상고당한약방 홍준희

할아버지로부터 한약을 계승한 일제한약방 조우현

경험방 노트를 간직한 인산한약방 류경희

초등교사 출신의 온화당한약방 박기택

며느리에게 한약을 계승하는 춘원당한약방 양명주

한약과 한의를 중계하는 2대 계승자, 복원당한약방 김종식

콜레라 비방을 전승해온
선인장한약방 이기인
-1919년 생-

·
·
·

4대 한방 가업 계승
경험의학으로서의 한방의학
오운육기(五運六氣)와 한방의학
비방(秘方)과 활인적선(活人積善), 기보만병환(耆補萬病丸)
유불선(儒佛禪)과 한방의학
한약업사로서의 직업의식, 연기론(緣起論)과 활인적선
약재 관리와 정업(正業)
서예 공부와 한방의학
작품 전시회 : '이기인, 인간애에 바친 한 생애'

연보

· 1919년 - 대구 출생
· 1948년 - 경북도청, 대구시청 공무원 생활 시작
· 1968년 - 섬유사업
· 1972년 - 선인장한약방 개업
· 1994년 - 서울, 뉴욕 등에서 서예전 개최
· 2006년 - 대구광역시 수성구 수성4가 선인장한약방 운영

■ 4대 한방 가업 계승

조부님과 어른은 약방을 청도서도 하고 대구 나와서도 했지요.

나는 대구에서 태어났어요. 남산동 복명학교를 다녔어요. 보통학교지요. 유명한 김울산이라는 기생이 세운 학교지요. 이전에는 경북 청도에서 한학 공부를 했어요. 5학년 때는 조선 사람이 담임했는데, 6학년 때는 일본인 구보(ぐぼう) 선생이 담임했어요. 당시 학교에서는 일본 말조차 쓰지 못하게 했어요.

어른 고향은 청도 각북면 오산동이지요. '시하의 몸'이 되어가지고… 조부님도 특히 나병환자 약을 많이 썼고, 지방 각처에서 나병환자들이 많이 왔어요. 그 시골까지. 어른도 학자시고 선비시고, 약을 잘 아셨는데.

나는 젊을 때는 약을 하지 않고 공직에 이, 삼십년 있다가 오십이 넘어가지고 어른 하던 거니까 시험 쳐가지고 합격해가 이렇게 해나왔지요. 조부님과 어른은 청도서도 하고 대구 나와서도 했지요. 옛날에는 한약방이 아니라, 학자들은 전부… 시험도 없었고, 저런 약장을 놓고 집에서 모두 자유로이 약을 짓고 했지요. 면허도 처음에는 없었어요. 학자들은 모두 [약을] 알았지요. 조부 때는 다른 지방에서도 사람들이 와서 약을 지어갔고, 어른도 자연히 일을 도우며 보고 듣고 하면서 어깨 너머로 약을 배워했지요.

나는 대구시청과 경북도청에 공무원으로 있었지요. 3급이므로 과장, 국장 정도 되지요. 50세가 넘어서 했어요. 나도 집안에 약을 하는 분위기니까 공직 있다 나와서 딴 것을 할 게 없으니까 자연적으로 이 업을 하게 되었지요. 당시 친구들은 중앙으로 올라갔는데, 나는 낙오되어서 이 업을 하면서 야인이 되어서 이 길로 가만히 들어앉았지요. 부친이 대를 이으라고 강요는 안 했지만, 어느 정도 영향은 있었다고 봐야지요.

부친은 자격증 그런 것과 관계없이 집에 약장을 갖다 놓고 가정적으로

약을 지었고, 사람들도 많이 왔지요. 부친은 학자시니까 부근의 글께나 하는 많은 사람들이 왔지요. 칠곡의 운암 선생은 100세 넘게 살았지만, 그런 사람은 손님들이 수백 명씩이나 와서 장사진을 쳤으니까 말 두 마디씩 해가지고 '너는 어디 아프니까 무슨 약을 쓰라.' 캐가 보내고 했지요. 워낙 유명해가지고 일제시대 미나미(みなみ) 총독이 방문할 정도였지요. 칠곡에 지금 운암동 재실이 있어요. 그런 분은 의인(義人)이라 불렀지요. 이거는 글(한문)로 나오는 것이므로 학자들은 전부 한약에 대한 것을 알고 있어요. 『의학입문(醫學入門)』이라든가 『동의보감(東醫寶鑑)』등은 모두 알고 있었지요.

나는 한약업사 시험 말기 무렵에 시험 쳤지요.

나는 한약업사 시험 말기 무렵에 시험 쳤지요.[1] 당시 경상북도에서 시험 쳤는데 이론과 실물시험도 쳤지요. 당귀라든가 백지(白芷)는 비슷한 거니까 '이거는 뭐꼬?' 카면서 시험 쳤지요. 당시 한약을 공부한 방법은 대충 다음과 같은 것이지요.

한약의 기초가 되는 한학 공부는 아주 어릴 때부터 집에서 배웠고요. 첫째는 여러 의서(醫書)를 낭독하며 독학으로 익히는 것이지요. 처방이나 약성이 들어있는 이른바 '육방전서(六方全書)'를 모두 공부했지요. 두 번째로는 어릴 때부터 부친이 하는 것을 익히 보면서 자라왔고, 커서는 좀 더 주의 깊게 눈과 귀로 들으면서 아버지 곁에서 공부한 셈이지요. 부친의 처방대로 약을 지으면서 병을 알아내는 법, 처방 내는 법 등을 익혔어요. 집에 없는 귀한 약재들은 때때로 약전골목의 건재약방으로 가서 가지가지 약재를 구입해 와서 직접 만져보고 맛도 보고 하면서 익히기도 했어요. 막내아들이 미국에서 한의사를 하다가 몇 년 전에 귀국했어요. 어

---

1 한약업사 시험은 인력 충원의 필요에 의해 광역시·도별로 간헐적으로 시행되다가 1983년 전국 단위로 마지막 시험이 실시되었다.

쨌든 4대째 한방을 가업으로 이어오고 있어요.

■ 경험의학으로서의 한방의학

의이삼세(醫以三世) 시에는 불복기약(不服其藥)하라

한방은 옛날부터 자체서 연구하고, 자체서 공부하고 경험 얻고 시험보고 합격되어 이렇게 나온 건데… 개개인의 명단이라든가 회원 되어가지고 알지, 회원되기 전에는 서로 누구인지 몰라요.

본래 나는 옛날 우리 가정적으로 조부님께서도 여기 조금 알고 계셨고, 어른도 알고 계셨고, 이래서 그기에 준해가지고 했던 것이지. 경험이란 게 견문이라. 어른들 견문에 준해가지고 비방(秘方)이라든지 여러 가지 경험으로서 이거는 체험으로 하는 것이지, 무슨 배워가지고 하는 게 아니라. 어떤 의서의 서두에는 '의이삼세(醫以三世) 시에는 불복기약(不服其藥)하라'고 했듯이, 그 집에 3대에 걸쳐 한약방 하지 않은 것 같으면 그 집 약을 먹지마라 캤거든. 그러니 오래 동안 3대째 경험 있는 그 집의 약을 먹지, 그렇지 않은 다음에는 먹지마라는 말이지. 이거는 경험방이 그만큼 중요하다는 의미라.

이거는 이행(理行)이라. 순전히 이치(理致)로서, 이치가 안 맞으면 처방이 안 되는 기라. 무슨 증세가 어떻다 카면 그 증세를 좇아 경험방으로… 그야말로 자기가 경험을 많이 해보았기 때문에 약명이 '보중익기탕(補中益氣湯)'이나 '오적산(五積散)'이라든지 그게 그기 맞더라 카는 기지.

경험이 있음으로 해서 윗대부터 참고서처럼… 그걸 비방이라 카지. 남이 모르는 거지. 비방문(秘方文)이 많은 사람은 여러 가지 연구도 할 수 있고, 증세에 따라 여러 가지로 연구할 수 있지.

인상착의 하나에도 음양오행, 육기가 다 들어 있고 …

요즘 [대학] 갓 나와 가지고 공부 잘 해가지고 의술이 좋겠지만, 첫째는 경험이 있어야 되는 기라. 이치에 맞아야 모든 게 되지. 이치에 안 맞으면 안 되지. 이치는 딴 게 아니고 법이라. 법에 준해서 맞아야 되는 기라.

(약장에 진열된 규격 약봉투를 가리키며) 저 약 한 봉지 한 봉지 처방해서 약을 싸는 데는 모두 음양조화가 들어가 있어요. 그저 감초(甘草)다, 당귀(當歸)다, 작약(芍藥)이다 해서 이름 적어다가 마구 주워 담아다가 하는 것이 아니고, 그 성분을 좇아서 [하는 것이므로] 천지 음양조화가 약 한 첩에 다 들어 있어요. 그래서 신약은 진통제면 진통제 그거만 사 먹으면 되지만, 이거는 그기 아니라. 심오한 그런 거지요.

내가 이제까지 40여 년간 하고 있는데… 많이 하니까 증세를 이야기하면 변호사들이 육법전서 어느 조문을 찾듯이, 어느 처방이면 된다 카는 짐작이 가는 기라.

경험이란 게 따로 있나요? 그 사람 증세를 알아나가기 위해서는 첫째는 인상착의라든지, 첫째는 얼굴을 봐야 하거든. 인상착의 하나에도 음양(陰陽), 오행(五行), 육기(六氣)가 다 들어 있고. 귀 하나에도 토목점이 다 들어 있지요. 눈동자가 허연 것은 폐에 관한 기라. 둥그런 큰 것은 심장이라. 복판에 동그란 것은 간이라. 이거는 담낭이다, 이거는 비장이다 카는 것처럼 분포가 다 되어 있지요.

그러니 사람은 얼굴 하나하나를 훑어보아도 짐작을 할 수 있지요. 이를 위해서는 한방의 첫 조문에 나와 있듯이, 인상착의를 잘 해야 되고요. 찰색(察色)과 모든 오색오미(五味五色), 여러 가지 준한 게 있지요. 내가 여러 가지로 견문이 있어 보고 듣고 하는 것이지. 이거는 망진(望診)이고. 또 환자에게 증세를 물어서 아는 문진(問診)도 하지. 또 손을 잡고 맥을 짚어보는 맥진(脈診)도 중요하지요. 본다 카는 것이 경험을 통해 짐작을 한다는 거지. 그게 무슨 100% 과학적인 근거가 있는 것은 아니지요.

사람이 스스로 여러 경험이 있으면 자기로서 짐작을 할 수 있는 기라. 짐작 그 자체를 남한테는 말로 못하는 기라. 말이 안 되니까. 감각이 오는 기라. 이렇다 저렇다 카는 기지. 오랜 경험 속에서 퍼뜩퍼뜩 판단이 서지. 선입견 카는 판단인 셈이지. 이것 자체가 양의학과 차이가 나는 기라. 이거를 할라 카면 한방의 공부를 많이 해야 하는 기라.

■ 오운육기(五運六氣)와 한방의학

한(寒), 서(署), 조(早), 습(濕), 풍(風), 화(火)가 육기지요

오운육기법이라 카는 기 있는데, 이거를 알면 환자의 생년월일을 알아가지고 사상의학(四象醫學)으로 처방하기도 해요. 한(寒), 서(署), 조(早), 습(濕), 풍(風), 화(火)가 육기지요. 공부를 많이 해야 하지요.

그런데 2년 전부터는 손님이 없어요. 불경기도 불경기지만, 아파 병원에 가면 1만원, 2만원 하면 치료가 되는데 여기에 오면 10만원, 15만원 되어 누가 한약을 먹느냐? 사람은 육기와 오운을 다 가지고 있는 기라.

육기법을 바탕으로 연구도 하고 체험도 말하는데. 요즘 병원에서는 갈비뼈가 부러지고 카는 거는 X-ray를 찍어보면 알 수 있는데… 병원에 가도 병이 나타나지 않는데 몸은 아픈 경우 이는 눈에 보이지 않는 육기 증세이지요. [아무리 발달한 기계장비라도] 바람, 열, 습, 차가운 것은 못 찍는데, 이게 바로 육기 증세거든. 이는 사진에도 나타나지 않으니 이거는 아무 병도 없지. 그런데 아프기는 아프지. 이거는 대략 기(氣)로 인해서 생긴 병이므로 육기법으로 다스리지. 이거는 한방에서는 모두 알아요.

나는 공부보다는 연연이 있어가지고 그저 경험으로 이렇다 이런 거지요. 양의학은 차가운 것으로 다스리고, 한방은 따뜻하게 해가 다스리지요. 양방은 머리에 얼음부터 얹어 열을 다스리지요 한방에서는 이열치열

(以熱治熱)이라고 열로서 열을 다스리므로 양방과 반대지요. 이런 거는 듣기보다는 의서에 나타나 있는 오운육기법에 대해 읽어보면 환히 알 수 있지요.

오운육기는 음양인데, 서로 부응을 못하면 사람이 못살지

오운육기라는 것은 기(氣)가 육(六)이고, 오운(五運)은 다섯 가지… 한, 서, 조, 습, 풍, 화 이거는 육기이고. 음과 양이 있는데… 육기는 음이고, 양은 먹는 음식이라. 다섯 가지라. 운(運)은 음식을 지칭해가 다섯 가지이지 싶어. 양은 오운이고, 육기는 음이고. 요새 말로 산소를, 공기를 말하는 기라. 한, 서, 조, 습, 풍, 화 여섯 가지는 글자 그대로 공기, 산소라. 오운이라 카는 전부 먹는 것이 음식이 따뜻하고 내 모든 체질은 먹는 거하고 육기가 조화되어야 사람이 사는 기라. 이게 생(生)이라. 오운육기는 일종의 철학이지. 오운이라 카는 거는… 우리가 먹어야 사는 기 오운이고, 산소도 먹어야 살지. 오운육기는 음양인데, 서로 부응을 못하면 사람이 못살지. 죽지. 오운육기 관련해서… 조화되거나 부조화되어서 병이 생기고 하지. 오운육기가 바로 한의약, 의서 바로 그거지. 『오운육기』라 카는 의서가 있어요. 음양[원리]을 알고 해야 모든 약을 쓸 수가 있어요. 그거를 알아야 되지요.

균형을 이루는 그게 인제 보사(補瀉)라

병이 나는 것은 여러 가지지요. 그 사람이 육기에 대해서 차가운 것이 생(生)하다든지, 너무 열이 많다든지 그걸로 인해서 많은 것은 병이고, 똑같은 것은(균형을 이루는 것은) 병이 아니지. 그게 인제 보사(補瀉)라. 많은 것은 사(瀉)로 시키고, 부족한 것은 보(補)로 시켜야 처방이 되고 약이 되지. 똑 같게 조절해야 하는 게 약이지. 이렇게 고~라(고르게) 하는 것이 사람 병을 고치는 데 쓰는 약이라. 이게 바로 한의약의 기본 원리지.

보사를 모르면 한의약 할 수 없어요. 한의약 하는 사람들은 보사를 모두 알지. 육방전서(六方全書)라 카는 것이 뭣이냐 카면 모두 법정의서(法定醫書)에 준해가지고 하는 것이지, 독특하게 창안해가지고 하는 사람은 드물지.

■ 비방(秘方)과 활인적선(活人積善), 기보만병환(耆補萬病丸)

그기~ '활인적선(活人積善) 띠었다'는 기라

비방(秘方)이란 예를 들어 여성의 자궁출혈 증세의 경우, 의서에 보면 어떤 처방이 된다는 게 되어 있는데, 실제로는 잘 듣지 않아요. 안되니까 일상 모르는 거지요. 이거는 '쌍화탕(雙和湯)'에 감초 닷 돈(錢) 넣어 먹어보면 대번에 낫는 기라. 이거는 의서에 없는 것인데, 일절 일반 사람들이 못 쓰고 안 쓰는 것을 이 사람은 이상하게 그게 될 수가 없을 것인데도 그렇게 써서 되는 것이지요. 이게 비방이지요. 비방은… 남모르게 절대 안 가르쳐주고 쓰는 것이 비방이지요. 요즘은 서울에서 약을 연구하는 사람들이 내려와서 비방을 몇 가지 가르쳐 달라고 해서 주면 자기들도 연구하고 하지요.

많은 환자들을 낫게 해준 그런 처방들이 있지만, 사람 체질 따라 모두 틀리므로 누구라도 이 약을 쓰면 된다 카는 거는 없지요. 체질에 따라 처방이 모두 틀리지요. 그런데 적선(積善)… 이런 기 있지 싶어요. 이거는 참 이상한 거라요. 이렇게 많은데 딴 사람은 처방대로 지어가지고 해주어도 그 병이 안 낫고, 이거는 일자무식이고 아무 것도 모르는 사람인데 그 사람은 갈(葛, 칡) 이파리, 콩 이파리 주워 가지고 손에 문질러가지고 약을 지어줘도 낫는다 말이야. 그기~ '활인적선(活人積善) 띠었다'는 기라.

일반 사람은 안 되는데, 활인적선 띤 사람은 갈 이파리를 지어줘도 손에만 통하면 약이 되는 기라. 옛날에는 약이 없어 독 쓸어내는데 [쌀]뜨물을 했는 기라. 이러이 약이라 카는 거는 이상한 기라. '인연소치(因緣所致)'라 카기도 하지요. 현재 의사든 어디 가도 못 나수는 병이 약전골목 [대구약령시] 어디 가서 약 두 첩 먹고 나은 경우도 있어요. 이거는 [약 짓는 사람이] 그 사람(환자) 하고 인연이 맞아가지고 그렇지요.

옛날에는 의생(醫生)이라 했어요. 경상남북도를 준해가지고 그 집에 몇백석씩 한다 카면 한학자들이 모두 의생 간판 가지고 있었어요. 자기가 처방 해가 지어먹고 가족들 모두 지어주고 했지요. 비방이 오고 가고, 손님들이 이야기한 비방도 많고 모두 이렇거든. 그래 모두 경험방을 얻고 이랬거든요. 옛날 사람들은 비방이 많고 이랬는데, 요즘은 비방이 없어요. 왜냐하면 요즘은 학교 나와 공부만 해가지고 간판 따니까 그렇지요.

'기보만병환(耆補萬病丸)'이라는 약이지요

나도 이 약을 가지고 꼭 낫게 해야겠다고 생각하지 않았는데, '소 뒷걸음치다가 쥐잡기'로 어떻게 맞아가지고 환자들 치료되는 게 많이 있지요. 암이나 불치병, 즉 청간이나 정간, 지랄병 등으로 양방에서 하다가 안 되어가지고 답답해가지고 한방에 와서 치료되는 경우가 간혹 있었지요. 대한민국에서 콜레라, 호열자(虎烈刺)²라고도 하는데 이걸 치유하는 처방을 내가 처음으로 내었어요.

당시 김태동이가 보사부장관인데, 경남에서 콜레라 병으로 105명이 발병하여 드러누워 있었어요. 내가 장관 만나러 올라가서, "이 약을 투입해라. 장관으로서 내 말을 안 들으면 자격이 없다" 말했어요. 일요일 날 집으로 찾아가서 그렇게 했지요. 지키는 최순경이 집으로 들러 보내주지 않

---

2 1940년대 말 창궐했던 전염병의 일종으로 발병 시 호랑이가 발톱을 할퀴는 듯한 극심한 복부 통증이 따른다고 해서 붙여진 이름이다.

길래, "내가 천리 길이나 되는 대구에서 올라 왔는데 배척하면 국민에게 죄 짓는다. 날 면회시켜라"고 했지요.

싸움을 하다 보니, [장관] 모친이 보내 들이라 해서 들어가니, "내일 장관실로 오너라"고 해서 뒷날 만났지요. 그래서 장관에게 "단방(單方) 이것을 시험하는 기관에다 시험해보고 투약해라"고 했지요. 이 사실이 당시 신문에도 기사가 되고 했어요. 콜레라 비방 내용이 적힌 책자가 있어요.

그 약만 먹으면 콜레라 병이 나았지요. 배가 아파 죽는 것이라요. [배를 움켜잡고 군부르니] 살을 꼬집어도 모를 정도로 펴지지 않아요. 콜레라나 장질부사(장티푸스) 등으로 해방 후 사람들이 많이 죽었지요. 당시 이 일로 김 장관 하고 홍 차관 하고 많이 만났지요. 의서에는 나와 있지 않는데, '기보만병환(耆補萬病丸)'이라는 약이지요. 약재는 28가지 정도가 들어가요. 근데 비방 받은 방법을 이야기하면 참 우습지요.

32가지 약재 중 28가지만 적어주었어요

합천 해인사 밑에 정국진이란 사람이 년 중 가을에 거둔 곡수를 낼라고(사려고) 갔었지요. 도로가 연초 판매점을 하고 있는 데서 많은 사람들이 줄을 서 있길래, 가보니 무슨 병이든지 약(丸) 두 알만 먹으면 낫는다고 하여 이를 스님한테 얻을라고 모여 있었지요. 그래서 용하다고 생각하여 나중에 어떻게 해서 스님을 집으로 데려와서 약을 지어보라고 하면서 처방을 주라고 했지요. 그 스님은 해인사에 있었어요. 융숭한 대접도 했지요. 이렇게 한 것은 그 처방을 배워 보려는 의도에서였지요.

하지만 스님은 32가지 약재 중 28가지만 적어주었어요. 그래서 나를 속인다고 생각하여 스님이 사랑에서 잠을 자고 있는 사이 저고리 속에 넣어둔 비방 적은 책을 몰래 빼내 전깃불 아래서 재빨리 적기 시작했지요. 스님이 갈 때에는 여비 1만원 하고 중 옷 1벌을 사례비 택으로 드렸어요. 당시 스님은 나이도 많았는데, 김천 소재사로 떠났지요. 그런데 스님은 가던 길을 되돌아와서는 "내가 인제 가봐야 적선도 못하겠고, 이것으로 내 대신 적선이라도 해 달라."면서 비방 적힌 책을 건네주었어요. 그 책 속에는 콜레라 비방이 적혀 있었는데, 처방대로 지은 약이 효과가 커서 환 2개만 복용하면 특효가 났어요.

집에 약 얻으러 오는 사람들이 장사진을 쳤어요

그 당시에는 아직 괘약(掛藥)도 하지 않았는데3, 집에 약 얻으러 오는 사람들이 장사진을 쳤어요. 당시 나는 경상북도 산업과장이었는데, 도청 사무실까지 사람들이 그 처방 받으러 몰려들기도 했어요. 고성용이라고 보사부장관 출신이 영남대 약대 학장으로 있었는데, 콜레라 처방으로 같이 논문을 써볼 것을 권유하기도 했어요. 논문을 쓴 이후 이것이 유명해져서 당시 신문에 나기도 했어요.

이 처방이 들어있는 책 속에는 또 지랄병이라 하는 처방도 있었어요. 저기 달성 철도 옆의 신약방 주인 류씨 딸이 이 병을 했어요. 그래서 그가 고박사에게 가서 치유책을 물었는데, 고박사가 나를 어떻게든 찾아가라고 했나 봐요. 류씨는 2개월 간이나 수소문 끝에 나를 찾아와 사정을 얘기하길래, 그 책 속의 내용대로 처방을 해주어 딸의 병을 낫게 했어요. 기보만병환은 유명한 약이었어요.

그 약으로 적선을 많이 했습니다. 하지만 10여 년 전부터는 그 약을 짓지 않습니다. 그 약은 짓기가 참 어렵고 힘도 들었어요. 요즘은 콜레라가 어디 있어요? 특히 법제(法劑)하는 데 많은 힘이 들었어요. 약을 단지 안에 넣어가지고 1주일 밤낮으로 꼬박 구워야 만들어지므로 여간 힘든 게 아니지요. 경옥고나 이보다 한 단계 높은 영진고를 계속 만들어 왔는데, 이것도 힘이 들어 요즘은 집에서 먹으라고 1년에 한 번 정도밖에 만

---

3 한약방 개업을 하지 않았다는 의미로, '괘약'은 한약명을 적은 약봉지를 천장에 주렁주렁 매달아 보관하는 것을 말한다.

들지 않아요.

스님의 비방은 책 속에 10여 가지가 들어 있었는데, 중생의 고해를 들어주려고 10여 년 동안 연구하고 실험한 결과 만들어진 것이지요. 나는 기보만병환을 만들어 돈을 벌기 보다는 스님의 요구대로˙ 어려운 사람들에게 모두 그저 나눠주었어요. 이 비방 모음집은 지금은 참고만 할 뿐 활용은 않고 있어요. 왜냐하면 약효가 예전과 달라 그대로 해도 잘 듣지 않기 때문이지요.

■ 유불선(儒佛禪)과 한방의학

불교는 한의약 원리와 일맥상통해요

불교는 철학의 모체라서 한의약 원리와 일맥상통해요. 불교원리에 음양조화가 있다는 것이 [불교와 한의약이] 관련되는 첫째 내용이지요. 사람의 신체구조 모든 것이 불교 원리 안에 있어요. 불교 『금강경(金剛經)』에 보면 우선 알 낳아가지고 섭생(攝生), 화생(化生)… 화(化)해가지고 놓는 것, 섭생… 섭(攝)으로 놓는 것… 이와 같이 조화를 해가지고… 곤충 이런 모든 것을 살려가지고 생명을 있게 해주는 것이라. 이렇게 죽고 나게 하는 게 생멸법(生滅法)이라. 그게 불교이고 금강경이지. 그래서 치심각병(治心却病), 마음을 닦아야 병을 고친다는 거지. 마음을 올바로 가져야, 마음을 편안하게 가져야 병을 낫게 하는 거지. 약 지을 때도 그런 사실을 참고해서 하는 거지. 마음을 다스려가지고 병을 다스리는 게 치심각병이지. 이게 불교원리이면서 한방에서도 통하는 것이지요.

유학자 선비는 의학을 모두 알았어요

불교와 유교와 선(禪)은 서로 통하면서 한민족 사상의 핵심을 이루지요. 유교 없으면, 한문을 모르면 한의약을 못하지요. 의서가 본디 이로부터 나왔으니까 그렇지. 모든 의서가 한학으로 되어 있으니, 한학을 모르면 의서를 못 배우니까 [한의약을] 못 배우는 거지.

예전에는 유학자 선비가 의학을 모두 알았어요. 옛날에 선비라 카면 가정에 약장 없는 사람이 없었지요. 따라서 옛날에는 선비들이 자연적으로 처방도 하고 의서를 모두 알고 있었어요. 나의 부친이나 조부님도 한학을 잘 해서 그런 입장에서 약을 잘 알았어요.

선(禪)은 마음을 다스리기 때문에 내 마음이 옳아야 약을 잘 지을 수 있지요. 3성(三誠)이라고 [약을] 짓는 사람 정성, 만드는 사람 정성, 먹는 사람 정성… 3정성(三精誠)을 가져야 약효가 있는 것이지. 따라서 유불선이 한의약과 모두 맥을 대이고 있지. 하지만 오늘날의 한의과대학에서는 오운육기법 정도는 가르쳐 줄지 모르지만, 유불선 사상을 포괄적으로 하지는 못할 것이야.

한방은 발병의 근본 원인을 찾아 우회적으로 약을 씁니다

서양의약은 환부 중심의 치료를 하므로 국부치료 혹은 표치치료[治標醫學]인 반면, 동양의약은 돌려서 치료하므로 간접치료[治本醫學]라고 할 수 있지요. 이게 큰 차이지요. 두통을 예로 들면, 양방은 우선 얼음찜질 등으로 열을 내리는 반면, 한방은 열을 근본적으로 내리게 하는 약을 쓰지요. 또 디딜방아를 예로 들어볼 때도 방아 중심이 안 맞을 경우에 양방은 방아 공이를 중앙으로 가도록 호박을 넓히는 격인 반면, 한방은 방아 걸어놓은 복새기에 미트리를 하나 박아 넣음으로써 바로 찧어지게 하는 것과 유사하지요. 한방은 발병의 근본 원인을 찾아 병이 나아지게 우회적으로 약을 씁니다.

■ 한약업사로서의 직업의식, 연기론(緣起論)과 활인적선

한약업사는 남의 병을 보기 때문에 마음으로 기쁘게 생각해왔지요

한약업사는 좋고 나쁜 거 없지만, 남의 병을 보기 때문에 마음으로 기쁘게 생각해왔지요. 그런 마음으로 약업을 하고 있는 택이지. '활인적선'이라 카는 거치요. 나쁜 일은 아니지요. 콜레라 약의 경우 단복 구급약이므로 그냥 아픈 사람에게 주어 좋은 일 한 것이지요. 따라서 그런 거는 적선을 해야 하지요.

재산이란 있다가도 없어지지만, 적선이란 것은 죽더라도 남아있는 재산이므로 오랫동안 가는 것이므로 그게 좋은 것이지요. 따라서 돈을 많이 못 벌어요. 이건 나의 인생관과 같아요. 돈을 많이 벌이면 반면에 극(極)이 오는 기라. 분수가 넘으면 화(禍)가 올 수도 있는 기라. 돈 좋다고 '연고 없이 수입이 있으면(자기 노력 않고 얻는 수입을 따라다니면), 반드시 화가 따른다.'는 옛말이 있어요.

요즘 문명의 이치가 발달해 있으므로 젊은이들이 모두 알고 있을 거예요. 하지만 물질문명이 뒤바뀌져 문제가 되고 있지요. 나는 뭐 특별한 다른 활동은 없어요. 예전 공직에 있을 때는 대구시청 산업과장, 서무(총무)과장 했어요. 전에는 경북도청 지방과에도 있었지요. 20년 가까이 공직에 있었어요.

한약업은 하루 종일 사무실에 앉아 있어야 하는 단점이 있어요. 하지만 지난 30여 년간 전국의 여러 산을 다녔으므로 건강을 비교적 유지해온 셈이지요. 지금은 3㎞ 떨어진 황금동 아파트에서 매일 걸어서 약방으로 출근하지요. 새벽 4시면 약방에 옵니다. 아들과 함께 살아요. 약방에는 식사 챙겨주는 아주머이가 한 분 있어요. 휴일이더라도 아무리 바쁘고 손님이 있더라도 산에 가고 싶으면 떠나곤 했어요. 그 덕택으로 아직까지

사는 모양이지요. 손님 생각하면 아무 것도 못하지요. [손님이] 오면 오고, 가면 가고 … 인연소치라. 인연이 되면 만나고, 안되면 안 만나지요. 나는 나고, 너는 너고 그런 것이지요.

사람에게는 연기론(緣起論)이란 게 있어요

사람에게는 연기론(緣起論)이란 게 있어요. 일이 되려면 인연이 있어서 꼭 만나게 되는 거지요. 동일한 약이라도 사람에 따라 효과가 달리 나타나는 것도 손님과 약 지어주는 사람과의 '인연소치(因緣所致)'로 볼 수도 있지요. 체질도 다르고, 약성도 틀리고, 여러 가지 조화가 틀리므로 안 맞는 것이지요. 한방으로서 조화가 되도록 해놓았으므로 먹으면 잘 듣도록 해놓았는데, 안 맞는 것은 인연이 안 맞아 그런 거지요.

(연구과정에서 두 번 만난 것을 지칭하며) 지난 세월에 해나온 일이 나와 만나라는 인연이 정해져 있기 때문이지요. 무시할 수 없지요. 그런 인연을 만나지 않으면 탈이 나지요. 만날 사람은 만나야 되지요. 이를 거역하면 안 되지요. 만나서 해결해야 하지요. (연구자를 지칭하며) 그런 의미에서 나도 박식하지는 않지만, [선생이] 묻는 말에 대답을 해야 하지요. 조금이라도 도움이 되어야지요. 따라서 '인연소치' 라는 말이 예사 깊은 의미를 갖고 있는 것이 아니지요.

공직에 있다가 한약으로 전업한 것도 커다란 인연이지요. 3급 고관으로 있다가 이쪽으로 돌아선 것이 어른하고 조부 때부터 이 업을 했기 때문인데, 이게 나에게 커다란 인연이지요. 이게 곧 인연소치라요. (공직에 입문한 동기생들을 지칭하며) 같이 공직에 있던 딴 사람들은 중앙에 모두 올라가 가지고… 태종학이 등은 모두 시장, 도지사 하고 했지요. 김수학, 박두석 등이 모두 오라 오라고 권유했지요.

현실이란 거는 없어요. 현실을 주장하면 안 돼요. 인연으로 해서 업을 하지요. 중앙으로 올라간 사람들은 나이가 들어 모두 죽었지요. 국세청장

했던 김수학이 정도 남아 있지만요. 나는 이걸 해서 그런지 지금까지 살아 있지요. 이 일은 허물이 없어요. 자취가 없어 좋아요. 공직 계속 했어도 허물없이 했겠지만, 어디로든 때가 끼이기 마련이지요. 따라서 끝이 깨끗하지 않지요. 이거는 깨끗한 기라요. 아픈 사람 더듬어 봐주지요. 약 지어 주지요. 그렇다고 돈 그저 돌라 카지도 않지요. 그래서 끝이 깨끗하지요. 허물이 없다는 거지요.

뜨물을 떠가지고 약이라고 해줘도 낫는 거야

인연으로 일어난 일은 안 하면 안 되지요. 활인(活人)이 있는 사람은 나에게 지금 약재가 떨어졌더라도 감나무 잎이라도 비벼서 넣어주어도 약이 되는 기라요. 이게 활인적선이지요. 저 사람 손을 지났다 카면 모두 약이 되는 기라요. 그렇기 때문에 이걸 해야 하는 기라요.

인연이 없는 경우에는 좋은 약, 좋은 처방 해주어도 병이 낫지 않지요. 그런 반면 [인연이 있는 경우에는] 내 손으로 뜨물을 떠가지고 약이라고 해줘도 낫는 거야. 그기 바로 '활인적선', '인연소치'이지요. 이런 경험은 상당히 했지요. 내가 확실히 저 증세에 될까 하는 의문도 되고 걱정이 되는데도 약을 해주었는데, 어떻든 나았다고 하면서 인사까지 하니까요.

어제도 어떤 여자가 와서 나도 모르는데, "아직 살아 계시네요?" 이러 캐요. 하하! 그러면서 "우리가 어린 아이 못 낳아가 넷이나 약 먹어가지고 낳았는데, 또 우리 며느리 데리고 왔어요." 캐요. 그거 모두 다 인연으로 해서 그런 거지요.

또 울산이나 포항에서 와서 어린 아이 못 낳다가 낳아가지고 또 이번에는 아이 이름 지어주라고 해요. 하하! 또 어떤 사람은 친구를 데리고 왔는데, 약을 3제 먹어야 하는데 1제 먹어보고 '안 되는 모양'이라 생각하고 오지 않았는데 이 경우에는 인연이 되지 않아서 그러지요. 하지만 인연이란 언젠가는 끊어지므로 한정이 있지요.

김만벽이란 사람은 아이가 소아마비로 인해 여러 병원을 전전해도 안 되어 [나한테] 데리고 왔어요. 그는 일전에 허리가 아파 기어들어온 사람이 나한테 치료해가 나았던 사람과 거래관계에 있던 사람의 친군가 봐요. 소개로 날 찾아 왔었지요. 10살 정도 됐어요. 아이를 안고 들어왔어요. 내가 그 사람한테 "처방할 좋은 약이 있는데…" 카면서.

이 약은 돈이 비싸지요. 그런데 처음 만난 사이에서 돈이 많이 들면 혹시 먹지 않을까 싶어 "나가서 우황청심원(牛黃淸心元)을 사먹어 보고 뭔가 어떻거든 나에게 오너라."고 했지요. 성분을 맞게 해서 그렇게 하도록 시켰지요. 그런데 왔더라고요. 그래서 사향(麝香)을 넣어 다소 비싸지만, 약을 지어 주었지요. 나았어요. 그런 인연으로 해서 10년 동안이나 매년 인사를 왔지요. 나 때문에 불구자가 되지 않고 나았다고요. 성장 후 장가 가고 그러면서 어느 순간부터는 오지 않더라고요. 그래서 '인연이 다 되었구나.' 하는 한정으로 생각했지요.

남자가 불임증이 있는 경우에는 여자까지 함께 와서 같이 약을 먹어야 돼요. 그래가지고 나은 경우도 있어요. 첫째는 오장육부가 정상인가를 보아야 해요. 한방에서는 여기서부터 시작해야 합니다. 예를 들어, 무엇인가 붙어 있어 과하면 약을 써서 떼어주어야 하지요.[4]

■ 약재 관리와 정업(正業)

1돈(錢) 넣은 것도 이제는 2돈을 넣어야 돼요

옛날 약과 요새 약은 차이가 많지요. 요새 약은 성분이 약해요. 옛날에는 대부분 산에서 약을 캐어 [약방으로 팔러] 왔지요. 세월이 흐를수록 요

---

4 몸의 불균형한 상태를 바로 잡는다는 의미.

즘은 논밭에서 약재를 재배하거든요. 이거는 산에서 나는 것에 비해 2배나 약효가 차이가 나요. 그러니까 약의 처방 양도 많이 틀리지요. 옛날에는 1돈(錢) 넣은 것도 이제는 2돈을 넣어야 돼요. 성분이 약해가지고요. 그런데 요즘에는 중국약이 많이 들어오지요. 이거는 3배나 약 성분이 약해요. 이거는 인삼 같은 것도 소케(솜) 같아가지고 아무 소용이 없는 기라요. 수입 약 가지고는 요즘 병을 못 고칩니다.

약성 따라 처방하는 양이 틀립니다. 옛날 산에서 나온 약은 성분이 강합니다. 요새 밭에서 심은 거는 약합니다. 그런데 수입해 오는 거는 [약성이] 더 약하므로 약이 되지 않습니다.

사실 한방 자체는 약이 남을 위해 적선하는 것입니다. 이거를 속임수해서 돈을 벌이겠다고 하면 병이 안 낫습니다. 사업처럼 돈에만 눈깔이 어두우면 약성이 옳게 들어갑니까? 병이 나을 리가 없지요. 약을 옳게 못 쓰기 때문이지요. 그렇기 때문에 거꾸로 하는 겁니다. 그리하면 오히려 손해가 한정 없는 것입니다. 돈 벌라 카다가 오래 못 갑니다. 그렇게 죄를 짓고 자기가 그렇게 돈 벌고 잘 살 수 있습니까?

옳은 마음으로 써주어야 병을 다스릴 수 있습니다

나는 내가 직접 약을 만집니다. 사람이라도 하나 같이 하면 의심이 납니다. 저게 또 어떻게 [약을] 잘못 썼는가 하는 의심중이 생겨납니다. 내가 직접 해야 잊어버립니다. 갑이 되든가, 을이 되든가… 그리해야 안정이 되지요. 이거는 남의 몸을 위한 일이므로 어떻게든 마음을 선의적으로 잘 써야 됩니다. 영리적으로 해서는 절대 병이 낫지 않습니다.

약도 절대 죽은 게 아닙니다. 썰어놓은 약 모두가 내부에 [고유의] 성분을 가지고 있기 때문입니다. 살아 있습니다. 옳은 마음으로 써주어야 효과를 낼 수 있고, 병을 다스릴 수 있습니다. 주인이 잘못하면 약재도 살아있기 때문에 그걸 좋아하겠습니까? 비유적으로 그렇게 말할 수 있다

이 말입니다. 사람처럼 눈을 뜨고 활동하는 거는 아닙니다만, 이치가 이렇다 이 말입니다.

약재도 움직이길래 치료를 시키고 하는 것 아닙니까? [약]물을 달여서 해도 물이 성분이 나와가 창창하게 그야말로 활력 있게 힘이 있어야 병이 낫지, 죽었는 것 같으면 어떻게 병을 퇴치할 수 있습니까? 효과가 없지요. 능력이 없지요. 약을 달여 놓으면 기름이 팔팔 나오면서 능력이 있길래 병을 고치는 기라. 이렇게 보면 살아 있는 게 아닌가요?

3정성이 필요하지요. 처방하고 약 짓는 사람, 달이는 사람, 먹는 사람 3가지 3정성이 있어야 약의 효력이 있다고 옛날부터 했어요. 먹는 사람도 제 시간에 먹어야 하지요. 또 낫는다는 믿음도 필요하고요. 옛날에는 약을 지으면 약을 가지고 절에 간다는 말이 있습니다. 음식도 가려야 하고, 편안한 마음으로 약을 먹으려고 절에 가지요. 정신적으로 약을 먹어라 카는 거지요. 정신을 써서 약을 먹는다는 거지요. 모두 복합이 맞아야 하지요. 이게 3정성이지요. 치병삼보(治病三寶)란 이걸 두고 하는 말입니다.

약이 죽어버리면 달고 쓰고 신맛이 나겠어요?

감초니 약 모두가 자기 성분을 가지고 있습니다. 예를 들면, 당귀는 단 성분을 가지고 있어요. 이거는 약이 살아 있기 때문이지요. 약이 죽어버리면 달고 쓰고 신맛이 나겠어요?

약이 오래될수록 좋은 약이 있고, 1년 지나면 못 쓰는 약이 있어요. 밀갑껍질, 진피(陳皮) 같은 것은 오래갈수록 좋아요. 약재는 가을에 약성이 성숙했을 때 캐어가지고 건조 잘해서, 절단 잘해서 통풍 잘 시켜가지고 사용해야 합니다. 약은 풍운(風雲), 지기(地氣) 등의 차이로 인해 산지별로 조금씩 차이가 나가지요.

약 썰기는 약성 변화에 별 영향이 없지만, 건조를 잘 시켜야 합니다. 옛날에는 약봉지에 담아 천장에 매달아 두었지요. 1년 내도록 놔두어도 변화가 없어요. 옛날 사람들이 했던 것이 모두 이치에 맞았지요. 지금처럼 마다리나 학구에다 넣어가지고 창고 속에 쌓아두니까 여름에 약이 상하기도 하지요. 나는 약장에 넣고 남는 것은 창고에다 보관하고 있어요.

예전에는 3명의 직원을 고용하기도 했어요. 약을 짓고, 썰고, 약첩을 싸던 시절에 고용한 것이지요. 지금처럼 규격화가 되고 자동 약탕기가 나오면서부터는 직원을 고용하지 않고 가족 도움도 필요 없이 혼자서 모든 약방 업무를 해오고 있어요. 또 1명이라도 직원을 고용하면 신고하고 보험료 등 비용이 들어가지요.

■ 서예 공부와 한방의학

글 쓰는 데도 신(神)이 붙어야 해요

7세 무렵부터 집안 어른들의 권유로 붓을 잡기 시작하여 지금까지 줄곧 이어져 온 것이지요. 부친에게서 배운 거지요. 글 쓰는 데도 신(神)이 붙어야 해요. 기쁘고 좋을 때 신명이 날 때 글을 쓰지요. 즉 붓을 들고자 하는 마음이 생길 때 글을 씁니다.

기(氣), 신(神), 정(精)이라고요. 정이 없으면 기가 없고, 기가 없으면 신도 없다는 말이지요. 의서에 나오는 철학적인 유명한 말이에요. 이런 삼합(三合)이 맞아야 건강하고 예술적인 창조도 생겨납니다. 이들은 상호 관련되고 통합되는 내용이며, 삼합이 맞아 조화되어야 온전한 상태가 유지되지요. 나도 50세 정도 되어서야 비로소 익숙해지고, 신명도 나고, 좋은 글이 많이 나왔어요.

약 한 첩에도 천지(天地) 조화가 들어있어요

서예는 한문을 알아야 할 수 있고, 따라서 의서 공부도 가능하지요. 한의약에도 일종의 철학이 들어가 있어요. 인간의 오장육부도 철학적 내용, 즉 음양조화와 관련이 되므로 일치되지요. 유불선이 모두 들어 있어요.

한의약의 약 한 첩에도 천지(天地) 조화가 들어 있어요. 약 한 첩을 짓는데… 약에 음양이 모두 들어 있으니까, 음양이 천지거든. 그기에 조화가 모두 들어가 있지. 사람한테 열이 많다, 바람이 있다 하는 그런 모든 것이 관련되어 있으므로, 그에 따라 처방하고 약을 짓고 하는 거지요. 따라서 이런 것들이 모두 관련되어 있어요. 양(차가운 것)과 음(따뜻한 것), 천(따뜻한 것), 지(차가운 것)가 약 속에 모두 들어있기 때문이지요.

약재 중에서도 차가운 것, 따뜻한 것이 있으므로 이게 곧 음양이지요. 이의 전체 조화를 추구하여 이를 통해 몸의 더운 것, 차가운 것을 조화, 조절되도록 해나가므로 이것이 곧 처방이자 치료과정이자 한의약의 기본 원리이기도 하지요. 약 성분이라 카는 기… 하나의 약초이지만 성분이 각각 다르지요. 약이 큰(성장한) 자리가 각기 다르므로, 즉 풍운(風雲)이 다르기 때문이지요. 즉 한, 서, 조, 습, 풍, 화… 육기 기운이 틀리므로 약 자체가 틀리지요. 전라도 사람과 경상도 사람이 사람은 같지만, 성품이 다른 바와 마찬가지지요. 성분은 틀리지만, 대강은 모두 같지요.

10여 편의 자필 서예 작품

이기인의 한약방 내부 벽에는 10여 편의 다음과 같은 자필 서예 작품들이 액자에 넣어져 걸려 있다.

① 불교『반야심경(般若心經)』: 일부를 '반초'(정자체에다 초서 가미)로 쓴 것이다.

② 안심이해(安心似海) : 내 마음을 바다와 같이 쓰라.

③ 연비어약(鳶飛魚躍) : 소리개도 날고, 고기도 뛴다. 뛰는 것이나 나는 것이나 같다. 이는 이율곡이 13세 때 조부의 손을 잡고 유점사에 들어서자, 문전에 서광을 비추이며 들어오는 것을 노승이 보고

'공(空)을 아느냐?'고 묻자, 율곡이 이에 답한 내용이다. 이는 인생 삶의 근원이면서 철학의 본질이기도 하다. 불교원리를 집약해 놓은 대답으로서 '있는 것도 아니고, 없는 것도 아니라(有無)'는 의미에 가깝다.

정품(精品), 체품(體品), 역품(力品), 작품(作品) 등 세간 일체 상법(像法)에는 인과응보가 있다는 진공묘유(眞空妙有)는 윤회설과 관련이 있다. 윤회설은 불법과 철학의 근본인데, 모든 인생살이의 근원이다. 이걸 알아야 이 일을 하면 어떻게 되고 저 일을 하면 어떻게 된다는 것을 알게 되므로 모든 결과가 충실히 된다. 이를 못 깨치므로 죄를 지어 고(苦)를 받기도 한다.

괴로움이 마음속에 도사려 고여 있다. 이것을 없어지도록 만들어야 한다. 이게 곧 고집멸도(苦集滅道)다. 지금 하는 일을 보면 과거의 일을 볼 수 있고, 앞으로의 일은 지금의 일과 관련된다. 이것이 곧 인과응보이다.

④ 이태백의 절경을 노래한 시 : 하늘에는 신선이 춤을 추고, 땅에는 봄이 오고, 구름은 가고 물은 흐른다.

⑤ 청정무구(淸淨無垢) : 내 마음의 때가 없다.

⑥ 강심수정(江深水淨) : 강이 깊으면 물이 고요하다. 내 마음의 내가 없다. 사람은 심중이 깊으면 점잖다. 인품이 높으면 천연하다.

⑦ 김삿갓의 글 : 기러기는 물을 떠나서 날지 않고, 청산의 나비는 꽃을 피해 날지 않는다. 세상사에는 피할 수 없는 준칙이 있음을 의미한다.

■ 작품 전시회 : '이기인, 인간애에 바친 한 생애'

그는 1994년 서울(혜나·컨트 갤러리)과 뉴욕(하버드대학)에서 '이기인: 인간애에 바친 한 생애' 라는 제하의 작품 전시회를 개최한 바 있다. 그는 약업을 통해 그리고 의술로 적선을 많이 한 바 있지만, 전시회를 통해 생긴 작품 판매 대금을 전액 안면 기형아 돕기 성금으로 쾌척했다.

이기인의 3남 5녀 자녀들도 모두 자신의 예술적 재능을 물러 받았는지 서양화(장남, 3녀), 동양화(차남), 조각(장녀), 섬유패션(5녀) 등의 분야에 각각 두각을 나타냈다. 이러한 분위기에 힘입어 2003년에는 서울 화랑에서 전문 분야의 작품을 혼성한 가족전시회를 개최하기도 했다. 하지만 애석하게도 서울대 미대 출신이자 미국에서 그림 유학을 한 지명도 높은 조각가였던 장녀는 예술적 투혼 속에 2004년 먼저 세상을 떠났다. 그녀는 쓸개 염증을 위경련 정도로 가볍게 생각한 채 진통제만 복용하며 작품 활동에 전념하느라 치료시기를 놓쳐 그렇게 되었다. 막내인 3남은 미국에서 한의학을 공부한 후 최근 귀국하여 4대 한방 가업을 계승하고 있다.

다음 내용은 <이기인 : 인간에 바친 한 생애> 라는 제목으로 1994년 서울과 미국(뉴욕)에서 개최한 [서예전시회 도록] 서문에 소개되었던 구술자의 생애에 대한 글이다. 앞부분은 뉴욕타임즈 편집인 겸 주필인 재미동포 권조친이 쓴 것이고, 뒷부분은 서울에서 혜나-켄트 갤러리를 운영 중인 차남 이강기가 쓴 것이다.

재미 동포 언론인 권조친이 바라본 이기인

한국의·철학자이며 학자인 이기인은 공직자, 사업가, 한의 그리고 예술가로서의 다양하고도 판이한 경력을 지닌 뛰어난 사람이다. 그는 정말로 다방면에 관심과 재능을 가진 인물일 것이다. 여러 해 동안 인생의 실현과 의미를 찾기 위해 공부한 후, 그는 50세가 되자 그의 정신적인 갈망을 서예를 통해 표현함으로써 내적 평화와 평온을 얻게 되는 길을 발견하였다. 독학자인 그는 262자로 이루어진 불경[(般若心經)과 두보(杜甫)의 시 등을 비롯한 많은 중국의 옛날 문학가와 철학가들의 글을 재창조함으로써 서예적인 페인팅을 시작하였다. 2년 전 그는 이백(李伯)의 '춘야연도리원서(春夜宴桃李園序)'를 여덟 폭 병풍에 그렸는데, 이는 이 글의 전문에 걸쳐 인용되고 있다.("무릇 천지라는 것은 만물이 쉬어가는 숙소요~")

그의 선조의 고향은 경상북도 청도이며, 그는 1919년 3형제의 장남으로 남쪽에 있는 대구에서 태어났다. 그가 20대 초반이었을 때 수도인 서울에서 몇 달간 머물렀지만, 이내 고향으로 내려와 그의 아내와 함께 자녀를 기르며 섬유업을 시작하였다. 그는 또다시 서울과 같은 대도시에는 살지 않기로 마음먹었고, 서울로부터 계속되는 부와 공직의 기회를 끝내 거절하고 말았다.

홀로 깨우치며 스스로를 다듬어온 그는 너무나 흥미롭다. 형식적인 고등교육 없이 스스로의 꾸준한 독서계획으로, 그는 소위 동양의 3대 보물이라 일컬어지는 불교사상, 중국철학 그리고 한방에 관한 놀라운 지식을 습득하였다. 한의로서의 그의 명성은 널리 퍼져서 전국 각지로부터 많은 사람들이 그의 도움을 찾은 지가 어언 25년이 되었다. 원래 그는 콜레라를 위한 한방을 찾다가 마침내 그 문제를 해결할 수 있게 되자, 고통 받는 사람들을 그의 제약 지식으로 돕기 위해 연구를 다른 질병으로까지 넓히었다. 그는 자신의 인생을 한방에 헌신하였다고 말한다.

그는 50대 초반이었을 때 좀 더 값진 삶을 추구하기 위해 성공적이었던 섬유업을 떠나 한방을 시작하게 되었다. 그는 자신의 철학에 충실하게도 금전적인 이익을 위해 시술하지는 않았으며 종종 그의 환자들에게 아무런 대가도 요구하지 않았다. 예나 지금이나 그의 주 관심사는 그의 지식으로부터 혜택을 받을 수 있는 고통에 빠진 사람들을 돕는 것이다. 그는 인생에 있어서 한사람의 역할은 덜 행복한 사람들을 돕고 평안하게 해주는 것이라고 믿고 있다. 그는 이러한 믿은 속에 살고 있고 세속적인 재산이 거의 없다.("인생은 진실로 꿈과 같도다. 우리는 인생에서 몇 번이나 행복을 찾을 수 있으리오?")

그의 박애적인 행위들은 그를 접한 모든 이들에게 감동을 준다. 말이 없는 사람이지만, 그는 결코 은둔자가 아니다. 그는 정말이지 활동적인 사람이다. 그는 밤에 네댓 시간 밖에 자지 않는다. 그는 정구와 승마 그리고 유도를 잘 하였고 지금도 가끔 즐기고 있다.

동호(東湖, 이기인)는 집에서 서예를 50년 이상이나 해왔으며, 지금도 매일 몇 시간씩 계속하고 있다. 서예는 매일 아침 5시부터 시작되는 그의 참선과 페인팅으로 이루어진 일상의식의 일부분이다. 그는 서울과 같은 대도시의 혼잡한 삶으로부터 멀리 떨어진, 아름다운 자연과 시골풍경인 대구에서 살고 있다. 그가 깨어있는 시간들은 항상 쉼 없고 쉽지 않은 시간들이지만, 그는 마침내 서예를 통해 내적 사고와 감정을 표현하는 길을 발견하였다. 그에게 있어서 서예란 바로 철학적 대화를 의미한다.

76세의 그는 물질사회를 배격하며 아주 절제된 삶을 살고 있다. 그의 여덟 자녀들이 기억하는 바에 의하면, 그는 평생을 똑같이 규칙적인 생활을 해오고 있다. 그는 그들에게 끊임없는 영감을 불러 일으켜 왔다. 세 아들과 다섯 딸들은 모두 우등생으로 고등교육을 마치고 모두 아버지의 예술적 재능을 물러 받았지만, 그 중 네 명(1남 3녀)만이 전문 미술인으로서의 경력을 쌓아가고 있다. 그들의 아버지는 그들을 항상 남에게 친절하고 자비로우며 자신들의 부를 나눠 갖도록 가르쳤다.

("이제 봄은 우리에게 경이로운 환경을 제공해 주고, 자연은 우리에게 이러한 영감을 가져다 주니… ") 자연과 교감하기 위해 가까운 산행을 하는 그의 하루는 해뜨기 전부터 시작된다. 집으로 돌아오면 그는 정신과 감정이 서예를 시작할 수 있을 때까지 명상에 잠긴다. 그의 마음과 육체는 긴장이 없어지며 새로워진 감성이 떠오르기 시작한다.

최초의 일필을 위한 첫 순서로서 그는 축축해진 벼루에 천천히 먹을 갈기 시작한다. 먹물이 벼루 위에서 적당한 상태에 이르면 그는 우아하게 긴 붓을 골라잡는다. 그는 그날에 특별히 의미가 있는 시 한 수나 구절을 쓴다. 그리고 그는 모든 붓놀림이 만족스러울 때까지 수없이 많은 종이를 버리면서 같은 문장을 계속 반복하여 쓴다. 대부분의 다른 한국의 서예가와 같이 그도 중국의 복잡한 한자를 즐겨 쓰고 있다. 이것이 그의 철학적 열정을 충족시켜준다고 그는 말한다. 그의 서예는 그의 인생관을 나타내고 있으며, 예술가에 있어서 과정은 참선의 의식인 것이다. 한방과 마찬가지로, 그는 자신의 서예작품에 대해 돈을 받기를 거절한다. 그의 집에는 수백 개의 작품이 있으나 그냥 주거나 혹은 자선사업에 기부한다.

그의 인생 초반에 가장 영향을 많이 끼친 사람이 누구냐고 묻자, 그는 역시 한학자이며 철학자요 그리고 많은 덕을 베풀었던 그의 할아버지를 언급한다. 그의 진리를 위한 평생의 탐구는 바로 그로부터 시작되었다. ("화려한 꽃들 가운데 대연회를 가지면서/우리네 술잔은 저 달을 취하게 만들도록 날아다니는데/우리가 좋은 작품을 만들지 못한다면/어떻게 우리의 우아한 감정을 나타낼 수 있으리오?/만일 그대가 시를 짓지 못한다면/세말의 술을 마시는 벌에 처해지리라." - 이백)

차남 이강기가 바라본 이기인

한의이면서 서예가인 동호 이기인은 나의 아버지이기도 하다. 그래서 난 늘 신비하고 그윽한 묵향과 온갖 약초의 냄새와 함께 자랐고, 이제 그의 작품들을 대하니 남다른 감회가 서려온다. 그의 조제로 많은 사람들이 육체적 고통에서 헤어나는 것을 보았고, 그의 서예작품들은 모두 선물 또는 자선단체로 기부되어 많은 이들의 정신적 건강에 도움이 되어왔다.

그의 평생의 첫 개인전이 안면 장애아들을 위한 자선전시회로 진행되는 것도 그의 철학과 결코 무관한 일이 아니다. 위대한 문장가나 사상가들의 진리나 철학을 담은 명구나 명문장을 반복하는 과정 속에서 그는 중국 문자 특유의 아름다움을 그의 독창적 서법으로 소화하여 스스로는 자신의 삶을 완성시키며, 보는 이들에게는 많은 영감을 불러일으켜 왔다. 압축된 그의 기를 엿볼 수 있는 독창적 서예는 나의 형 서양화가 이강소에게도 많은 영향을 끼쳤으며, 또한 오늘날 서예의 끊임없는 반복적 프로세싱은 많은 현대 화가들의 작업에도 반영이 되고 있다.

아무쪼록 이번 전시회가 안면 장애아들에게 미력이나마 도움이 되어 그들이 이 사회의 비뚤어진 시선을 받지 않고 함께 살아갈 수 있는 토대가 되길 바라며, 끝으로 작품을 기증해주신 나의 아버지께 감사드리며, 또한 이번 전시회를 위해 수고해주신 관계자 여러분과 참여해주신 여러분들께 진심으로 감사드리는 바입니다.

1948년 한약업사 시험을 치룬
상고당한약방 홍준희

-1919년 생-

．
．
．

어린 시절의 학업과 한약 수업
한약종상 시험과 활헌한약방 개업
비방(秘方)과 한약에 대한 인식

연보
- ·1919년 - 10월 26일, 경북 군위군 부계면 출생
- ·1931년 - 보통학교 입학
- ·1935년 - 한약업사 부친을 수종하며 한약 수업
- ·1948년 - 대구에서 활헌한약방 개원
- ·2000년 - 한약방 폐업
- ·2006년 - 대구광역시 중구 남성로 상고당한약방 근무

■ 어린 시절의 학업과 한약 수업

13세에 뒤늦게 입학했어요

경북 군위군 부계면 동산동(대율리, 한밤마을)에서 3남1녀 중 3남으로 출생했어요. 대율리(大栗里)는 홍씨 집성촌이자 반촌으로서 봉건사상이 상당히 강했지요. 일제 강점기 집안 어른들은 일제에 대한 반대 감정으로 자녀들을 일본인들의 교육체계인 보통학교에 가능한 보내지 않으려 했어요. 그런 연유로 나도 13세에 뒤늦게 입학했어요.

당시 보통학교는 면내에 1개 정도 있었어요. 보통학교 입학 대신 나는 7~8세부터 몇몇 서당을 다니며 수년간 한학을 공부했어요. 때로는 야학 공부도 했고요. 당시 좀 잘 사는 집의 아이는 서당 공부하고, 못 사는 집의 아이는 남의 집 머슴살이하는 식이었어요. 다소 때늦은 감은 있지만, 당시 신학문이 필요한 추세에 따라 보통학교에 들어간 거지요.

이때 나는 한학 수학 능력을 인정받아 교장 선생님의 검증을 거쳐 3학년에 편입할 수 있었어요. 교장이 불러다가 직접 주산과목과 수학과목에 대해 시험을 쳤어요. 6학년 때는 학교 성적 우수자로 선발되어 군위, 안동, 의성 등지의 학생 82명과 함께 일본을 견학하기도 했어요. (크게 웃으면서) 그때 내가 상당히 머리가 있었던 모양이지요.

부친 밑에 수종(隨從)하며 줄곧 한약을 배워나갔어요

보통학교를 졸업한 17세부터 부친의 약방에서 일을 도우며 한약을 배워나가기 시작했어요. 약방 계승자 수업이 시작된 것이지요. 위에 2명의 형이 있었으나, 총기도 좀 있었고 어른들의 말에 순종적이었기 때문에 내가 막내임에도 불구하고 부친의 계승 수업을 받을 수 있었던 것 같아요. 이때부터 나는 부친 밑에 수종(隨從)하며 줄곧 한약을 배워나갔어요.

일제 강점기이던 당시 대구에만 해도 도립병원이나 남산병원 외에는 병원이 없었어요. 그렇기 때문에 병이 나면 특히 촌의 경우에는 사람들 대부분이 약방 쪽으로 가서 치료를 했어요. 당시 어른은 잘 살고 학자였으므로 동네 유지 택이었지요. 특별한 간판은 내걸지 않았지만, 보통 '홍가 한약방', '홍약방'으로 통했지요.

당시 [군위군] 부계면에는 부친 약방 외에 약방이 하나 더 있었을 거예요. 보통 1개면에 약방이 하나 정도씩 있던 시절이지요. 지금은 걸뱅이도 잘 사는 시대지요. 셋방살이 해도 지금은 재벌보다도 더 잘 먹고 잘 입고 하지요. 예전에는 참 어려웠어요. 먹을 게 없어가지고 '갱죽'이라고 곡식은 조금 넣고 양을 늘리려고 여기에 물을 많이 붓고 나물이나 채소를 넣어 끓여 만든 것도 먹었어요. 2월 농한기에는 '농목(農木)' 장만하느라고 나무 치는 허가를 받아 나무 볏가리를 산더미처럼 크게 노적하기도 했어요.

곁에서 보고 듣고 하는 방법으로 공부한 거지요

한약 종사원 중에서는 '조수'로 취직하여 약 썰고 짓고 하여 약을 배워가지고 약방을 개업한 사람도 있지요. 유전적으로 윗대부터 배워서 하는 경우에는 좀 격이 달라요.

'건재'는 약이 생긴 대로, 원형대로 약방에 가져다가 판매하는 것이지요. 지금은 약을 썰어 봉투에 넣어 잘 정제시킨 상태로 유통되지만, 예전에는 농작(農作, 재배)보다는 산에서 채약한 산약(山藥)이 더 많았어요. 첩약방(소매 약방)에서 건재방(도매 약방)에 약을 사러 가면 '엉망인 상태'의 건재약(乾材藥) 그대로 사와서 약을 짓기 위해 약을 썰고 법제하고 작근하여 정제한 다음 사용했지요.

이런 식으로 일을 하며 어릴 때부터 아버지 밑에서 '수종'하며 약을 배웠어요. 약성 말고도 처방 내는 법, 환자의 병을 알아내는 법도 배워야 해요. 문진(問診)이나 촉진(觸診), 맥진 등을 통해 두루 살펴보고 처방(화제)을 내지요. 『동의보감』이나 『의학입문(醫學入門)』, 『방약합편(方藥合編)』 같은 의서를 공부하기도 했지요. 공부하다 모르는 것은 묻기도 하고요. 아버지 하는 것을 곁에서 보고 듣고 하는 방법으로 공부한 거지요. 견문이 중요하지요. 어떤 경우에는 환자 대신 대리자가 병 증세를 가지고 와서 약을 지어가기도 했어요.

약봉지를 천장에다 매달아놓고 보관했어요

내가 한약에 입문하던 때는 1930년대 말이지요. 당시 한약방 풍경이라면… 약방에는 지금처럼 사무실 개념이 없었지요. 그냥 일반 가정집 한 칸 방에다 약장 들여다 놓고 썼지요. 해방 직후 내가 한약종상 면허증 받아 대구로 나온 이후에도 한복 입고 구들방이던 사랑방에 앉아 약 짓고 했지요. 그러니 시골에서는 두 말 할 것도 없지 않겠어요? 한약방이 지금처럼 사무실을 갖추고 의자에 앉아 시작한 것도 30년이 채 되지 않지요.

당시는 '한문시대'이므로 괘약(掛藥) 형식으로 방 안에다가 약을 넣은 약봉지를 천장에다 매달아놓고 보관했어요. 집안 형편이 안 되는 집은 방 안에 서까래가 드러나 보이는 대로 생활했지요. 부잣집은 방 천장을 수평으로 막아 평평하게 만들어 사용했지요. 이걸 '앙장(仰帳)'이라 해요.

간혹 서까래에다 못을 박아 괘약하기도 했지만, 앙장한 경우에는 그 위에다 다시 나무를 붙여 여기에다 못을 박고 괘약을 했어요. 괘약을 하면 통풍이 원활하여 약 보관에 효율적이고 또 약이 쉽게 눈에 띄어 꺼내 사용하기에도 편리한 점이 있어요. 물론 방안에 들여놓은 약장에도 약을 넣어 보관했지요. 좀 더 세밀하게 약을 지어내려면 수백 종의 많은 약이 필요하므로 이런 방법의 약장과 괘약을 이용하여 약을 보관했어요.

■ 한약종상 시험과 활헌한약방 개업

한약종상 시험 친 것은 해방 직후였어요

내가 한약종상 시험 친 것은 해방 직후였어요. 스물여덟 정도 되었을 거예요. 경북도청에서 주관했어요. 지금의 대구시청 부근의 큰 목조건물에서 시험 쳤어요. 시험과목은 현물시험과 학과시험이 있었어요. 현물시험은 썰어놓은 비슷한 약을 내어놓고 구별해내는 방법으로 쳤어요. 그리고 학과시험은 의약서(醫藥書)에 나와 있는 처방, 인삼패독산(人蔘敗毒散)이나 십전대보탕(十全大補湯) 등을 묻는 형식이지요. 예를 들면, '감기 증상에는 무슨 약을 써야 하나?'는 식으로 문제가 나오면, 인삼패독산 처방의 내용을 답으로 쓰는 식이지요.

이렇게 시험 쳐서 면허 취득한 후 곧바로 대구로 독립해 나왔지요. 대구시 중구 동인동 동사무소 근처에다 처음으로 약방을 차렸지요. 남의 집에 세를 얻어 들어왔어요. 상호는 '활헌한약방(活軒韓藥房)'으로 했고요. 환자를 상대로 하는 첩약 전문으로 했어요.

이곳에서 54년(1948년~2000년) 동안 평생 계속하여 약방을 운영했어요. 대구 전입 5~6년 후 동장 직무를 제의받기도 했지만, 약업에 전념하기 위해 거절하기도 했어요. 특별한 사회활동도 하지 않았어요. 일이 많을 때는 한동안 종업원을 두기도 했지만, 한약재 규격화가 실시되고 또 자동 약탕기가 보급된 후 일이 많이 줄어들기 시작하면서는 혼자서 운영했어요. 그러다가 5~6년 전쯤부터는 약전골목 '상고당한약방'으로 들어와 있지요.

인술이므로 한 단계 높은 차원에서 생각해야 합니다.

4남매(1남 3녀) 자녀를 두었는데, 자녀에게 한방을 계승토록 했으면 하는 생각은 가지고 있었지만 여러 가지 사정으로 그렇게 하지 못했어요.

아들은 교육계에 들어가 현재 거창에서 교감으로 있어요. 현재 평생 직업으로 종사해온 한약업에 대한 하등의 '잡념' 같은 것은 없어요. 현 세태가 너무 금전 중심으로 흐르고 있지만, 의약업은 인술이므로 '장사' 개념보다는 한 단계 높은 차원에서 생각해야 합니다.

일제시대 때는 '한약종상(漢藥種商)'이라 했지요

우리나라에 한의대가 생긴 지는 몇 년 안 됩니다. 일제시대 때는 처음에는 '한약종상(漢藥種商)'이라 했지요. 일본 사람들이 한약을 압제시키기위해 한약종상 면허를 냈어요. 옳게 대우를 안 해주려고요. 의사는 스승 '사(師)' 자를 내려 신의사들이 그리했지만, 한약은 안 그랬어요. 왜 그랬을까요? 식민지시대 압력 내릴라고 그랬지요.

한의대 나기 전에는 서울, 부산에서만 사립으로 한의를 가르쳤어요. 지금 우리나라는 한의대가 생겼지요. 그래서 신의사처럼 한의사가 되어 '사(師)' 라고 붙였지요. 한약업사들은 뒤에 스승 '사'를 요구했지만, 이전처럼 약을 주로 판매하는 업종이라는 성격 때문에 결국 '사(師)' 자가 아닌 선비 '사(士)' 자를 붙였어요. 양의사, 양약사, 한의사는 공식적으로 교육을 받는다고 그런대요. 이거는 업권 간의 권력 문제와도 많은 관련이 있다고 봐요. 보건복지 관련 부서의 고위 관료들이 모두 양방(洋方) 출신이잖아요?

예전에는 한약업사들의 영업소 이전이 불가능했어요. 대구시에서도 약전골목으로 자유롭게 들어갈 수 없었어요. 1986년도인가 약사법 개정으로 비로소 이동이 좀 자유롭게 되었어요. 일제시대부터 불러오던 한약종상 명칭도 해방 후 한참 동안 계속 그렇게 부르다가 약 1971년도에 비로소 '한약업사'로 바뀌었지요.

■ 비방(秘方)과 한약에 대한 인식

비방이란 자기 자신만이 알고 있는 처방법이지

(연구자가 자신의 비방 내용을 가르쳐 달라고 묻자) 약국 안 하면 그런 것을 알 필요가 없어요. 비방이란 자기 자신만이 알고 있는 처방법이지. 일반적으로는 잘 알려져 있지 않아 모르는 것이지요. 보통 비방은 남에게 잘 가르쳐 주지 않아요. 비방은 공개할 것도 있고, 공개 못할 것도 있습니다. 또 비방은 공개할 자리도 있고, 공개 못할 자리도 있어요.

비방을 얻으려고 하면 비방 가진 사람과 함께 친분을 먼저 쌓아야 해요. 약국을 다 같이 해도 '저 사람은 어떤 약을 잘 쓴다.' 카는 이름이 있거든요. 따라서 그 사람과 아주 친분이 있는 사람을 통해 청을 넣으면 비방이 나오기도 하지요. 그런 식으로 간혹 비방이 흩어지기도 합니다. 비방도 따라서 알 사람도 있고, 모르는 사람도 있지요. 아버지한테서 비방을 전수 받은 것도 있지만….

화타(華陀)라는 신의(神醫)도 있었어요

중국의 편작(扁磋) 같은 의사는 2,500년 전의 사람인데, 이 사람은 처방을 내면 안 낫는 병이 없었어요. 같은 시대 사람으로 화타(華陀)라는 신의(神醫)도 있었어요. 명의(名醫), 진의(眞醫), 성의(聖醫), 술의(術醫)가 있지만, 편작이나 화타는 신의에 속하지요. 신통(神通)으로 타고난 의술을 지녔지요. 그는 해부학 시술도 했지요.

초한(楚漢)시대 유비와 항우 등이 활동하던 시대지요. 이 때 조조가 큰 병이 나서 신의 화타를 불러 자신의 병을 치료하도록 명했어요. 유비 편인 화타가 뇌수술을 해야 한다고 하자, 자신을 죽이려는 음해라고 생각하여 그를 죽이려 했어요.

죽음에 임박하여 화타는 자신의 비방 내용을 적어 항시 차고 다니던

푸른색 주머니[靑囊秘訣]를 떼 내어 부인에게 건네면서, 후세에 전해주도
록 부탁했습니다. 이에 부인은 '신의술(神醫術)을 지닌 남편도 죽는데, 이
것을 누구에게 전하겠는가?' 라고 생각하여 이를 불태워 없애버렸다는
이야기도 전해오고 있어요.

예전에는 주머니에다가 비상용 약을 넣어 휴대하기도 했는데, 이를
'약낭(藥囊)'이라 했지요. 예전에 이름난 일부 의자(醫子)들은 자신의 비방
을 잘 간수하기 위해 비방을 적은 종이를 주머니에다 넣고 다녔어요.

한약은 병을 발본색원하지요

한약은 효과가 더디지만, 낫기만 하면 재발하는 거는 없지요. 신의약
(新醫藥)은 약효가 속(速)하기는 하지만, 나아도 또 재발하여 왔다가 갔다
가 이러지요. 현실이 그렇지요. 치료해 보면 그렇지요. 이거(양방의 주사)
는 혈관을 타고 들어가니까 빠른데, [한]약은 내부로 위장으로 들어가 가
지고 그 정액(精液)이 전부 몸으로 돌아야 하니까 늦지요. 그러나 한약은
병을 발본색원하지요. [병의] 근본을 빼고 원인을 막아버리니까요. 그러니
나아버리지요. 한약을 먹고 나아버리면 재발하지 않지요.

할아버지로부터 한약을 계승한
일제한약방 조우현

-1923년 생-

·
·
·

조부의 남강약방 입사와 한약 수업
한약업사 시험과 한약방 개업
약업 생활과 한약에 대한 인식

연보
- 1923년 - 11월 17일, 경북 김천 출생
- 1931년 - 대구에서 조부의 남강약방 근무
- 1945년 - 조부 별세, 남강약방 계승
- 1948년 - 한약업사 자격증 취득
- 1951년 - 결혼
- 1955년 - 일제한약방 개원
- 2006년 - 대구광역시 서구 내당동 일제한약방 운영

■ 조부의 남강약방 입사와 한약 수업

약방을 하던 조부한테서 일을 도우며 한약을 익혔지요

1923년 대정(大正) 12년에 태어났어요. 경북 김천시 지자동. 그때는 금릉군이지요. 거기서 3남 2녀 중 차남으로 태어나 열 살까지 살았어요. 열한 살부터는 대구에서 약방을 하던 조부한테로 와서 일을 도우며 한약을 익혔지요. 김천보통학교 1학년을 마치자마자, 등에 종기가 나서 학교를 쉬면서 치료를 했지요.

그 때는 병원도 드물었지만, 주로 약방에서 침도 맞고 약물로 치료했어요. 등창 치료 때문에 2학년을 채 마치지도 못하고 조부님 약방으로 오게 된 것이지요. 그 길로 그냥 눌러앉아 조부님 밑에 내내 수종(隨從)했지요. 내 형제는 5남매인데, 형은 서른 갓 넘어 일찍 병으로 죽었어요. 일본에서 의학공부를 했지만, 결혼 후 10년 만에 자녀도 없이 죽었어요. 그러니까 내가 장남 역할을 한 것이지요.

일제시대부터 남강약방(南崗藥房)을 운영하셨지요

조부님 존함은 조진환입니다. 일제시대 지금의 서문교회 입구에서 오랫동안 '남강약방(南崗藥房)'을 운영하셨지요. 그러다가 해방되던 해가 돌아가셨어요. 무진생이므로 지금 살아계시면 130세 정도 될 겁니다.

조부 밑에서 약을 썰고, 약을 짓고, 약전골목에 가서 약심부름을 하면서 약을 배웠지요. 쉴 새 없이 약 일을 하다가 간혹 오후에 바깥에라도 놀러나가면, 또래 아이들이 '저거는 아~ 노인이다.' 라면서 막 놀리기도 했어요. 14~15세 무렵이지요. 왜냐하면 약방으로 약을 지으려 오는 사람들이 남녀를 불문하고 대부분 노인들이라서 항시 노인들 사이에서 생활하고 있었기 때문이지요.

당시 한약방은 방 안에다가 약 탁자를 놓고 가부장 자세로 앉아 약을 짓고, 처방을 내고 했지요. 지금처럼 앉아서 일하는 사무실 구조가 아니지요. 방 안에는 약장도 있고, 천장에는 온갖 약재 봉지를 주렁주렁 매달아 놓지요. 약 심부름은 주로 약전골목으로 가서 필요한 약을 사오는 일이지요. '김홍조약방'이나 '남성약방', '제일약방' 등으로 다녔어요. 조부님이 '무슨 약 몇 근을 사오너라.'고 시키면 가서 사왔지요. 이런 식으로 약을 썰고 짓고, 중량을 달고 또 심부름하면서 자연적으로 약명과 약성, 기미, 성상 등을 익혔지요. 체득이라 하겠지요.

낮에는 약방 일을 하면서 밤에는 이웃 서당을 다니며 한문공부를 하기도 했어요. 처방 공부는『방약합편』같은 의서를 보기도 했지만, 조부님 일을 오래 동안 도와주는 과정에서 자연적으로 배우게 되었어요. 때로는 조부님이 모르는 약명이나 약성을 설명도 해주고, 한자도 가르쳐주고, 처방도 가르쳐 주었어요.

예전에는 사랑방에 앉아 약방 업무를 보았으므로 약재를 보관하는 장소 또한 방 내부였지요. 약장 외에 천장 서까래에다 못을 치고 약봉지를 달아 놓지요. 이렇게 하면 통풍효과가 클 뿐만 아니라, 좁은 공간을 최대한으로 활용할 수도 있지요. 실제로 옛날에는 약방 공간이 좁아 약을 보관할 곳이 부족했기 때문에 약봉지를 천장에 매달아 놓지 않을 수 없었어요.

당시에는 명절이나 특별한 날이 아니면 일요일이나 공휴일 개념 없이 사시사철 약방문을 열었어요. 그 후 건재약을 파는 약전골목의 경우 일요일 문을 닫고 쉬었지만, 다른 곳의 업소들은 쉬지 못했어요. 특히 자가약방의 경우에는 노는 날이 없었어요. 예전에는 병원이 적어 위급한 환자가 생길 경우 한밤중에도 사람이 와서 약을 지어가기도 했지요.

■ 한약업사 시험과 한약방 개업

그러니까 한약 1기생 택이지요

해방 3년 후인 26세에 시험을 봤어요. 경북도 주관으로 처음으로 시험을 쳤지요. 그러니까 한약 1기생 택이지요. 한약업사 1기생은 모두 죽고 현재 거의 남아있지 않아요. 아마도 나 밖에는 없지 싶어요.

시험 칠 때 보니 모두 나보다 나이가 많아 30대, 40대 되는 사람들이 많았거든요. 나는 당시 나이가 어린 축에 속했어요. 23세에 해방이 되고 26세에 한약업사 면허를 취득한 셈이지요. 약방 수종한지 꼬박 15년째 되었지요. 조부님은 해방되던 해에 돌아가셨으니까 조부님 약방을 물려받아 수년간 운영했지요.

33세에 내당동으로 옮겼어요. 조부님 옥호를 계속 쓰기가 어려워 옮기면서 약방 상호를 '일제한약방'으로 바꿨어요. 이때도 약재는 여전히 약전골목 건재약방으로부터 구입했어요. 지금은 허가 있는 사람만이 약을 만지고 팔고 하지만, 예전에는 농사짓는 사람이라도 약을 캐거나 재배하여 마음대로 팔았어요. 예전에도 약종상은 원칙적으로는 침을 놓을 수 없었어요. 조부님도 마찬가지였어요. 하지만 진맥은 대부분 했어요. 지금은 침은 물론 진맥도 못하지만, 묵과해주니까 진맥 정도는 하지요. 초창기에는 종업원 없이 혼자 운영하다가 조금 지나 고용하기도 했어요.

19세에 달성군 하빈 동곡 출신의 여성과 결혼했어요. 예전에는 부모가 혼사를 정해놓으면 자녀들은 순종적으로 이를 수용하는 입장이었습니다. 약방에 종사하던 중 가마 타고 장가를 갔어요. 21세에 장남을 낳았지만, 6.25때 병으로 죽었어요. 하지만 아내는 4남매를 낳아 놓고 역시 병으로 죽었어요. 이후 재취로 들어온 부인한테서 딸 2명을 더 낳았습니다. 자녀들에게 한의업을 계승시키려고 했지만, 뜻대로 되지 않아 현재 아무도 한방 계통을 이어나가지 못하고 있지요.

조부 때는 비방이 상당히 있었던 편입니다. 하지만 시대, 기후, 사람의 체질이 모두 달라졌기 때문에 예전 조부 때의 비방이 지금은 전혀 듣지 않아요. 그래서 옛 한의약서 본방(本方)을 중심으로 여러 약재를 나름대로 가감(加減)해서 쓰고 있어요. 물론 조부가 남긴 비방 내용을 때때로 참고는 하지만요. 예전에는 자생약초가 많이 생산되고 또 약효가 뛰어났지만, 지금은 그렇지 못해요. 사람들이 채식 위주에서 육식을 많이 하게 됨으로써 체질도 많이 바뀌었어요. 따라서 의약서에 나와 있는 처방대로 약을 쓰면 잘 듣지 않아요. 체질에 따라 다른 약을 가감해 써야 해요.

■ 약업 생활과 한약에 대한 인식

'감옥에 갇힌 몸'이나 마찬가지지요

손님이 오지 않는 시간이면 간혹 바둑친구와 함께 약방 안에서 바둑을 두기도 하지요. 퇴근 이후 시간에는 저녁에 친구들과 만나 술집에 가서 술을 마시기도 하고요. 그 외 특별한 취미는 없어요. 예전에는 휴일도 없이 사시사철 온종일 약방에 앉아 있었어요. '감옥에 갇힌 몸'이나 마찬가지지요. 평생 약방에 징역살고 있는 거나 마찬가지지요. 만일 약 지으려 사람이 왔을 때 내 볼일 본다고 문 닫아놓고 없으면 어떻게 해요? 약방을 크게 해서 종업원도 여럿 있고 하는 경우에는 맡겨놓고 볼일도 보고 하겠지만요.

약전골목 사람들은 서로 이웃에 붙어 있고 또 보존위원회도 있으므로 수시로 만나 모임도 하고 친목계도 있는 것 같아요. 하지만 나는 이렇게 떨어져 있으므로 이들과 별로 교류도 없이 지내왔어요. 다른 약업 종사자들과도 특별히 친목모임을 하는 것도 없고요. 그저 주위 친한 사람들 몇이 모여 친목계 하나 만들어 서로 만나고 하는 것뿐이지요. 이들과는 한

달에 한 번씩 약방에 모여 이야기도 하고 때로는 저녁도 하곤 했지요.

해방 전에는 약방의 약장 규모가 습관상 대부분 작았어요

조부님으로부터 약장과 의약서, 약저울 등 약업에 필요한 일체의 물건들을 물러 받았지만, 오래 되어 대부분 없애 버렸어요. 특히 약장은 지금 쓰는 것에 반도 미치지 못할 정도로 규모가 작아서 지금의 장소로 약방을 옮기면서 고물상에 팔아 버렸지요. 해방 전에는 약방의 약장 규모가 습관상 대부분 작았어요. 지금 쓰고 있는 것은 중국 사람이 제작한 것인데, '기목'으로 만들었어요. 약 35년 정도 됐을 거예요.

(약방에 종업원으로 근무하고 있는 6촌 동생을 가리키며) 현재 근무하고 있는 자~가 약방에 들어온 지가 31년째 되는데, 약장이 그 이전부터 있었으니까 그렇게 되겠네요. 자~는 내 6촌입니다.

약저울은 크고 작은 것들이 3개 있어요. 특히 적은 양을 다는 돈(錢)저울은 40년이 넘어요. 저기 약장 서랍에 걸어놓은 것이 가장 작은 저울인가 보네요. 저렇게 옛날 사람들도 항상 저울을 약장 서랍에다 걸어 놓았어요. 필요할 때 손쉽게 찾아 쓸 수 있기 때문인 것 같아요. 나도 예전 조부님이 하던 것처럼 저렇게 손저울을 서랍에다 항시 걸어 놓아요. 저것보다 좀 더 큰 손저울 2개는 저기 약장 모퉁이에다 그냥 걸어놓고 있어요. 요즘은 그램(g) 저울이, 책상 위에 얹어놓고 쓰기가 편해 손저울은 잘 안 쓰지요.

대구시 서구보건소 한약업사 1호입니다

다른 것을 해보았으면 하는 생각도 간혹 들었지만, 조부님 뜻에 눌려 그렇게 할 수 없었어요. 약방 일이 싫어 15~16세 때 일본으로 가서 공부를 하려고도 했으니까요. 어른들 층층시하에 못했지요. 열한 살 때 한약에 처음 입문할 때는 어린 나이에 한약 공부를 해야겠다는 판단이 어디

섰겠어요? 아무런 판단도 없었지요. 그저 하라고 하니까 따라서 했던 거지요. 그런 것이 평생 직업이 되어 이렇게까지 왔어요.

내 나이가 팔십 넷이에요. 허허! 1990년도에 갱신된 면허증을 보세요. 내가 대구시 서구보건소 한약업사 1호입니다. 가장 오래 되었다는 거지요. 이렇게 오래 되었지만, 어떤 때는 애로점도 있어요. 간혹 정성스럽게 약을 지어주어도 먹고 잘 낫지 않을 경우에는 부담이 되기도 해요. 또 매일처럼 진종일 약방을 지켜야 하므로 마치 '감옥에 갇혀 징역을 사는 격'이기도 하지요. 따라서 무릎 관절이 상당히 안 좋아요. 생각해 보세요? 지금은 의자에 앉아서 일을 하지만, 예전에는 방에 앉아 진종일 일을 하니까 말이에요. 신장도 좀 좋지 못해 의욕이 없고, 기억력도 많이 나빠졌어요. 이제 이 업을 많이 못할 것 같아요. 내 죽으면 약방문을 닫아야지요. 6남매(4남 2녀)의 자녀가 났지만, 아무도 한방을 계승하지 않아요.

경험방 노트를 간직한
인산한약방 류경희
-1924년 생-

．
．
．

대구 방촌동 출생과 일제 강점기 경험
6.25전쟁과 피난, 군 입대
결혼과 4남 1녀의 자녀들
한약 입문과 이론 및 실물 공부
한약업사 시험과 대성한약방 개업
한약방 운영과 약재 관리
환자 집증(執症)과 『경험방 노트』
한약업사 류경희의 처방전 바라보기
비방(秘方)과 한의약의 우수성, 가업 계승
정업(正業)의 실천과 일상생활
인산한약방의 한의약 물질 전승

연보

· 1924년 - 9월 13일, 대구시 동구 방촌동 출생
· 1943년 - 결혼
· 1945년 - 2월 7일, 일본군에 징집
· 1945년 - 8월 25일, 무사 귀향
· 1950년 - 9월 1일, 6.25전쟁으로 국군 입대
· 1953년 - 민족시보사 기자
· 1953년 - 성화학원, 정일성한의원 등에서 한의약 이론 및 실물 공부
· 1970년 - 5월, 경기도 강화에서 한약업사 시험 합격
· 1975년 - 경북 포항시 송라면 대성한약방 개업
· 1981년 - 대구 동인동 인산한약방 개업
· 2006년 - 대구광역시 동구 신암동 인산한약방 경영

■ 대구 방촌동 출생과 일제 강점기 경험

면에서 소집 명령이 나와 징집됐지요

대구시 동촌 지금의 방촌동에서 태어났지요. 그 당시는 일제시대니까 달성군 동촌면 검사동이지요. 그 예전에는 해안면이고요. 거기서 나서 계속 자란 택이지요. 일제시대 우리 민족의약, 한약업사도 많이 핍박 받고 생활도 어려움이 컸어요.

왜놈시대 군사훈련도 강제적으로 받았어요. 왜놈 소화(昭和) 20년(1945년) 내 20세 때지요. 강제 동원되었어요. 면에서 소집 명령이 나와 징집됐지요. 22세이던 1945년 2월 7일 일본군에 징병되었어요. 당시 함께 징집됐던 사람들로는 같은 유광지(柳光地) 마을의 곽영동과 입석동의 남정환이지요. 신체검사 후 갑종 판정자 3명이 동촌면에서 소집되었어요. 세 사람은 6.25전쟁 때도 똑 같이 입대했는데, 남정환이는 행방불명되어 버렸어요. 곽영동은 장교로 제대했고요. 6개월 18일 만인 1945년 8월 25일 되돌아 왔지요.

징병 당시 이틀 전쯤에는 마을회관에 사람들이 모두 나와 막걸리를 조금 내놓고 마시면서 격려 이야기도 하고 또 '무운장구(武運長久)'라는 글씨의 띠를 두르고 환영식을 해주었어요. 마을에서 따라 나온 사람들은 동촌역까지 환송해 주었어요. 학생들도 줄을 지어서서 깃발을 흔들어 주었어요. 곽영동과 남정환이 모두 무사 귀환했지만, 6.25전쟁 때 또다시 모두 입대했어요. 하지만 남정환이는 결국 행방불명되어 버렸어요. 일제시대 15~16세부터 무슨 훈련이다, 무슨 사역이다 하면서 많이도 강제 동원되었어요.

뉴기니아, 사이판 등지로 보내려고 준비 중이었어요

대구에서 대전으로 갔어요. 대전에 주둔한 일본군 제24부대에서 군사훈련 받았어요. 대전에 있던 일본군 사이또대대 8중대 기관총 담당이었어요. 기관총 주특기로 4개월 동안 훈련 받았어요. 훈련 당시 지금의 도시락 반찬통 크기밖에 안 되는 그릇에다 밥을 주었으므로 정말 배가 고파 견뎌내기가 힘들었어요.

거기서 4개월 훈련한 후에는 서울 용산에 주둔하고 있던 일본군 제150사단에서 작전지도를 정리하는 일을 7~10일 동안 했어요. 이후 야간을 이용해 전북 정읍 농림학교로 옮겼어요. 곧바로 제주도로 가서 남양군도 전선으로 투입될 예정이었지요. 수비대 보초근무를 섰는데, 수개월 후면 부대 전체를 뉴기니아, 사이판 등지로 보내려고 준비 중이었어요. 그곳은 당시 미군과 치열한 전투를 벌이던 곳이지요.

그 쪽으로 가려고 곧 전북 정읍의 농업학교로 사단사령부를 옮겼어요. 수일 후면 다시 제주도를 경유하여 사이판으로 간다는 이야기가 돌았어요. 장교들로부터 이런 이야기를 들었어요. 상당히 두려운 마음이 들었지요. 왜냐하면 당시 남양[군도] 가면 죽는다고 생각했기 때문이지요. 이곳에서는 피난용 굴을 파는 일도 했어요. 때때로 미군비행기가 날아다니며 위협했어요. 그래서 미군기를 기관총으로 공격하기도 했지요. 미군기가 기만용으로 드럼통을 투하하기도 했어요.

당시 대전 유성온천 부근으로 훈련 나가서는 배가 하도 고파 잠시 대오에서 이탈한 후 민가에 들어가 밥을 얻어먹고 늦게 합류했는데, 도주한 줄 알고 내부에서 막 찾곤 했지요. 긴장된 분위기였죠. 하지만 별다른 제재가 없이 넘어갔어요. 평상시 같으면 엄중한 벌이 따랐겠지만, 전시 중이라 그냥 넘어갔어요.

전북 정읍에 있을 때 같은 소속의 보성전문대 출신이던 배상옥과 나는 근무 성적이 별로 좋지 못했어요. 잠깐 동안만 보이지 않아도 부대에서 우리를 막 찾곤 했지요. 한번은 인근 옥수수 밭으로 들어가 한동안 낮잠을 자고 나오는데, 도망간 줄 알고 비상이 걸려 야단이었어요. 하지만 그냥 넘어갔어요.

해방되고 10일쯤 더 있다가 풀려났지요

곧 떠난다고 하고 있는데 일본이 다행스럽게도 그만 손을 들었지요. 해방이 된 거지요. 그래서 풀려난 거지요. 울진, 경주, 충청도 등지로부터 온 7명의 한국인이 함께 8월 25일 그 부대에서 풀려나왔어요. 전선으로 배치되기 10일 전에 해방이 되어 구사일생했지요.

대구 대봉동 사람인 배상옥이가 하루는 함께 그 부대로부터 도망가자고도 했어요. 결국 못했지만요. 또 하루는 야간 보초 근무했던 다음 날 낮에 학교 숲 속에서 낮잠을 잤는데 부대에서 찾아 난리까지 쳤지요. 평소 감시 대상이었어요. 해방되기 수일 전쯤 한번은 민가 쪽으로 훈련 나갔다 들어온 한국인 동료가 어느 노인으로부터 받은 것이라고 하면서 가슴에서 불쑥 태극기를 꺼내 보이기도 했어요. 그러면서 이승만 박사가 조선을 해방시키기 위해 노력을 많이 하는데 머잖아 그렇게 되리라고도 이야기했어요.

해방이 되자 당시 일본군 대위가 나를 불러 맥주를 마시라고 하면서 함께 일본으로 가지 않겠느냐는 회유를 하기도 했지만 거절했어요. 해방되고 10일쯤 더 있다가 풀려났지요. 8월 25일입니다. 정읍에서 기차를 타고 대전으로 갔어요. 거기서 다시 대구로 오는 기차를 타고 새벽에 도착했어요. 석탄 실어 나르는 기차였어요. 당시 대구에서 서울까지는 기차로 꼬박 이틀이 걸렸어요. 대구에 도착하니 대구역 부근의 건물 대부분이 일본인에 의해 파손된 상태였어요. 미군 비행기의 폭격을 피하기 위한 조처였던 것 같아요.

형님도 남양군도로 징집되어 3, 4년 만에 무사히 돌아왔어요

당시 우리 부대에는 한국인 출신 병사가 7~8명 있었지요. 그곳에서는 커다란 생선 반찬을 수시로 해주는 등 먹는 대우가 상당히 좋았어요. 아마 도망갈까 싶어 그랬나 봐요. 정읍에 주둔했던 일본군 사단은 별 두 개의 장군이 지휘했어요. 일본은 전쟁 준비를 많이 해서 만일 원자폭탄이 터지지 않았다면 불리한 전세에도 불구하고 전쟁이 상당 기간 동안 지속되었을 것입니다.

일본인들은 자기네들의 전세가 우세하다고 믿고 있었어요. 일본이 항복 선언을 하던 무렵에는 모든 병사들을 연병장으로 집결시킨 후 사단장이 원자폭탄 투하 사실을 이야기했어요. 이어 일본 천황의 항복 선언문이 녹음으로 낭독되었어요. 전쟁 종료가 선언되자, 병사와 장교의 반응은 정반대였어요. 병사들은 고향 간다면서 환영했던데 반해 장교들은 칼을 책상에다 치며 대단히 분개하던 모습이었어요.

이 무렵 장교 막사에 청소하러 가니까 나이 많은 육군 대위가 막걸리와 맥주를 내놓고 요깡을 안주로 술을 마시고 있었어요. 그러면서 자기 딸이 18세라면서 일본에 함께 가기를 권유했어요. 일본에는 자기가 운영했던 공장이 있는데, 폭격을 맞았다고도 했어요. 하지만 해방되면 집에 가야 한다는 생각으로 아무런 응답을 하지 않았어요.

일본이 패전을 선언한 10일 후(8월 25일) 사단장이 한국 병사들을 모두 불러 모은 후 제대비 택으로 여비를 주며 가라고 했어요. 10일 만에 운명이 바뀐 셈이지요. 해방되고 10일 만에 집으로 왔기 때문입니다. 당시 형님도 남양군도로 징집되어 3~4년 만에 무사히 돌아왔어요. 형님은 당시 배가 너무 고파 말도 잡아먹고, 어떤 경우에는 사람 고기도 먹는다는 말을 했어요.

농사지은 것 모두를 공출 내어야 했어요

콩죽, 보리죽 먹고 국수해 먹었으며 쌀밥은 거의 못 먹어봤어요. 또 농사지은 것 모두를 공출 내어야 했어요. 혹시 숨겨놓은 곡식이 있나 싶어 나무 볏가리 등을 꾹꾹 찔러보며 조사하다가 나오면 다 빼앗아갔어요. 겨울에는 무를 썰어 밥해먹기도 하고, 콩을 푹푹 찧어 씨래기 등을 섞어 끓여먹기도 했어요. 농사가 있어 먹고사는 데는 지장이 없었음 직한데 모두 공출해가니까 양식이 항시 부족했지요.

또 놋그릇을 모두 공출해가서 총탄을 만들었어요. 대신 사기그릇을 주었지요. 학생들을 동원해가지고 산으로 가서 소나무 송진, 관솔을 따오도록 했어요. 송진으로 기름을 만들었어요. 농사는 사전에 모두 조사해 놓았다가 할당액을 좀 덜 내면 집으로 들이닥쳐 뒤지기도 했어요. 당시에는 한국인 고등형사들이 일본순사보다 더 심하게 굴었어요.

고향 집은 동촌비행장 근처였어요

고향 집은 동촌비행장 근처였어요. 가까이 해안국민학교가 있었고요. 비행기와 연료통을 숨겨놓기 위한 격납고가 군데군데 설치되어 있었고요. 가옥들 주변의 농토 한가운데로는 50m 넓이 이상으로 큰 도로를 만들어 놓기도 했어요. 움푹 들어간 곳에는 곳곳에 기름통이 쌓여 있었어요.

당시에는 개인 농토라도 마음대로 못했고 오히려 일본군이 마음대로 사용했지요. 초창기에는 입석동 일부만 비행장으로 썼지만, 나중에 미군이 들어온 후에는 비행장이 10배 이상이나 확장되었어요. 확장 전에는 당시 비행기가 착륙하면서 민가와 부딪히는 사고가 나기도 했어요. 이 과정에서 가옥이나 농토가 강제적으로 수용되었어요. 아무런 보상도 없이요. 그러다가 6.25사변이 끝나고 십 수 년이 지낸 다음에야 비로소 보상을 받았어요.

■ 6.25전쟁과 피난, 군 입대

6.25전쟁이 나자 지금의 방촌시장 부근으로 피난 나왔지요

미군이 들어오고 비행장이 확장되자 우리는 지금의 방촌시장 부근으로 피난 나왔지요. 일본인 사카모도의 큰 집으로 들어가 임시 기거했지요. 당시 방촌동 일대는 온통 사과밭이었어요. 일본인 사카모도가 운영했지요. 군데군데 일본인 가옥들이 있었고요. 사카모도 집에는 만주에서 귀환한 사람들과 현지민 수십 명이 함께 기거했어요. 하지만 곧바로 그 집에서 나와야 했어요. 이 집을 육군형무소로 사용하면서 안동 등 지역 내 사상범들을 이 집의 창고 등에다 수용했기 때문이지요. 수백 명 정도 되었을 거예요. 전세가 불리해지자 이들은 경산 코발트광산으로 실려 갔어요.

훈련 1주일 만에 포항 박격포부대에 배속되었지요

전쟁이 나자 청년들 모두 면사무소에 일제히 등록하라고 해서 등록하자 일주일 안에 모두 입대 영장이 나왔어요. 그 때는 인민군이 다부동 일대로 일제히 밀고 내려와서 다급했지요. 20세에 결혼하여 아이도 2명이나 났고 나이가 27세였어요.

아군이 곧 이길 거라 생각하고 갔지요. 1950년 9월 1일입니다. 대구 남산국민학교에서 신체검사 받고 대봉동 대구농업학교에 집결하여 훈련 1주일 만에 포항 박격포부대에 배속되었지요. 훈련이 끝나자 소지품을 챙겨가지고 대구역으로 가서 기차를 탔는데, 고모역, 경산역을 지나 부산역에 도착한 후 여기서는 배를 타고 포항으로 갔어요. 지금의 포항제철 들어서 있는 부근의 버드나무숲과 모래밭 지대에 진지를 구축했지요.

당시에는 그릇도 없이 포탄 덮개에 국을 받아먹었어요. 구룡포에서 식사를 조달해 주었고요. 당시 포항지구는 상당한 격전지였는데, 인민군이 점령했다가 반격으로 밀려난 후 아군이 재점령했지요. 포항시내 건물은 모두 파괴되었어요.

아버지는 평범한 분으로 농사짓고 과수원 하고 사셨지요. 아버지는 77세 때 사망하고, 모친은 93세에 별세했어요. 형이 동촌에서 부모 모시면서 농사와 과수원 하다가 돌아가셨어요. 과수원은 400평정도 됐고, 논은 40마지기 정도 되었어요. 머슴도 2명 있었어요. 하지만 6.25전쟁 때 해안초등학교 옆에 있던 과수원이랑 방촌들 농토가 전부 비행장 확장 공사로 들어가 버렸어요. 6.25 때 미군 비행기가 착륙하면서 민가에 부딪치는 사고가 나자 크게 확장했지요. 이후 불로동 너머 객양리(客陽里)까지 모두 보상도 없이 무보상으로 몰수해 버렸어요. 그래서 동촌 사람들은 모두 지금의 방촌시장 근처로 소개(疏開, 피난)나왔어요.

우리 4형제 모두 군에 갔어요

방촌동 소개 나오자 면에서 청년들 모두 신고하라고 해서 신고하자, 곧 우리 4형제 모두에게 군에 나오라는 영장이 나왔어요. 동촌파출소에 나가니 동촌 청년들이 모두 모였어요. 모두들 터럭을 타고 동인동 어디 공장으로 갔어요. 각 처의 장정들을 모아다가 남산동 남산국민학교로 데리고 가서 신체검사를 하게 했지요.

그러고는 우리 4형제 모두 군에 갔어요. 당시 나는 26세이고, 형은 29세, 동생들은 각각 23세, 19세였어요. 당시에는 15세만 돼도 모두 입대했지요. 신체검사도 없고 그저 형식적으로 해가지고 모두 군에 보냈어요. 폐병 걸린 사람들은 겨우 빠졌을까?

신체검사 3일 후 옛 농업학교로 가서 1주일간 훈련 받고 부산으로 가서 다시 경주로, 다시 포항으로 가서 포 부대에 배치됐지요. 당시 경주, 영천, 포항까지 그리고 대구에는 팔공산 꼭대기까지 인민군이 들어왔어요. 팔공산 중턱에서 대구시내로 포를 쏘기도 했어요. 당시 소련제 비행기가 나지막이 떠서 대구 시내를 순회하며 사진을 찍기도 했어요.

형과는 같은 부대로 배치됐고, 동생들은 다른 부대로 갔어요. 포항전선에 배치됐을 때는 수도군단 제26연대 2대대 8중대 본부중대에 배속되었어요. 당시 포항의 현 제철공장 부지에는 인민군, 국군, 일반인의 주검들이 무수했어요. 당시 포항시내에서 밤중에 보초를 섰는데… 81mm 박격포를 담당했어요. 주먹밥은 신문지에 싸고, 그릇과 숟가락도 없이 81mm 박격포탄 탄피에다 국물을 받아 밥을 먹기도 했어요.

진부령 부근 수도고지에서 치열한 전투를 벌였어요

이후 계속 걸어서 강원도 삼척까지 갔어요. 해산진 홍군까지 올라갔어요. 금강산으로 해서 원산으로, 함흥까지 올라갔어요. 이후에는 차를 타고 해산진 홍군 수력발전소까지 갔어요. 발바닥이 닳고 물집까지 생겨 터지기도 했어요. 강릉 주문진에서는 행정요원으로 차출되어 교육계에 배속되었어요. 원산, 안변을 지나 함흥 가서 며칠 쉬다가 장진, 수력발전소가 3개나 있던데 거기서 전투를 치열하게 했어요. 동료 병사들이 많이 죽었어요. 이곳에서 같이 입대했던 마을 친구가 한두 명 죽기도 했어요. 특히 적의 매복에 걸려 많은 전사자가 났어요. 내가 1950년 9월 1일 입대했으므로 그때는 10월이 넘었어요.

선발진은 해산진까지 갔고, 나는 홍군까지 갔는데 이때 갑자기 미군이 자신들의 탱크에다 휘발유를 붓고 파괴하고 후퇴했어요. 중공군 때문이었지요. 서호진에서 LST를 타고 해로로 후퇴했어요. 군인과 민간 피난민이 함께 타고 강원도 묵호로 내려왔어요. 후퇴해 내려오는 도중 배 안에서 배변 보다가 파도가 쳐서 배가 출렁거리는 바람에 바다에 빠져 죽는 사람들도 있었어요. 그래도 배는 그냥 갔어요. 춥기도 하고 눈도 내렸어요.

묵호로 후퇴한 직후 곧바로 반격을 가해 강원도 오깨로 올라갔어요. 강릉에서 70~80리 거리지요. 이후 대관령에서 인민군 패잔병들과 전투를 벌였어요. 다시 설악산 향로봉까지 올라갔는데, 진부령 부근 수도고지에서 치열한 전투를 벌였어요. 당시 송요찬 사단장이 지휘했어요. 많은 사상자가 나고 신병이 계속 투입됐어요. 여기서 나는 부상을 입어 춘천으로 후송되어 서울 오산고등학교로 가서 1개월간 치료를 받았어요. 이후 울산국민학교에 마련된 울산국군병원으로 가 있다가 치료를 더 받고 2년 7개월 만에 제대했어요. 당시 집에 오니 벼 이삭이 누렇게 익어 베어낼 정도가 되었어요. 1953년도였어요.

형님도 행정요원이었는데, 강원도 강릉에서 나이가 많다고 제대를 했어요. 2년 5개월 근무했지요. 당시 50세 넘은 사람들도 입대했어요. 어떤 집에는 2명, 3명 모두 전쟁터에서 죽기도 했어요. 우리 마을(유광지) 동갑내기 친구인 곽영동[5]이도 군에 갔다가 왔어요. 육군 대령으로 예편했지요. 6.25전쟁 때 군에 특수병으로 지원해가서 장교로 복무했어요.

■ 결혼과 4남 1녀의 자녀들

20세 결혼은 보통이었어요

나는 26세에 입대할 때 이미 결혼하여 장남이 태어나 있었어요. 제대 후에는 농사와 과수원 일도 했어요. 그러다가 30세를 넘기며 친구 소개로 '민족시보사' 대구지부 기자로 들어갔지요. 당시 친구 서재수는 17세에 결혼했는데, 20세 결혼은 보통이었어요.

6.25전쟁 때 처자식 두고 군에 가서 죽은 이가 수만 명이나 되었어요. 당시 북진 중이었는데, 강릉 부근에서 개인이 겪은 현재까가지의 작전 경로를 모두 적어내라고 해서 적어내니까 중대에서 나를 포함해 2명이 무

---

5 곽영동은 연구자가 민중구술자서전 편찬과정에서 1인 구술생애사 대상자로 만났던 이두이(여, 1925년생)의 시숙이다. 이두이 남편은 곽영식인데, 6.25전쟁 때 입대하여 전사했다. 곽영학은 맏시숙이다.

공훈장을 받게 되었어요. 죽으면 영천 국립묘지에 안장될 수 있어요. 이런 경력을 인정해서 2003년부터는 매월 8만원의 수당이 나오고 있어요. 이후 10만원으로 올랐다가 지금은 11만원씩 나와요.

아내는 인근의 안심면 동내동 출신의 장수 황씨 사람입니다. 가마 타고 장가가서 3일 만에 돌아왔어요. 아내는 시집올 때 택시, 구일택시 타고 왔어요. 재행(再行) 가서는 2일 만에 되돌아 왔어요. 예전 '신랑달기' 관습으로 새 신랑이 죽는 경우도 있었어요. 신랑을 묶어 마룻바닥으로 끌고 다니다가 울퉁불퉁한 나무가시가 등에 박혀 큰 상처를 입기도 했지요.

선조 중에서 내 10대조는 수군통제사를 했고, 11대조는 호조참판을 역임했습니다. 동촌 내에는 당시 경주 최씨(옻골), 현풍 곽씨, 문화 류씨 등이 양반으로 서로 경쟁적인 입장에 있었지요. 문화 류씨는 안동 권씨나 안동 김씨 등에 비하면 많이 못하지요. 처가 동네는 집성촌이고 황씨들이 지금도 상당수 살고 있어요. 황희 정승 후손으로 양반 축에 들어가요.

막내 4남은 한의사 하고 있어요

내 아이들은 4남 1녀입니다. 위로 아들 둘, 딸, 그 밑으로 또 아들 둘입니다. 장남은 올해 59세인데, 고등학교 나와 대구에서 조경업을 하고 있어요. 공부시키려고 서울까지 보내 재수까지 했지만, 본인이 하기 싫어 대학을 못했지요. 그기에 손자 하나 나고 손부까지 봐서 증손자까지 낳어요. 차남은 57세인데, 전문대학 졸업하고 건축업 하다가 아이엠에프(IMF) 때 부도나가지고 지금 좀 어렵게 살아요. 밑에 장녀는 50세인데, 죽었어요. 외손녀가 하나 있는데, 사위는 서울에서 살아요. 3남은 교직에 있고요.

막내 4남은 한의사 하고 있어요. 나는 신의사 하라고 권했는데, 자기가 스스로 한의사 한다고 해서 하고 있어요. 나는 매일처럼 약방에 앉아 있는 것이 구속 같아서 한방을 권유하지 않았지요.

■ 한약 입문과 이론 및 실물 공부

제대한 후 〈민족시보사〉 기자 생활을 7~8개월 했지요

어릴 때는 한학을 공부했어요. 3개월, 5개월, 1년 등으로 여러 서당을 옮겨 다니면서 몇몇 선생님들한테 배웠어요. 그 후 보통학교 들어가서 공부하다가 5학년 땐가 중퇴했어요. 당시 보통학교는 1개면에 1개 정도씩 있었는데, 일본인들이 나이 규정을 엄격히 했어요.

한약에 입문한 것은 6.25참전 이후 늦게 시작했어요. 제대한 후 <민족시보사> 기자 생활을 7~8개월 했지요. 민족시보사는 프란체스카 재단으로 설립됐다는 소문도 있었어요. 프란체스카는 이승만 전 대통령 영부인이잖아요. 최규설이 사장이고, 주필 겸 주간으로는 김종성이 재직했지요.

하지만 당시 기자들은 좀 타락하여 '찬조금'을 많이 얻어낼 궁리들을 하고 있었어요. 예를 들면, 대구역 부근의 석탄 공장 등에 가서 협박하여 돈을 갈취하기도 했어요. 유일한 다방이기도 했던 교동 국제다방에는 시내 여러 신문기자들이 매일처럼 모여들어 교제를 하기도 했어요. 그러던 중 공보처 명령으로 민족시보사가 정간 처분되는 바람에 그만두게 되었어요.

동성로 성화학원에서 한의학을 배웠어요

이후 어느 신문에 한의약 학원생 모집 광고 기사를 보고 등록한 것이 시발이었지요. 동성로에 있던 '성화한의원(成和韓醫院)'에서 운영하는 성화학원이지요. 성(成)씨인데, 그 사람이 원장으로 있었지요. 성 원장 말고 정(鄭) 모 한의원 원장이 함께 참여하여 교대로 가르쳤어요. 정 모 선생은 당시 대구에서 이름난 한의사였어요.

여기서 3년 정도 배웠어요. 내과학을 비롯해서 침구학, 약물학, 본초학, 한약법규, 오행학 등 한의약 일체를 배웠어요.『동의보감』이나 『황제내경』

등 의서도 배우고요. 주간에도 공부했지만, 때로는 야간에도 했어요. 수강생은 30~50명 정도 되었어요. 마을 친구 1명도 같이 공부했는데, 한방 쪽으로 나가지 않았어요. 학원을 수료하자 나이가 서른이 넘었어요.

정일성한의원에서 일하면서 실물공부를 했어요

학원 수료 후에는 '정일성한의원'에 종업원으로 들어가 3~4년간 일하면서 실물공부를 했어요. 약도 썰고 약첩도 싸고 심부름도 하고요. 일이 많을 때는 때때로 약 써는 놉을 하기도 했어요. 선생이 화제(和劑)를 내주면 이를 보고 약을 짓는 일을 하기도 했어요. 주로 이 일을 많이 했지요. 급여는 월 5,000원 정도였는데, 지금의 60만원, 70만 원정도 될 겁니다. 약 1제는 약 3,000원 정도였고요. 1950년대 후반이나 60년대 초반쯤 되겠지요.

당시에는 종업원들이 취직하여 돈을 번다는 목적보다는 한약을 공부할 목적이 더 컸지요. 일을 하며 실물을 공부하면서 『동의보감』이나 『황제내경』, 『방약합편』 등 의서들을 함께 익혀나갔지요. 모르는 한자나 약성, 처방 등은 선생한테 질문도 했어요. 당시 한약 수련생들은 한약을 공부할 목적으로 좀 잘 한다는 선생들을 찾아 이곳저곳을 옮겨 다니기도 했어요.

이거는 딴 게 없고 무엇이든지 열심히 부지런히 하고 이런 게 공부지. 어떻게든지 시험 치는 거기만 붙으라고 그런 것만 전문적으로는 못하지요. 어떻든간에 한방에 관한 상식이나 지식을 모두 공부한다는 생각으로 하는 거지요. 이거는 학술공부도 있고, 현장공부도 있지요. 이거는 학술적인 것도 중요하지만, 경험에 의한 임상공부가 더 중요하지요. 예를 들면, 『방약합편』에 나와 있는 '십전대보탕'을 그대로 해보면 마~ 이거는 딴 게 없고 마음먹은 것만큼 효력이 나지 않거든요.

그기에 임상하는 거는 …… '십전대보탕' 열 가지에다 아픈 데 집중하는, 유도하는 약을 넣는 게 있거든요. 그게 아주 중요하거든요. 거기에다 한두 가지 넣으면 효력이 아주 잘 나는 게 있고. 또 열 가지에 가미를 잘 못하면 약 기운이 흩어져 버리기도 하거든요. 그런 경우에는 '아무 효력이 없더라.' 카거든요. 그러니까 학술적으로만 배운다고 그게 모두 되는 게 아니고 임상[경험]이 중요하지요. 책만 보고 70% 된다면, 임상[경험]은 100%가 되지요.

약을 잘못 지으면 안 되므로 종업원이라고 해서 아무에게나 그 일을 맡기지 않지요. 약 잘못 지으면 큰일 나거든요. 따라서 경험도 좀 있고 이 사람은 맡겨도 되겠다 싶은지 자기들도 시험을 해보거든요. 그래가지고 맡기지요. 정일성한의원에 처음 들어가서는 약 짓는 일을 못했지요. 처음에는 약방 청소나 약 심부름부터 해서 약첩을 싸고 또 약을 써는 일을 두루 거치지요. 이런 단계를 거쳐 신임을 얻고 또 약을 좀 알고 인정이 되면 그 때부터 선생이 내는 화제 보고 약 짓는 일을 맡게 돼요.

■ 한약업사 시험과 대성한약방 개업

학과시험과 실물시험이 있었지요

경부고속도로 만든 직후 고속도로 버스 타고 서울 갔던 기억이 있으므로 1970년대 초반쯤으로 기억됩니다. 46~47세쯤 한약업사 시험에 합격한 것으로 기억돼요. 그러니까 1970년이나 1971년쯤 되겠네요.[6] 포항시 영일군 송라면에서 처음으로 한약방을 개업한 것은 50세(1974~1975년) 정도 돼요. 개업 무렵 포항제철공장 짓고 있었었거든요. 당시 6.25전쟁 때 그곳에서 밥을 포탄 껍질에다 받아먹고 했는데, 상당히 발전되었다는 이야기를 주고받고 했던 기억이 나거든요.

---

6 실제로 경기도의 경우 1970년 5월에 시험이 실시됐다.

1962년 경북 경산군 남천면에 원서를 처음으로 내어 한약업사 시험을 쳤어요. 당시 이곳은 대구 근교이고 교통사정도 좋아 무려 33명이나 응시했어요. T.O제도 때문에 1개면에 단 1명만 선발했으므로 2등의 우수한 성적이었음에도 불구하고 떨어졌어요.

당시 한약업사 시험은 특별시나 각 도의 인력수급 사정에 따라 돌아가며 실시됐지요. 곧바로 경기도(춘천) 시험에 다시 도전했습니다. 이때는 학과시험 답안 작성을 잘못하여 또다시 떨어졌어요. 그 다음에는 경기도 강화에 지원하여 드디어 합격했어요. 강원도나 경기도까지 가서 시험을 친 이유는 우선 한약업사 자격증을 따는 것이 급했기 때문이지요.

학과시험과 실물시험이 있었지요. 학과시험의 경우 문제유형도 여러 가지였어요. 예를 들면, '당귀는 어디어디에 쓴다.'고 서술해 놓고 'O×'로 답하도록 했지요. 처방 문제의 경우에는 여러 배합되는 약재를 두루 섞어놓고 해당되지 않는 사항을 골라내라는 것도 있었고요. 실물시험은 봉지나 서랍 속에 약재를 넣어 나열해놓고 약재 이름을 물었어요. 절단한 약재는 유사하여 어떤 약재들은 분간하기가 상당히 어렵지요. 천문동(天門冬)과 반하(半夏)를 혼동하기도 했어요. 보통 20여 종을 내놓고 물어보지요. 실물시험이 학과시험보다 비중도 높아요.

포항에서 '대성한약방'을 처음으로 열었지요

허가지역인 강화에는 아무런 연고가 없어 개업을 한동안 보류하듯이 했어요. 개업한다고 쫓아다니다가 어떻게 해서 포항으로 오게 되었지요. 포항으로 가기 전에는 허가증을 소지한 상태에서 대구 신암동 '동인한약방'에서 월급쟁이로 5년간 있었어요. 김동진 선생인데 그 후에 서울로 이사 갔어요. 그 후 한약방 이동이 조금 완화되는 틈을 타서 포항에서 '대성한약방'을 처음으로 열었지요. 내가 50세(1973년)쯤 되었어요. 당시는 경북 영일군 송라면이지요. 지금은 포항시로 됐지만요.

그 후에 다시 대구로 들어와 동인동 파출소 부근에서 30여 년간 오랫동안 했어요. 대구약령시에도 1년 정도 잠깐 동안 있었어요. 집세가 너무 비싸 곧 나왔어요. 7~8년(1998년) 전부터는 신암동으로 이전하여 지금까지 해오고 있어요. 돈벌이가 여의치 않아 이전을 몇 번 했지만, 동인동에서 가장 오랫동안 했어요. 나이 들어 이제 하기도 어려운데 아들 집이라서 1층에 사무실 내어 하고 있지요. 집세 부담이 없어 이제는 심심풀이로 하는 거지요. '인산(仁山)' 상호는 오행(五行)으로 따져 지었지요. 토, 수, 화, 금, 월… 그 중에 '토'가 '천복(天福)'을 말하거든요. 내 사주에 '토'가 없어 이를 보충하고자 '인산' 상호를 넣어 공백을 메우려 한 거지요.

처음에는 대구 약전골목에서 약재를 구입해 갔어요

포항 형산강 너머 송라면에 처음으로 약방을 개업했어요. 50세 되던 1974년인가, 1975년인가 될 거예요. 부모님도 돈이 없어 자력으로 개업하다 보니, 빚을 좀 내어 임대료 주고 약장 등 기물 구입하고 또 약재 반입하는 등에 상당한 돈이 들었어요. 처음에는 대구 약전골목에서 약재를 구입해 갔어요.

당시에는 중간상인도 잘 없었어요. 따라서 약을 사기 위해 포항에서 대구까지 직접 왔지요. 오전에 와서 약을 사가지고 오후에 들어가곤 했지요. 간혹 전화를 하여 하물로 부쳐오기도 했고요. 그때는 택배도 없었어요. 포항에서는 약재 조달하기가 어려웠어요. 채약자로부터는 약을 구하기도 어려웠고요.

대장군이 있어 좀 해롭다는 방위는 피하지요

대장군이 있어 좀 해롭다는 방위는 피하지요. 이런 것을 봐주는 사람에게 의뢰는 하지 않고 스스로 동서남북 따져보고 정했어요. 날짜 정하는 것도 스스로 손으로 짚어보고 했어요. 답답한 사람은 미신이라도 필요한 것이지요. 한약업사들은 대개 방위나 길일 정도는 볼 줄 알아요.

대개 불교 믿는 사람들은 방위나 길일 찾기를 하는 편입니다. 천주교나 기독교 등 서양종교 믿는 사람들은 이런 것을 찾지 않아요. 미신이라 보기 때문이지요. 어떻게 보면 미신 같기도 하고… 심지가 약한 사람은 그걸 믿기도 하지요. 자기가 답답하면 그지요? 샘 판다고 그런 걸 찾게 돼요. 나는 스스로 대충 짚어보고 대장군이 어느 쪽에 있다는 정도는 알아보고 결정해요. 그거 보는 사람은 심지가 약하지. 그거는 없다고 단정하면 그럴 수도 있지만, 우리들은 보통 그걸 안 믿을 수는 없거든.

덮어놓고 허가지역 이동을 할 수 있었던 것은 아니지요

약방 개업할 때 심적으로 도와주는 사람도 있었어요. 과거 신문사(민족시보사) 근무할 때 알던 기자가 강화도 있을 때 약방 이전 방법을 가르쳐 주었어요. 약업 전문기자였기 때문에 잘 알고 있었지요. 천재지변 관련 법 조항을 이용해서 서류를 꾸며 합법적인 방법으로 약방을 이전할 수 있는 방법을 가르쳐 주었어요. 당시에도 덮어놓고 허가지역 이동을 할 수 있었던 것은 아니지요.

당시 강화도에서 약방을 개업하려고 준비 중이었는데, 천재지변으로 약방을 소실한 경우 이를 명시하여 상부에 올리면 수용 가능했어요. 이런 길을 알려준 것은 평생의 은혜라고 생각해요.

이거는 덮어놓고 이동 못해요. 15년인가 20년 되었는가 모르겠어요. 저 사람들이 신약에선가… 보건사회부에서 한약업사 제도를 없애려 했어요. 시방은 없애뿟거든. 그때 이쪽에서는 막 데모도 했거든요. 그때 이 사람들이 한약업사 시험을 없애는 대신 부산도 가고 서울도 갈 수 있도록 이전이 가능하게 해준다고 했거든요. 이때 촌에 있는 사람들도 대구 많이 들어왔어요. 또 전국적으로도 이리 가고 저리 가고 많이 이전했어요.

그 후로부터는 자유롭게 여기저기 갈 수 있거든요. 이래서 그 대가로 이전할 수 있게 되었어요. 우리는 정말 힘도 없어요. 한약업사는… 인물도 없고 아무도 없어요. 선인장(이기인) 같은 사람은 경북도청 의약과장도 하고 또 경찰서장 했던 사람도 있어요. 인물이야 있는데, 제도적으로 봐서는 우리가 존속할라 카는데 힘이 없어요. 그거는 저들이 억지로 그렇게 하려고 하니까 어쩔 수 없었지요. 안 그러면 제도만 없애뿌고 그거(이전)도 안 되는데요. 당시 한지한의사 택으로 이전도 못하도록 한 곳에 머물러 있을래, 아니면 마음대로 이전할 수 있도록 할래? 그렇게 해서 그리 됐어요. 그러니까 시험 못 치는 대가로 이동할 수 있도록 한 거지요.

나는 강화도에 허가 받아가지고 뛰어다니다가 포항(당시 영일군) 송라면으로 왔지요. 첫 개업지이기도 해요. 거기서 조금 있다가 곧바로 대구 동인동으로 옮겨와서 30년 동안 계속 했지요. 여기서는 가정과 약방이 붙어 있었어요. 1995년 무렵인가 신암동으로 옮겨 왔어요. 파티마병원 부근에 좀 있다가 지금 여기로, 아들 집으로 온 거지요. 장사가 잘 안되고 하면 한 번씩 이동을 해보지요.

한약 이거는 일본시대부터 별로 큰 인기도 없었고, 역사는 깊지만 예전에는 핍박을 많이 받았고, 요새도 한의원 이런 데 비하면 핍박이 여전히 많아요. 또 후배 양성도 없고요. 이거 인제 끝나는 것이라요. 우리가 갔뿌면요.

조상님께 축(祝)을 읽으면서 성고도 했어요

동인동으로 약방을 이사할 때는 떡을 하고 저녁을 준비해서 가까이 있던 동사무소, 파출소 직원들을 초청하여 식사 대접을 했어요. 약방 개업 시 신체(神體) 같은 것을 보존하는 일은 없었어요. 좋은 날 택해서 음식 나눠먹는 정도지요. 음식해서 차려놓고 조상님께 축[문]을 읽으면서 성고도 했어요. 조상님이 도와가지고 다른 동네에서 이리로 왔으니 우환 없이 장사도 잘 되도록 도와주기를 바라는 마음으로 비는 것이지요.

가정에는 반드시 신주단지를 모셨지요. 한약업사들은 대부분 가정에서 신주단지를 정성스럽게 모시는 편이지요. 약방 개업 시 친구들이나 집안 사람들, 이웃 사람들을 초청하기도 했어요. 이들은 올 때 꽃다발이나 시계, 액자 등을 선물로 가져오기도 했어요. 더러는 개업 시 와서 약을 지어가기도 했고요.

■ 한약방 운영과 약재 관리

약재 구입은 약전골목 건재약방에서 가져다 썼지요

약방 처음 개업할 때 종업원은 없었어요. 집사람이 약을 썰기도 하고, 첩약을 싸는 등 일을 많이 도와주었어요. 우리는 고생을 많이 했어요. 1근, 2근 등 작은 약은 약방에서 직접 썰어 사용했어요. 많은 것은 썰어놓은 것을 건재약방에서 사다 썼어요. 조금 있다가 자동 절단기가 시중에 나오면서부터는 약 썰기가 좀 쉬워졌어요. 또 약탕기가 보급됨으로써 첩약을 싸지 않아도 되었고요. 실제로 생약(生藥)은 쇠가 금기사항인데, 고객의 요구로 인해 할 수 없이 철제 약탕기를 사용합니다.

약재 구입은 약전골목 입구에 있던 건재약방, 김재덕이 약방에서 15년 정도 오랫동안 가져다 썼지요. 김재덕이는 한약협회 회장도 했어요. 또 '남성한약방'에서도 구입해다 썼고요. 15년 전쯤에는 경북 군위에서 약을 직접 캐서 약방으로 팔러 가져오는 걸 구입하여 쓰기도 했지요. 이런 약은 작두나 자동 절단기로 약방에서 직접 약을 썰어 이용했어요.

이후 약업사가 생기면서부터는 정제된 규격품을 써오고 있지요. 당시 대구 약전골목에는 제일(류재도), 남성(류판학), 대지당(류재덕), 일선당(노시하) 한약방 등에서 건재약을 많이 취급했어요. 바쁠 때는 집사람이 약도 썰고, 약 배달도 하고, 약첩도 싸는 등 일을 거들었어요. 종업원 인건비가 많아서 쓰지 않고 집사람이 약방 일을 도와주었어요.

7남매(4남 3녀) 중 4남 막내아들이 경주 동국대 한의대 나와 가지고 지금 이 부근에서 '인산한의원'을 하고 있어요. 장남이 조경업을 하고 있는데, 장사가 안 되어 아들 집에서 약방을 하고 있어요. 장사가 안 되어 세를 얻어 약방 운영하기가 어려워서 그렇지요. 차남은 건축업 하다가 아이엠에프(IMF) 때 부도 나가지고 놀고 있어요. 3남은 밀양에서 교직에 있고요.

지금은 규격품을 사용해야 합니다

예전(10~20년 전)에는 채약자나 재배자가 더러 약을 가져오기도 했지만, 지금은 규격품을 사용해야 합니다. 보건소에서 연 1회 정도는 검사 나오는데, 규격품을 사용하지 않으면 지적당해요. 제약회사 약재를 반드시 써야 해요. 약재도 사람처럼 육안으로 보면 좋고 나쁜 정도를 파악할 수 있어요.

약재 관리가 잘못되면 벌레 먹고 탕(곰팡이)이 나기도 해요. 여름(6~8월)에는 당장 사용할 것만 구입해 쓰고 많이 들여 놓지 않지요. 쓰고 남은 것은 냉장고에다 보관하기도 해요. 냉장고도 없던 예전에는 수시로 햇볕에 내어다 말렸어요. 또 비닐봉지에다 약재를 10근, 20근씩 넣은 후 입구를 이중으로 밀봉하여 공기가 들어가지 않게 보관했어요. 공기가 들어가지 않으면 약이 상하지 않아요.

비상(砒霜) 등 독약이나 부자, 천오, 경분 등 극약의 보관, 관리는 별도의 약장에다 넣고 자물쇠로 잠가두는 방법으로 하지요. 지금은 독·극약을 잘 쓰지 않으므로 특별한 보관 약장을 두지 않고 있어요. 보건소에서 나오면 독약, 극약 관리 상태부터 살핍니다. 소홀히 관리하면 큰일 납니다. 약화사고 나면 큰일 나지요. 사향, 웅담(熊膽), 우담(牛膽) 등 희귀약재는 철제 캐비넷이나 깊은 곳에 감추어 둡니다. 가정에 보관하거나 자물쇠로 잠그는 약장에 넣어 보관하지요.

호동루라는 약재는 몽고지방의 고목나무에 사는 벌레 똥입니다

동인동 시절에는 3년 정도 처자들을 고용한 적이 있습니다. 그저 약이나 달이고, 청소하고, 약 썰고 하는 일을 시켰지요. 인건비가 커서 조금 벌어 충당하기 어려워 그 뒤로는 전혀 종업원을 고용하지 않았어요. 십전대보탕 그대로 하면 약가가 8만원 정도인데, 녹각(鹿角)이나 녹용(鹿茸)을 넣고 약재 양도 좀 더 넣으면 10만 원 정도 됩니다.

적정풍(赤疔風) 처방은 5년 전쯤부터 사용하지 않아요. 그것은 법제가 까다롭습니다. 모두 직접 법제했습니다. 경분이나 석웅황 등 독한 약이 들어가므로 양을 잘 조절해서 처방해야 합니다. 정말 신경이 많이 쓰입니다. 호동루라는 약재는 몽고지방의 500년 된 고목나무에 사는 벌레 똥인데, 구하기가 어렵습니다. 여기에는 사향 등 고가약도 들어가요. 이것은 1푼에 100만원 정도 하는 고가인데, 구하기가 어려워요. 사향은 32가지 약재 모두를 아픈 부위에다 잘 유도(인도)하는 기능을 하지요. 설악산, 백두산 등지에 사향노루가 있는데 희귀하지요. 중국 등지에도 사향이 있는데, 한국 것에 비해 약효가 많이 떨어져요.

우리 약방에 30년 단골 된 사람도 있었어요

약을 지어먹고 나으면 단골이 되지요. 과거 우리 약방에 30년 단골 된 사람도 있었어요. 그는 칠성동 닭 부화장을 경영했는데, 수백억 원대의 부자였어요. 경명여고 근처 2,000평, 검단동 수만 평, 김천에도 수만 평의 땅을 가졌어요. 그런데 중간에 사업이 잘못되어 부도가 나서 결국 망했어요. 이러다 보니 불교 믿던 것을 천주교로 개종하기도 했어요. 아프거나 혹은 보약이 필요하다든가 그럴 때 딴 곳에 가지 않고 항시 내한테로 왔어요. 그게 30여년 간 지속되었어요. 그런데 요즘은 뜸해요.

단골을 일부러 만들기 위한 특별한 노력보다는 '정업'을 존중해서 신심 있게 속이지 않고, 자기 마음 들게 약을 잘 지어주는 것이 필요해요. 단골은 친인척보다 남이 많은 편입니다. 약업에도 운이 개입되는 측면도 있어요, 우리는 운이 모두 달아나버리는 모양입니다. 하하! 다른 약방보다도 약값을 1~2만원 싸게 해주기도 해요. 또 좋은 약을 써 줍니다. 가능한 1등, 2등, 3등품 중에서 1등품 약을 써주어야 합니다. 그래도 운이 없으면 안 되는 경우도 있어요. 연말연시 달력을 제작해서 딱 한번 고객들에게 가정으로 발송하기도 했지만, 별 효력이 없었어요.

돈 벌어 자식 공부시키고 먹고 사는 정도였어요

과거 동인동 시절에는 돈 벌어 자식 공부시키고 먹고 사는 정도였어요. 어디 좋은 곳에 구경 한번 갈 정도도 못되었어요. 부동산 투자 같은 거는 생각도 못하지요. 지금은 가정에 드는 기본 생활비와 용돈이나 버는 정도지요. 한의사 하는 4남이 월 40원, 장남이 월 70만원씩 생활비를 지원해 줘요. 그것 가지고 차남 생활비 지원해주고 있어요. 차남이 건축업 하다가 아이엠에프 때 부도 나가지고 집도 없이 어렵게 살고 있어요. 그기 월 70만원씩 대주고 있어요.

지금 내 수입은 월 70만원에서 100만원 정도 밖에 되지 않아요. 음력 6월이 보통 한약 비수기에 해당되지요. 과거 경험상으로 봐서요. 7월이 더 더워도 6월보다는 그래도 손님 오는 것이 조금 더 나아요.

실력으로 약을 잘 지어 병을 낫게 해야 합니다

과대광고 하면 1주일에서 1개월까지 영업정지 당할 수도 있어요. 예를 들어, '약 잘 짓는다, 비방이 있다, 약 지으러 와라' 등의 광고는 하기 어렵습니다. 단지 전화번호 정도 알려주는 정도예요.

건물 외벽 광고의 경우, 간판은 2개 정도 적당한 크기로 하는 거는 괜찮아요.[7] 3개, 4개씩 간판을 달거나 지나치게 크게 간판을 해서도 안 됩니다. 약을 정성스럽게 잘 지어주면 고객이 효험을 보고 이웃에 소개를 해서 알음알음으로 약 지으러 오게 하는 것이 가장 좋은 방법입니다.

실력으로 약을 잘 지어 병을 낫게 해야 합니다. 동인동 개업할 때는 초청장을 발송한 적이 있어요. 하지만 전단지를 만들어 돌릴 수는 없어요. 광고 전략상 사회활동을 한 적도 없어요.

■ 환자 집증(執症)과 『경험방 노트』

첫째로는 관형찰색(觀形察色)입니다

환자의 병을 알아내는 것이 굉장히 중요해요. 그래야 정확한 처방을 할 수 있지요. 여러 가지 방법이 사용됩니다. 첫째로는 관형찰색(觀形察色)입니다. 60~70%는 병을 맞출 수 있습니다. 내방객의 얼굴을 육안으로 보고 질병을 판단하지요. 예를 들어 얼굴이 붉으면 '화(火)' 기운이 많은 사람으로서 심장에서 오는 병이지요. 기(氣)가 모두 위로 올라가므로 얼굴이 붉지요. 또 얼굴이 하얀색인 사람은 폐에 질병이 있고요. 새파란 얼굴색은 간에 병이 있고, 검은색은 신장에, 그리고 노란색은 비장에 병이 있다고 보지요.

두 번째 방법으로는 맥을 짚어보는 것입니다. 보통 여자는 우측 손목을 그리고 남자는 좌측 손목 부위를 짚어 맥을 살펴봅니다. 모두 27가지

---

7 다음은 인산한약방 옥외 광고 내용이다. 첫째, '약방 955-22○○', '자택 957-46○○' 등으로 전화번호를 적어둔다. 둘째, 약방 이름은 창유리에 목판의 검은 바탕에 흰 글씨로 '인산한약방' 상호를 육필 세로형으로 써서 걸어둔다. '인산한약방' 글귀를 써서 가로로 돌출형 간판을 설치한다. 건물 벽면에는 '인산한약방 957-46○○' 문구를 기입한 가로형의 부착형 대형 간판을 설치한다. 셋째, '구 동인동 인산한약방' 문구로 약방 이전 사실을 인지시킨다.

판단법이 있는데, 이를 모두 통하면 허준 선생처럼 의성(醫聖)이 될 정도이겠지요. 크게 침맥(浮脈)과 부맥(沈脈)으로 나눌 수 있어요. 부맥은 맥이 푹푹 뛰는 경우인데, 화(火)가 많은 사람이지요. 침맥은 밑으로 자꾸 파고들어가는 경우인데, 냉병(冷病)이 많지요. 맥이 가다가 떨어지는 사람, 끊어지는 경우에는 풍병(風病)이 있는 경우지요. 이걸 다 알려고 하면 많은 경험이 필요하지요. 최소한 10년 정도는 경험이 있어야 어느 정도 판단이 서지요.

세 번째는 경험방입니다. 이는 이전의 처방을 통해 낫게 했던 처방을 말하지요. 잘 낫지 않는 병도 어떤 약으로 했을 때 낫게 되는 경우에 해당되는 것입니다. 처방은 고정방(固定方)과 후세방(後世方)으로 나눌 수 있어요. 전자는 본방(本方)이라고도 할 수 있는데, 기성 의약서대로 하는 처방입니다. 후자는 임상을 통해 얻는 처방이지요. 한약업사들이 오랫동안 하다보면 이런 것들이 하나둘씩 생기기도 해요. 나도 그런 게 몇 가지 있어요.

체한 기운이 오래 되어 나타나는 현상으로 판단되었어요

파티마병원 근처에서 약방을 한동안 열고 있을 때 경북 상주 사람인 백팔용이란 자가 왔어요. 파티마병원에서 진찰한 결과 위암 판정을 받았어요. 57세였어요. 인근에서 식당을 운영하고 있으면서 오랫동안 간염을 앓아 고생하던 중 나한테서 13제의 약을 먹고 나은 사람이 나를 소개해 주었나 봐요.

그도 당시에는 병으로 고생을 해서 살이 많이 빠지고 서울 등 유명 병원에서 온갖 치료를 받기도 했어요. 그의 식당에서 백씨가 식사를 하던 중 내 이야기를 한 것 같아요. 학식이 좀 있는 사람들은 별로 따지지 않고 병의 증세를 자세히 이야기해서 따르지만, 그렇지 않은 경우에는 보통 맥진 후 기존의 인지된 자기 병 내용과 좀 맞지 않다 싶으면 보통 포기해

버리는 경우가 많아요.

백씨를 진찰해본 결과 체한 기운이 오래 되어 나타나는 현상으로 판단되었어요. 우선 10첩(반제)의 약을 지어 주었어요. 파두(巴豆) 기름(독)을 완전히 빼서 쓰지요. 파두를 깐 후 후라이팬으로 볶으면 기름이 빠져나와요. 이것을 문종이 위에 늘어 그 위에다 다시 문종이를 덮고 널빤지를 얹고 돌덩이를 눌러 놓습니다. 2일정도 그대로 둬요. 그러면 기름기가 완전히 빠지지요. 이것과 위장약 10첩을 함께 복용시켰지요. 파두는 활석(滑石)에 섞어 복용토록 했어요.

하지만 백씨는 이것을 소홀히 생각하여 이틀간이나 먹지 않았어요. 주위 가족들의 권고로 각 1첩씩 복용하자, 1시간 후에 배가 부글부글 끓더니 설사를 심하게 한 거예요. 그러다 속이 시원해짐을 느꼈대요. 그러다가 괜찮았다고 해요. 그런데 5년 후에 재발하여 이번에는 착실히 치료를 받았어요. 5제의 약을 꾸준히 복용하고 완치를 했어요.

장(腸)이 굽혀 막혀 있었어요

또 인근에 살던 이발사가 갑자기 배가 아파 왔길래 살펴보니 장이 굽혀 막혀 있었어요. 이에 대해서도 설사약을 지어 복용시켰더니 낫게 되었어요. 이것도 경험방으로 처방해서 낫게 한 것이지요.

한번은 의사 부인의 친구가 식당 주인의 부인과 친구관계였는데, 그녀의 소개로 만성 간염을 치료해 주었어요. 이번에도 비뇨기과 의사 부인인데, 식중독이 걸려 1개월 동안이나 양방으로 치료해도 낫지 않아 내한테로 왔었지요. 내 경험방으로 단 7첩을 써서 낫게 해주었어요.

양방이라 해서 모든 병을 낫게 하는 것은 아니지요. 또 학술적으로 많이 배운다고만 해서 되는 것도 아니지요. 많은 임상 경험과 직관, 노력이 필요합니다. 특히 한방에서는 더욱 그러하지요.

약방 하면서 감염, 자궁암, 중풍, 류머치스 관절염 등을 앓는 환자들을 좀 치료해 주었어요. 자궁암 치료의 경우, 여러 병원에서 치료해도 낫지 않아 많은 고생을 했던 사람을 한약으로 완치시킨 적이 있어요. 이 사람이 달성 화원에 사는 자기 질녀를 소개해서 또 한 사람 고쳐주었어요. 이 사람은 수술까지 한 상태였지요. 처가가 대구인 어느 전라도 사람은 류머치스 증세로 여러 병원을 다니며 치료해도 낫지 않아 내한테로 와서 한약 여러 제를 지어먹고 완치된 적도 있어요.

과학적인 의료기계가 나오니까 경험방은 퀘퀘묵었다고 해요

처방전은 오랫동안 놔두면 법에 저촉됩니다. 그래서 처방 기록은 오랫동안 놔두지 않아요. 내 혼자만 기억하고 있지요. 처방전은 보건소에서 보관 못하게 해요. [한의사인 아들도 마찬가지지만] 지금 한의사들에게는 아무리 이야기해도 안 들어요. 과학적인 의료기계가 나오니까 그것만 중요하다고 할 뿐 이런 거(경험방)는 퀘퀘묵었다고 해요.

귀에 물이 나오는 병을 낫게 하는 약이 있는데, 다른 데서 10년, 20년 치료해도 못 나순 것도 내가 가진 비방으로는 보름정도만 치료해도 나아요. 진짜 비방인데, (한의사인 4남을 지칭하는 듯) 요새 아이들은 가르쳐 주어도 안 받아들여요. 기계가 좋은 것이 나오니, [이쪽으로도] 치료법이 있지 싶은데….

환자들도 한의사를 보면 청진기 대어보고 컴퓨터 보고 하고, 혈압 재고… 요즘은 물리치료 기계도 좋은 것이 나오고 하니 신임을 하잖아요. 뒤에는 어떻게 되든지 몰라도 한번 해보면 기분이 좋고 개운하잖아요. 그런데 우리는 말하고 손으로 맥 짚어보고 그것뿐이잖아요?

> 구술자는 『동의보감』과 『의문보감(醫問寶鑑)』, 『변증방약합편(辨證方藥合編)』 등 여러 의약서에 수록된 우수 기성 처방(=본방)과 가감을 통한 경험방(=후세방)을 모아 노트(『경험방 노트』)에다 병별로 분류하여 엮어 놓았다. 이는 그동안 모아온 것들을 20년 전에 대학노트

에다 인체 부위별로 분류해서 작성해 놓은 것으로 제목도 붙이지 않은 상태로 모든 내용은 자필로 기록되어 있다.

　　연구자가 2차 면담을 하러 약방을 들어서는 순간에도 그는 경험방 노트를 펼쳐놓고 이를 참고해가면서 장남 친구 아들의 편도선염 약을 조제하고 있었다. 각 처방 내용들은 신체 부위별 질병에 따라 37개 항목으로 분류되어 있다. 그는 이를 토대로 환자의 병에 합당한 약을 처방해 왔는데, 일부는 지금도 약을 짓는 데 활용되고 있다.

　　처방 노트에는 각 병별(신체 부위별로 정리) 주요 처방 목차와 내용을 적어 놓았다. 이는 오랜 기간 한약업을 수행하는 과정에서 수집된 것으로서 구술자의 약업의 역사를 말해주고 있다.

　　경험방 노트의 구성을 살펴보면, 노트 전체는 5~6개의 장으로 나뉘어 있다. 각 장에는 신체 부위별로 여러 병별 처방 내용이 '치(治)'(아픈 증상), '방(方)'(처방명, 병증, 약재명, 배합 량, 가미)으로 적시되어 있다. 환제(丸劑)의 경우 제약 방법도 자세히 기재되어 있다. 다음은 경험방 노트의 기재 방식과 수록 항목이다.

▶ **수록(기재) 방법 :**

·'본115' 식으로 인용 의약서 본문 페이지 표기
·병증('治')과 처방 내용('方')을 나누어 표시
·멀미약, 탈모증 등을 비롯한 생활병과 각종 질환을 신체부위별 나누어 처방 명시
·동일 처방도 남/여 성별에 따라 구분하여 수록
·표지 앞면에 '상(上)'이라 표시했지만, 하권은 만들지 않음
·질환별로 4~5등분하고, 등분된 첫 페이지마다 처방 목차 제시
·모두 한자로 자필 기재
·주요 의약서 본방과 자신의 경험방이 혼재

▶ 『**처방 노트**』 37개 항목 :

·부인부(婦人部), 대하증(帶下症), 유부(乳部)

· 족부(足部) : 발에 열이 날 때 쓰는 처방으로서 사람의 체질에 따라 몇 가지 상이한 처방 제시
· 족슬부(足膝部) : 발 부위, 무릎 부위
· 정간부(疔癎部)
· 탈항부(脫肛部)
· 해소부(咳消部) : 기침, 가래 끓는 병
· 이부(耳部) : 귓병, 이농증
· 오간부(五癎部) : 5가지 지랄병
· 간부(肝部), 간담(肝炎)
· 황달(黃疸)
· 담석증(膽石症)
· 설부(舌部) 및 실음부(失音部) : 혀와 말 더듬병
· 설부(舌部) : 입술 트는 병, 신경
· 안면부(眼面部)
· 불면(不眠), 임파선부(淋巴腺部)
· 면종부(面腫部) : 얼굴이 붓고 무엇이 돋는 병
· 두통부(頭痛部)
· 한부(汗部)
· 유정(遺精), 몽정부(夢精部)
· 비위부(脾胃部) : 몸의 여러 기관 중 가장 중요한 부분의 병
· 설리부(泄痢部) : 설사병
· 심견배부(心肩背部), 산증부(疝症部) : 심장과 어깨, 등 아픈 병. 불알이 부풀어 오른 병
· 소갈부(消渴部) : 목이 자꾸 마르는 병
· 소변부(小便部)
· 늑막부(肋膜部)

· 맹장염부(盲腸炎部)

· 어혈통부(瘀血痛部)

· 현훈부(眩暈部) : 어지름증

· 편도선(扁桃腺), 축농부(蓄膿部)

· 수병(水病) : 다리가 붓는 병

· 유종부(乳腫部)

· 각기병(脚氣病)

· 골수저통(骨髓㾾痛)

· 좌골신경통(坐骨神經痛)

· 몽병(夢病), 심병(心病), 잡병(雜病)

· 수면불안증(睡眠不安症)

· 황달(黃疸)

· 담석증(膽石症)

■ 한약업사 류경희의 처방전 바라보기

한약방에서 처방전은 원칙적으로 기록할 수 없다. 대신 기성 한의약서
에 수재되어 있는 처방이나 한의사가 발급한 처방전에 준거하여 한약을
짓도록 되어 있다.[8] 하지만 대부분의 한약업사들은 기성 의약서 처방 내
용을 근간으로 하되, 자신의 경험지식과 몇몇 고려 사항(약재의 약성 변
화, 환자의 병증, 체질 변화 등)을 감안하여 약간씩의 가감이 있는 최종적
인 처방을 내린다.

따라서 한약업사들은 약 짓는 편리와 향후 처방의 참고자료로 활용하

---

8 약사법 제16조 2항은 "한약업사는 환자의 요구가 있을 때 기성 한약서에 수재된
  처방 또는 한의사의 처방전에 의하여 한약을 혼합 판매할 수 있다"고 되어 있다.

기 위해 대부분 처방전을 기재한다. 어떤 이는 폐기처분을 목적으로 재활용지를 활용하지만, 어떤 이는 장기적인 보관용으로 대학노트에다 기록해 둔다. 하지만 법적 규정에 의해 한약업사들은 이구동성으로 처방전의 기록행위를 수용하지 않았으며, 설령 기록했다손 치더라도 '보건소에서 점검 나올 때 적발되면 곤란하다'는 반응이다. 병의원의 경우, 환자 진료에 관한 기록은 의료법상 의무적인 사안일 뿐만 아니라 2~10년까지 이를 보관하도록 되어 있다. 처방전은 2년, 진료기록부는 10년, 검사소견기록은 5년까지다.[9]

인산한약방 책상 위에는 100여 매의 처방전이 쌓여 있었다. 대부분 최근의 것이었다. 자궁암을 비롯하여 자신이 심혈을 다해 치료한 일부 환자의 처방전은 수년이 지났음에도 불구하고 책상 서랍 속에 고이 보관되어 있었다. 연구자가 연구용으로 몇 매 얻을 수 없냐고 하자, 약간 염려하는 태도를 보였다. 재차 요청하자 약간의 선별과정을 거쳐 4매를 건네주면서, 처방전 내용에 대한 설명까지 해주었다.

류경희의 처방전이 여타 한약업사와 다른 점은 규격화된 처방전을 활용하고 있는 점이다. 그의 처방전은 내방객 성명, 주소, 병명, 내방 일자, 성별 구분, 나이, 전화번호, 처방 내용(처방명, 약재명, 배합 량, 가미) 등을 기재하도록 각 공간이 구획되어 있다. 2006년 8월 16일 2차 면담 때 수집한 5매의 처방전 기재 사항은 다음과 같다.

---

9 의료법 시행규칙 제18조.

▶ 처방전 기재 내용

1. 2004년 8월 23일 처방전 : 서○구[위염(胃炎), 남, 57세, 대구시 동구]
2. 2005년 5월 5일 처방전 : 관○사 회장[허약보제(虛弱補劑), 여, 81세, 대구시 동구]
3. 2006년 4월 7일 처방전 : 이○길[좌족열궐병(左足熱厥病), 남, 49세, 대구시 남구]
4. 2006년 4월 5일 처방전 : 허○애[배심일점통(背心一點痛), 삼합탕(三合湯), 여, 대구시 동구] 2006년 3월 24일(1차) / 2006년 4월 5일(2차)
5. 2004년 10월 29일 처방전 : 하○남[자궁종염(子宮腫炎), 여, 31세, 대구시 달성군] 2004.11.10. / 11.29 / 12.26 / 2005.1.10. / 1.31

▶ 류경희 처방전 양식

住所						病名	
姓名		年		男	歲	電話	
		月日		女	歲		

▶ 서○구(남, 57세, 위염, 대구시 동구, 2004.8.23)

- 병증 : 위염 증세로 헛배가 부르고 소화불량
- 처방 명 : 가미향사육군자탕(加味香砂六君子湯) = 본방(香砂六君子湯) +가미방
- 혼합 약재 : 본방 6종(=고정방, 原처방 : 香附子 炒, 白朮, 白茯苓, 半夏, 陳皮, 白荳蔲, 厚朴 各 二錢, 가미방 11종(白灼藥, 竹茹, 草豆久 各 二錢, 海哯硝, 砂仁, 人蔘, 木香, 益智仁, 梔子 炒, 甘草, 枳實 炒 各 一錢, 薑三 棗二)
- 본방의 약재가 6종에 한정되어 약효가 적을 것으로 생각되어 관련

약재를 다수 가미함

- 향부자, 치자, 지실 등은 볶는[炒] 법제를 행함. 특히 치자와 지실은 성질이 차가우므로 따뜻하게 하기 위해 법제하는데, 위에 염증이 생기면 열이 나므로 볶아서 조화되게 하기 위한 것임
- 약재 특성 : 염증 치료 효과(죽여, 해포초-오징어의 하얀 등뼈), 소화 도움(사인), 건위 효과(인삼, 초두구), 밥맛 돋움(목향, 익지인)

▶ **관O사 회장[여, 81세, 허약보제(虛弱補劑), 대구시 동구, 2005.5.5]**
- 처방명 ; 가미십전대보탕(21종), 허약 체질을 보하는 처방
- 처방 구조 : 본방(기존 10종 약재) +가미방(11종)
- 처방 약재의 종류와 배합 량 : 當歸, 川芎, 白灼藥, 白朮, 黃芪, 白茯笭, 熟地黃, 人蔘, 肉桂, 甘草 各 一錢 七分(이상 本方) / 陳皮, 砂仁, 兎糸子, 澤瀉, 拘杞子, 杜冲, 肉蓗蓉, 山藥 各 一錢 三分, 香附子 炒 二錢, 元茸 一錢 三分, 山査 一錢 五分(이상 加味方) / 干三 棗二
- '간삼조이(干三 棗二)'는 '생강 3쪽과 산조인(酸棗仁, 대추) 2개'라는 의미로서 『방약합편』에는 '강3편(薑三片) 조2목(棗二牧)'으로 되어 있다. 축약해서 표현한 것으로서 연구자가 잘 모르겠다고 하자, 류경희는 "'강삼조이' 하면 한약계에서는 통용되는 표기법"이라고 말했다. 생강은 성질이 따뜻하므로 인삼 기운을 배가시켜 주는 기능을 한다. 대추는 개개 약재의 약성을 유도시켜 주는 역할을 한다. 위장을 중심으로 약을 짓는데, 위의 기능 보호와 위로부터 몸 전체로 약성이 고루 원활하게 퍼져 나가므로 이를 돕는 역할을 수행한다. 여기서 '유도하는 약'의 의미는 환부까지 해당 약성을 이끌어주는 기능을 의미한다. 따라서 깊은 지식이 필요한 부분이다. 한약을 깊이 있게 모르는 사람들은 이와 같은 '강삼조이' 가미법을 이해하지 못한다. 이것도 '차자 표기법'인 듯하다. '인(仁)'과 '자(子)'는 약재의 씨앗 부분

을 의미한다.

- '가미십전대보탕'을 처방한 이유 : "옛날 채식 위주의 식생활을 주로 했던 경우에는 고정방으로도 충분한 약효를 냈으나, 현대인들은 육식 비중의 증대로 기존 처방만으로는 원하는 약효를 얻기 어렵다. 그래서 약의 용량을 늘이면서 상당량의 가미를 해야 한다. 고객은 또 고령이라 기력이 소진되어 있으므로 상당량의 보신약효를 필요로 한다. 이와 같은 조건을 고려하여 기력 보충을 위한 보양재를 많이 가미했다. 이전에 신약을 많이 복용하여 체질상으로 약의 저항력이 크게 저하된 것도 '가미' 부분을 강화시킨 이유에 속한다. 한약 공부를 많이 하지 않은 양약사(소위 조제한약사)들은 이상과 같은 포괄적인 한약 지식이 부족하므로 보통 의약서에 있는 본방대로만 처방하는 경향이 있어 소기의 투약효과를 내기 어렵다. 따라서 몇몇 약국들에서는 한약 전문가를 별도로 고용하고 있다.
- '본방(本方)'은 기성 한의약서에 수재되어 있는 처방 내용
- '후세방(後世方)'이라고도 하는 가미방은 한약업사 재량 영역으로서 본방을 바탕으로 약성을 높이기 위한 목적에서 가감한 처방
- 고객(관○사 회장)과의 관계 : 구술자는 80세 이전에는 쉬는 날을 포함해서 여가시간에는 월 1~2회씩 관○사에 마음 수양하러 다녔다. 80세 넘어서부터는 기력이 딸려 년 1회 초파일에나 찾는 정도이다. 신도회 회장은 이 과정에서 알게 된 사람으로서, 오래 전부터 보약을 비롯하여 년 1~2회씩은 한약을 지으러 인산한약방을 지속적으로 방문해 오고 있는 단골 고객이다. 그녀는 서울에서 약국을 경영하는 딸이 지어주는 한약이 잘 듣지 않는다면서 계속해서 인산한약방을 찾아왔다.
- 원용(元茸)은 러시아산 녹용을 의미한다. 외에도 알래스카산 녹용, 중국산 녹용(깔깔이, 花茸) 등 여러 종류가 있다.

- 비싼 약재로는 원용, 산약, 육종용, 구기자 등이다. 산약은 1근에 20,000원, 구기자는 1근에 22,000~25,000원이다.

- 향부자(香附子)는 열을 밑으로 끌어내리는 작용을 한다. 열이 위장으로 올라가면 혈압 상승과 두통 등이 생겨 몸에 좋지 않기 때문이다. 열도 나고 정신도 좋지 않게 되는 경우를 대비해서 쓰는 것이다. 향부자의 경우, '초(炒)'라고 쓴 것은 불에다 볶아 법제를 한다는 의미이다. 두충이나 토사자(兎絲子)도 사람에 따라서는 그냥 초(炒, 두충)하거나 술에 담갔다가 불에 볶는[酒炒, 토사자] 법제를 행한다.

- 한약재 법제 방법 : 어떤 약재는 꿀을 발라 불에 굽거나[蜜灸] 볶기도[蜜炒] 한다, 소금물[鹽水炒] 혹은 소금과 술[鹽酒炒]에 동시에 담갔다가 불에 볶기도 한다. 어떤 약은 열을 가하지 않고 그냥 술에 씻거나[酒洗] 상당 시간 동안 담가놓는[酒浸] 법제를 한다. '태화환(太和丸)' 처방에서 황련(黃蓮)과 백출(白朮)은 각각 어린 아이의 소변에 담그거나[童炒] 황토를 발라[土炒] 볶는 법제를 한다.[10]

▶ 이○길[남, 49세, 좌족열궐병(左足熱厥病), 대구시 남구, 2006년 4월 7일]

- 증상 : 왼쪽 발바닥이 붉어지면서 열이 나고 부어오르면서 아릿하고 간지럽기도 하는 증상. 발바닥이 화끈거림. 신경을 많이 쓰면 이런 병에 걸림

- 처방: 升摩, 乾葛, 羌活, 獨活, 白灼藥, 人蔘 各 二錢, 柴胡, 甘草 灸 各

---

10 법제 방법으로는 염수초(鹽水炒, 염주초(鹽酒炒), 주선(酒洗), 주침(酒浸), 밀구(密灸), 밀초(蜜炒), 동초(童炒), 토초(土炒) 등 여러 가지가 있다. 다음은 한약 처방의 몇 가지 법제 사례들이다.
　·화해환(和解丸) : 인동(忍冬)은 초거절(炒去節)한다.
　·태화환(太和丸) : 황련(黃蓮)은 동초(童炒)한다. 백출(白朮)은 토초(土炒)한다.
　·천금광제환(千金廣濟丸) : 정향(丁香)은 거개(去蓋)한다.

一錢 二分, 防風 一錢, 生草 八分

- '감초'는 말린 것을 말하며, '생초(生草)'는 말리지 않은 감초[生甘草]
  를 의미
- '구(炙)'는 약재를 불에 직접 대여 구운 것을 말함. 이에 비해 '초(炒)'
  는 불에 달군 그릇 안에다 약재를 넣고 볶는 법제 방식을 의미

▶ 허○애[여, 50대, 배심일점통(背心一點痛), 대구시 동구, 2006.3.
  24/2006.4.5]
- 병증 : 등이나 앞가슴 한 부분에 심한 통증을 느끼는 증상
- 처방명 : 삼합탕(三合湯, 본방 + 2회 가미)
- 약재 : 가미1(黃芪, 升摩 各 一錢 半), 본방(麻黃, 陳皮, 烏藥 各 一錢
  半, 川芎, 白芷, 白干蠶, 地殼, 桔梗 各 一錢, 乾薑 五分, 甘草 三分, 香附
  子, 蘇葉 各 二錢, 蒼朮 一錢 半, 半夏 三錢, 赤茯苓 一錢, 薑三 葱二根).
  가미2(羌活 一錢)
- 2번의 가미 : 처음 생각했던 가미(1)와 나중에 생각난 가미(2)
- '건강(乾薑)'은 마른 생강, '강삼(薑三) 총이근(葱二根)'은 생강 3쪽과
  파 2뿌리를 의미(『방약합편』에는 '근(根)'을 '본(本)'으로 표시)
- 2회 방문으로 2제(1제 10일 복용)의 약 조제 : 2006년 3월 24일/2006
  년 4월 5일

▶ 하○남[여, 31세, 자궁종염(子宮腫炎), 대구시 달성군, 2004.10.29
  /11.10/11.29/12.26/2005.1.10/1.31]
- 증상 : 종양이 생긴 자궁암 환자로서 병원 수술 후 재발하여 재수술
  하라는 진단을 받고 인산한약방으로 와서 6제의 약을 3개월에 걸쳐
  복용한 후 완치
- 고객의 방문 동기 : 20여 년 전 하씨의 숙모가 같은 자궁암으로 인산

한약방에서 6~7제의 약을 복용한 후 완치됨으로써 조카에게 소개해서 방문. 당시 하씨의 숙모는 대구 파티마병원과 동산병원 등 3군데 병원에서 모두 자궁암 판정 받음. 이후 지금까지 아무런 재발 징후를 보이지 않고 건강하게 생활 중임. 하씨의 숙모 또한 당시 병원으로부터 즉각 수술을 권유받았지만, 수술하기가 무서워 먼저 인산한약방으로 와서 한약 복용
- 연구자가 기억에 남는 치료 사례(특히 비방 치료)를 묻자, 책상 속에 보관하고 있던 처방전을 보여주며 설명
- 처방 내용 : 赤茯苓 五分, 白朮 四分, 澤瀉, 白灼藥 各 一錢, 當歸 二錢, 木通 三錢, 紅花, 丹蔘, 黃芩 各 一錢, 香附子 炒 五錢, 益母草 二錢, 陳皮 一錢, 王不留行 二錢, 人蔘 五分, 牛膝 三錢, 木香, 牛蒡子, 穿山甲 炒, 或榜根皮 三錢 半, 干 五

구술자는 이상의 치료 사례를 이야기하면서 앞서 언급했던 피부병[赤疔風] 치료 경험을 다시 한 번 더 언급했다.

"이태길이란 사람입니다. 2001년 내한테 이 처방으로 마지막 치료 받은 사람이지요. 병원에서 3~4년 동안이나 양약을 복용해도 낫지 않아 나한테로 왔어요. 약 만들기가 힘들어 못한다고 해도 계속 사정을 해서 약을 만들어 주었지요. 2년 동안 지속적으로 복용하고 나았어요. 그 후로는 지금까지 그 약을 만들지 않았어요. 너무 힘이 들어서요. 그는 서울에 거주하는데, 부친이 대구 신암동에 살지요. 부친 소개로 나한테 왔던 거지요.
한번은 또 그의 동생이 '습량(濕量)'이라고요, 가렵고 붉은 돌기가 생기는 피부병으로 나한테 왔어요. 일종의 습진 종류인데, '방풍통성산(防風通聖散)' 본방에다 가미 처방을 해서 낫게 해준 적도 있어요."

■ 비방(秘方)과 한의약의 우수성, 가업 계승

'적정풍(赤疔風)'이라는 오래된 피부병을 많이 고쳐주었어요

오랫동안 하다 보니 양방에서도 어려운 병들을 낫게 한 경우도 간혹 있지요. 몸 표면에 붉은 반점이 생기는 오래된 피부병을 많이 고쳐주었어요. 때로는 하얀 색깔이 생기기도 하는 병입니다. 한방에서는 이것을 '적정풍(赤疔風)'이라 하지요.

치료하기 위한 본방도 있지만, 나는 이를 바탕으로 가미하는 등 연구를 해서 경험을 많이 쌓아 처방을 내고 약을 만들어 사용했지요. 32종류의 약재를 이용해서 환(丸)제를 만들어 썼지요. 약이 비싸기도 하지만, 약재를 구할 수가 없어 더 어렵지요.

호동루(胡桐淚) 같은 약은 몽고지방에서 나는데, 500년 된 나무의 벌레 똥입니다. 사향도 비싸고 구하기도 어렵지요. 광물 약재인 경분(輕粉)이나 석웅황(石雄黃)도 들어가요. 그래서 5년 전부터는 포기했습니다. 법적으로는 한약업사들이 본방 외에 연구해서 좀 다르게 하면 안 됩니다. 만일 단속 나와 적발되기라도 하면 문제가 크지요. 좋게 되면 괜찮은데, 비방으로 치료하다 잘못되어 약화사고라도 나면 큰일 나요. 병이 나으면 별 문제 없는데, 만일 한번 문제 되면 안 되지요.

옛날 사람들은 모두 손으로 비벼가며 약을 만들었어요

비방 있는 사람에게 이를 구하려고 하지도 않아요. 평생 자기 밥 먹고 살기 위한 것이데, 가르쳐 주지도 않고 또 얻으려고도 하지 않아요. 요즘 나이든 사람이나 어렵게 해보기도 하지만, 젊은 사람들은 이렇게 하지도 않아요. 청진기나 대어보고 쉬운 방법으로 하려 해요. 옛날 사람들은 모두 손으로 비벼가며 약을 만들었어요. 또 기계를 가지고 약을 만들면 약사법에도 어긋나요. 환제도 기계로 만들면 약사법에 어긋나거든요. 비방

보유자를 찾아가서 이를 얻으려는 생각도 때론 하지만, 실제로는 그렇게 하기가 어렵지요.

(한약 분쟁을 상기시키며) [양약사는] 신약은 잘 짓지만, 한약은 간판 걸어놓고 이래봐도 그게 잘 안 되거든. 얼마나 그 하길래 딸한테 안 가고 이리 오겠어요? 효력도 없고 그런 모양이지. 신약은 자기들이 잘 짓지만, 한약은 전문가가 해야 옳지요. 원칙적으로는 한약은 자기들이 못 지었잖아요? 그랬는데 약사들이 요새 힘이 세므로 대결해가지고 이기잖아요. 어디로 보든지 한약업사한테 이기잖아요. 그래서 빼앗아갔잖아요.

그렇지만 실제로는 옳게 [한약을] 짓지 못해요. 신약사들이 한약 처방 해가지고 커다란 약화사고도 났었잖아요. 10년 전에요. 예전에 민관식이도 신약사잖아요. 그러니까 힘이 있어가지고… 갈근탕(葛根湯) 있잖아요? 그런 기본적인 거 대학에서 몇 가지 배워가지고 그것 배웠다고 해가지고 자기들이 무슨 이유를 대가지고 한약을 자기네들이 취급하도록 그렇게 만들었잖아요.

만약 한약업사들이 [양약을] 한다면 만져보지도 못하지요. 아무리 항의 해보아도 안 되데요. [빼앗아간 지도] 10년, 20년이 넘었지 싶어요. 상식적으로도 한약은 한약 전문가가 하고, 신약은 신약 전문가가 하는 게 맞지요. 한약 짓는 거는 『방약합편』이라든가 책을 보고 하면 되지만요.

하지만 옳게 하자면요. 유도하는 약도 있고, 그런 게 있거든요. 잘 지으면 유도해 가지고 모든 약을 아픈 곳으로 잘 인도하는 약이 있거든요. 그런 거는 보통으로 배워가지고는 안 되거든요. 보통 20여 년 정도는 임상경험이 있어야 되지요. 생강, 대추 가미하는 것도 신약사들에게 물어보면… 어떤 역할 하는가 물어보면 잘 몰라요. 예를 들면, 생강 있지요. 생강 이거는 좀 따뜻한 성질이 있어요. 인삼 기운을 배로 도와주지요. 대추는 모든 약을 이끌고 위장으로 유도하지요. 아무리 약을 잘 지어도 위를 놓치면 안 되거든요. 아무리 위장에 병이 없어도 딴 데 병이 없어도… 딴

데 병이 있더라도 위를 중심으로 약을 지어야 돼요. 그러므로 생강, 대추
는 모든 약 기운을 위에 집중시키는, 유도하는 것이지요. 위가 손상되는
것을 막고 약 기운을 더 원활하게 전신으로 혹은 환부로 보내기 위함이
지요.

신약사들은 배운 대로 하지요. 책만 보고 하는 사람도 있고, 또 전문가
들한테 배워서 하기도 해요. 또 어떤 약국에서는 한약전문가를 고용해서
하는 경우도 있어요. 모르는 사람들은 책에 있는 대로 하니까 약이 잘 들
지 않는 거지요.

이것도 제 팔자인지 모르겠어요

이것도 제 팔자인지 모르겠어요. 아들에게도 한의업을 하지 말라고 했
어요. 제가 해보니 이거는 밥 세 그릇 먹고 살 수 있으면 되는데… 들어
앉아 가지고 볼 일도 못 보고 안 되거든요. 그래서 [아들에게] 신의(新醫),
양의(洋醫)를 하라고 그렇게 해도 자기가 계속 우겨요. 학교 선생도 의과
대학 가라고 권유해도 말 듣지 않고 계속 한의학 한다고 해가지고 그리
로 갔어요.

한약업사 일을 하는 게 좋지 않은 점은 하루 종일 내도록 이렇게 앉아
가지고 초조하게 손님 기다리는 기고, 경제적으로 융통이 잘 되고 하면
어떻든 간에 괜찮아요. 볼 일도 보고 뭐 이런 것도 하고 저런 것도 하고
요. 이 일은 친한 친구 만나는 일도 낮으로는 시간 내어서 하기가 어렵지
요. 저녁에 모임을 가지려 해도 피곤해서 어렵고. 사회관계를 원활히 유
지해 나가는데 애로가 있지요. [경제적으로 좀 안정되므로] 생활하는데
별 어려움이 없는 것이 좋고 또 정년이 없다는 거지요. 아프면 정년 해야
지요. 하하! 과거 한약을 배우기 위해 [약방에] 들어오려는 이는 좀 있었
지만, 한약업사 시험이 없어져 버려 제자는 길러내지 못했어요.

이거요. 요새 일요일 이런 거는 한 몇 년 전부터 이렇게 했지, 예전에

는 일요일에도 문 열었어요. 이거는 한 6, 7년밖에 안됐어요. 아이엠에프 그것 나고부터 이랬지 싶어. 그전에는 토요일도 열고 일요일도 열었지, 공휴일 그런 것도 없이 그리 했어요. 예전에는 새벽 어둑어둑 하면 문을 열고, 저녁에도 9시 이상 넘어야 문을 닫고 그랬어요. 요새는 일찍이 닫고 또 일요일 날이나 공휴일에 모두 놀고 그러대요. 뭐 생활수준이 좀 괜찮으니까 그런가 봐요. 우리도 거기 따라가지고 안 할 수도 없고요. 쉬는 날 젊었을 때는 불교 믿어 절에도 가고요. 요즘은 나이도 많아 그냥 집에 있어요.

전국 각지로부터 환자들이 많이 왔어요

예전에는 안동, 서울, 김천, 부산, 인천, 울진 등 전국 각지로부터 환자들이 많이 왔어요. 요즘은 사람이 별로 없지만, 대구 동인동 있을 때는 많이 왔어요. 양약은 아픈 데만 치료하지만, 한약은 몸 전체를 감안하면서 약을 쓰지요. 양방은 좋은 약이 많이 나오고 또 아픈데 수술하면 빨리 낫고 또 백발백중이잖아요.

그렇지만 한약은 그렇지 않아요. 먹으면 낫기는 하지마는 신약만큼은 감동을 못주지요. 한약은 시대에 많이 떨어져버려 가지고요. 한약은 광물질도 약으로 쓰기 때문에 많이 연구하면 아주 우수한 결과도 나올 수가 있을 겁니다. 이렇게 하려고 해도 신약사들이 자기들 몫이 떨어진다고 그리 하는 걸 많이 반대해서 안 되지요.

아들이 내가 적은 처방전 좀 가져갔어요

아들에게 전수하는 것도 있고, 안 하는 것도 있지요. 처방 적어 가지고 주고, 설명도 해주고요. 아들이 내가 적은 처방전 좀 가져갔어요. 아들이 한의사 면허증 받은 후 처음에는 동인동 시절 4~5년 동안 나와 함께 약업을 했어요. '인산한의원' 간판을 내걸고 아들이 진료·처방하면 내가 약을 짓고 하면서 부자간에 의·약의 분업과 조화를 꾀했지요. 한약업사는 청진기를 사용할 수 없어요.

같이 해보니까 내가 알고 있는 한약 지식을 전수하는 장점도 있지만, 한편으로는 안 좋은 점도 있어요. 부자간에도 예전에는 자(子)가 부(父)한 테 복종했지만… 이게 오래 가면 부자간에 의(義)가 상하겠다 싶어 이후 갈라져 나왔어요.

집사람이 약성을 알고 도왔다기보다는 그저 청소하고 심부름하는 정도 지요. 감초라든가 한두 근 정도 작은 거는 약도 썰고 약첩 싸고 다 도왔 지요. 뒤에 기계가 나와서 수월했지만, 이때도 사람 손이 다 필요하지요. 옛 동인동에 있을 때는 집이 약방에 붙어 있어 밥 먹고 나면 약방 일을 도와 왔었지요.

(연구자가 건강상태가 양호하다면서 건강 유지를 위해 특별히 한약을 쓰느냐고 여쭙자) 예전 같으면 벌써 죽었지요. 겉을 보아 판단할 수 있 나? 속을 보아야 하지. 지금은 집에서 약방까지 왔다 갔다 하는 게 전부 지. 뭐 더 살라고 그럴 수 있나? 젊었을 때는 가정에다 철봉과 역기를 갖 추어 놓고 가벼운 운동을 했어요. [대구]시내에 들어온 이후에는 약방에 매인 몸이 되므로 볼 일을 마음대로 보기도 어렵고 더구나 운동을 별도 로 하기도 어려웠어요.

이 업을 하기 전에는 한약방이 참 선망되기도 했지만, 막상 하고보니 참 직업이 좋으면서 건강[유지]에는 안 좋아요. 젊은 시절 여가가 있으면 절에 가서 수양하고 그것뿐이지, 특별히 운동하고 그런 거는 없었어요. 일을 마치고 저녁 되면 쉬기가 바빴지요.

초기에는 어둑어둑해서 약방문을 열었다가 밤 9시까지 일을 했어요. 요즘은 아침 9시쯤부터 시작해서 오후 6시, 7시 되면 마쳐요. 피곤하고 그러면 십전대보탕이나 한 제씩 지어 먹고 그러지, 건강 유지를 위해 특 별한 비방으로 보양하고 그런 것은 없어요. 낙천적인 성격이 아니어서 가정생활과 관련해서 신경을 다소 쓰는 편이지요. 없게 사는 사람은 신경 안 쓰고 낙천적으로 살 수 있는 그런 성격이 아닙니다.

■ 정업(正業)의 실천과 일상생활

덕을 쌓아나가면 소망을 이룰 수 있다는 거지요

예전에 철학관에 가보면 77세에 절명을 예고하기도 했어요. 부친도 77세에 돌아가셨거든요. 불교 설법에 의하면, 사람의 명은 정해진 게 없다고 하지요.

그와 관련한 이런 이야기가 전해오고 있어요. 조선시대 어느 선비가 서울로 과거보러 갔어요. 오산에서 1박 하던 중 당락 여부가 궁금하여 마침 용하다는 관상쟁이가 있다길래 물어보니 안 된다고 했어요. 그래서 약간 상심하고 있던 중 많은 비가 왔어요. 마침 도랑에 뭣이 떠내려가서 건져놓고 보니 수천 마리 개미가 엉겨 붙어 있는 개미집이었어요.

다음 날인가 다시 한 번 더 점을 보았대요. 그랬더니 '좋은 일 한 거 없느냐?'고 물어보고는 급제할 수 있겠다고 했대요. 실제로 그는 당해 과거에 합격했대요. 뒤에 생각해 보니, '좋은 일'이란 물에 떠내려가는 수천 마리의 개미를 살린 일이지요. 이 이야기는 운명이 고정되어 있지는 않다는 것을 의미하지요. 얼마나 선행을 쌓고 노력하느냐에 달린 문제라는 거지요.

큰 복은 팔자에 따른 것이지만(하늘이 정해주는 것이지만), 작은 것은 자기가 하기 나름입니다. 즉 덕을 쌓아나가면 소망을 이룰 수 있다는 거지요. 방생(放生) 등 자비심을 베풀면 덕을 쌓게 되고 이로 인해 원하는 바를 이룰 수 있다고 봅니다.

약방업과 관련해서는 정업(正業)이 많이 해당되지요

저는 50세 넘어가지고 절에 다니기 시작했어요. 악한 일 하면 악업이 쌓이고, 선한 일 하면 복이 쌓입니다. 실제로 불교 팔정도(八正道)는 맞다고 봐요. 정견(正見), 정사유(正思惟) 정언(正言), 정업(正業), 정명(正命), 정념(正念), 정정(正程) … 또 한 가지가 더 있는데… 참 정정진(正精進)이지요. 특히 약방업과 관련해서는 정업이 많이 해당되지요. 약을 하나 팔더라도 저울을 속이든가, 나쁜 약을 팔던지 하지 말고 정직하게 하는 자세이지요. 그렇게 보면 정업을 위해서는 정언과 정사 등이 모두 통합니다.

부처님은 정진해서 먼저 '무상(無想)'을 깨달았어요. 해인사 일타 스님, 해안 스님 등의 법문도 많이 들었어요. 요즘 잘 먹고 잘 쓰고 풍요롭게 사는 사람들이 있어요. 최근 사법계 판사들의 비리가 터지기도 하는데, 뒤를 생각하면 욕심만 부리거나 나쁜 일을 하지 않을 것입니다. 불성(佛性)이 있으면 자연히 절에 가게 됩니다. 절에 가서 법문도 듣고 하면 마음이 깨끗해지고 사음이나 도둑질은 물론 나쁜 마음과 행동도 없게 되어 마음 수양 효과가 큽니다.

대구 동촌 고향 친구들과 계모임도 여럿 있었지요

특별한 취미는 없고, 젊었을 때는 수시로 여러 지방의 절을 다녔어요. 옛 대구 동촌 고향 친구들과 계모임도 여럿 있었지요. 이제는 하나 둘 사망하고 5, 6명 정도밖에 남지 않았어요. 상포계도 있었고, 친목계도 여러 개 있었지요. 상포계는 23~24명 정도 들어 있었지요. 이제는 다 죽고 2, 3명만 남아 유지할 수가 없어요.

칠성시장 안에서 '3.1우국관'을 지키고 있는 집안사람 류경환(83세)이가 고향 친구입니다. 동촌 검사동 출신이지요. 지금도 자주 통화합니다. 술을 잘 먹고 성격이 정말 쾰쾰하지요. 나는 술을 전혀 못하므로 많이 어울리지 않아요. 류경환은 신천대로를 만들 때 대구시하고 싸워 고가도로 만들도록 해서 칠성시장이 뜯기지 않았어요. 그가 칠성시장을 실제로 살린 분이지요.

옛 공무원 출신의 류덕희도 고향 친구입니다. '희'자 돌림으로 몇 촌 됩니다. 동촌 둔산(屯山)에 살지요. 동촌 사는 김한노(85세)는 두 살 더 먹어도 친구로 지내요. 예수교를 믿어요. 외에도 여럿 있는데, 요즘은 소식이 없어요. 술을 안 먹으니 만나는 기회도 적고 만나도 재미가 없고… 내가 술만 먹는다면 자주 만날 것인데….

류경환 그 사람은 재판소에 가서도 큰 소리 치고, 서울 국회에도 올라가고, 신민당 류치송 총재한테도 가고, 대구 시장하고도 싸웠어요. 칠성시장 철거 못하게요. 예전 일제시대 때는 14세 땐가 일본 가가 일본 사람 집에 들어가 일해주고 했는데… 일본 사람들이 조선사람 깔보고 해서 싸우고 와버렸어요. 그래가지고 독립운동가들 찾아다니고 그랬어요.

■ 인산한약방의 한의약 물질 전승

한의약 물질 전승은 전통의료의 실천 과정에서 생산된 의료기구와 의서, 처방전 등을 비롯하여 약재의 생산, 운반, 보관, 정제, 조제와 관련되는 일체의 물질적 산물을 의미한다. 한약방의 경우에도 약재를 보관하거나 작근, 포장, 처방 등의 기능과 관련하여 여러 가지 물건들이 사용되어 왔다. 다음은 인산한약방의 한의약 물질 전승의 내용들이다. 이들은 연구 과정에서 필자가 카메라로 촬영하는 방식으로 수집하였다.

▶ 약재 중량 환산표 :

약방 사무와 처방, 진료, 한약 조제 등의 기능을 갖는 한약업사의 책상 위에는 5푼에서 7돈 반까지의 약재 중량을 g단위로 환산해 놓은 '중량환산표'를 부착해놓았다. 이는 한약 조제 과정에서 약재 중량을 계산하는 번거로움을 피하기 위한 조처인 듯하다.

5푼 = 1.88(g)
7푼 = 2.63
1돈 = 3.75
1돈 반 = 5.63
2돈 = 7.5
2돈 반 = 9.38
3돈 = 11.25
3돈 반 = 13.13
4돈 = 15
4돈 반 = 16.88
5돈 = 18.75
5돈 반 = 20.63
6돈 = 22.5
6돈 반 = 24.38
7돈 = 26'25
7돈 반 = 28.13

▶ **1제 분량의 혼합 약재와 약봉지 :**

편도선 처방 약을 지은 후 탕제용의 약 자루에다 담아놓은 모습으로 자동 약탕기로 옮기기 직전의 상태이다. 이전에는 1제의 약을 20첩으로 나누어 각각 첩지로 포장했다. 지금은 1제 분량의 처방약을 한꺼번에 약 자루에 담아 약탕기 안에 넣고 달인다.

▶ **자동 약탕기 :**

처방하여 지은 약 자루를 통째로 약탕기 안에 넣고 일정량의 물을 부운 후 뚜껑을 닫아 고정시키는 모습이다. 탕약은 일반적으로 3시간 정도

달이는데, 녹용은 약성을 충분히 우려내기 위해 4시간가량 달인다. 인산 한약방에는 손님이 적어 약탕기 1대만 놓여 있다.

▶ 한약방 약재 창고 :

각종 규격용 약 봉투를 철제 앵글에다 적재해 놓은 모습이다. 개봉해서 사용 중인 일부 약 봉투는 입구를 단단히 묶어 놓았다. 여름날 상하기 쉬운 약재는 냉장고에 보관한다.

▶ 의약서 :

『방약합편』은 한약방에서 가장 많이 활용되는 의약서인데, 오랫동안 활용해서 책 표지가 떨어져 나갔다.

▶ 약방 내 액자 :

·천개기사회생 술인덕장생경복기(天開起死回春 術人德長生景福基) : 하늘이 열리고 죽은 사람이 봄같이 살아난다. 술인(의사)들은 나서 가장 크게 얻는 것이 복의 터이다. "이것도 약쟁이의 업에 맞추어 쓴 것 같아요. 스님이 지은 것인데, 한의사 하는 아들이 받은 것을 가져다 걸었어요. 예전에 동인동 시절에는 '신농유업(神農遺業)'이라는 액자가 있었는데 분실됐어요."

·연심청지(鍊心淸志) : 넓고 아주 여물은 마음이 있는 사람은 그 뜻도 아주 맑다. "이것도 아들 한의원 개업 때 받은 것을 가져다 걸은 것입니다."

초등교사 출신의
온화당한약방 박기택

-1925년 생-

.
.
.

학업과 일본생활

교직생활과 한약업사 시험

한약업사 애로와 지위 향상을 위한 요구 사항

약재 조달과 보관방법

고향 청도의 한약업사들과 비방(秘方) 전승

한약 감별과 법제, 집증(執症)의 전통지식

온화당한약방의 한방 물증

연보

· 1925년 - 경북 청도군 각남면 출생
· 1938년 - 청도 각남초등학교 4년 수료 후 이서초등학교 6학년 졸업
· 1943년 - 일본 구주(九州) 사가현에서 실업계 중학교 3년 졸업
· 1944년 - 징병검사 보충역으로 징집 대기 중 귀국
· 1945년 - 고향에서 결혼
· 1946년 - 촉탁으로 초등교사 발령
· 1963년 - 한약업사 자격 취득
· 1969년 - 대구 이사, 교직과 한약방 운영 겸업
· 1972년 - 교직 사임, 한약업사 전업(대구시 침산동 대동한약방)
· 1993년 - 한약방 이전(대구시 교동 영보한약방)
· 2006년 - 한약방 이전(대구시 비산4동 온화당한약방)
· 2006년 - 대구광역시 서구 비산4동 온화당한약방 운영

■ 학업과 일본생활

새벽에 복강현 후쿠오까의 하카다항에 내렸어요

청도 각남면 각남국민학교 4학년을 마치고 다시 이서국민학교로 가서 6학년 졸업을 했어요. 그런 다음 일본으로 가서 실업계로 중학과정 3년을 더 공부했어요. 내 삼촌이 일본 구주(九州) 사가현에 살고 있었거든요. 혼자 부산에서 배를 타고 갔어요. 학비는 집에서 대어주고요.

부산에서 저녁 8~9시 무렵 출발해서 뒷날 새벽에 복강현 후쿠오까의 하카다 항에 내렸어요. 다마마루(珠丸)를 타고 갔지요. 부산-하카다를 오가는 객선은 배가 작아 시간이 오래 걸렸지요. 왜냐하면 항구가 작아 큰 배가 정박할 수 없기 때문이지요. 도시는 작아도 시모노세끼(下關)는 항구가 커서 그리로는 큰 배들이 다녔어요.

공부를 마치자 이내 곧 입대 징병검사 받았어요. 내가 을유생(乙酉生)이니까 1년 앞의 갑자생(甲子生, 1923년생)은 많이 갔어요. 1종과 2종 갑은 많이 갔지요. 나는 보충역이니까 당장 징집은 되지 않고 대기 중이었지요. 당시 1기생 을종이 징집되고, 그 다음으로 2기 갑종, 2기 을종 순으로 징집될 예정이었지요.

그래서 1944년 고향으로 왔어요. 고향에서 대기하다가 부르면 군에 갈려고 했지요. 해방되는 해 21살에 결혼을 했습니다. 징집 대기 중인 사람에게 누가 시집오려고 하겠어요? 처녀가 없어 애를 먹었지요. 나는 어머니가 낳았지만, 주로 할머니한테서 컸어요. 할머니가 건강, 특히 시력이 좋지 않아서 결혼을 서둘러 했지요. 하지만 집사람은 병으로 45세인가 46세인가 일찍 죽었어요.

자녀는 2남 4녀 6남매고요

모친은 70세가 넘어 6.25 휴전 무렵 돌아가시고요. 내 형제는 5남매(3남 2녀)인데, 내가 장남입니다. 자녀는 2남 4녀 6남매고요. 내가 약방 하느라고 대구 나와 있으니까 내 큰 아이가 청도에서 농사지으며 어른을 봉양했어요. 둘째는 부산에서 공무원 하고요. 그 밑으로는 모두 딸입니다.

할마이가 일찍 가버리니까 어려움이 많았지요. 그래서 말벗이나 하는 할마이를 하나 만나 살고 있어요. 그 쪽도 아이가 있는데, 다 컸지요. 근데 얼마 전부터 할마이가 중풍 증세가 와가지고 지금 경산요양원에 있어요.

재종 댁이 일제시대 중국 들어가는 바람에 …

부친(박병희)은 94세에 별세했어요. 내가 일찍 상처하여 큰 아이가 경북 청도 촌에 살면서 부친을 봉양함은 물론 4대조까지 기제사도 지내왔습니다. 7, 8년 전부터는 간소화 하여 조부까지만 기제사를 지내요. 현재 8대조 이하 산소는 밀양 초동면에 있습니다. 그 이상의 조상들은 경기도 양주에 있고요.

충현공파(忠賢公派)지요. 밀양박씨 12파, 12명의 분파 조상들을 모신 사당이 충북에 있어요. 밀양 하남면 기명동에는 직계조상들의 위패를 모신 재실이 있어요. 예전에는 문중 성원들이 모두 모여 함께 벌초를 했지만, 이제는 나누어서 하고 있어요.

기제사 등 문중 일은 뜻은 있지만, 하는 업(業) 때문에 매번 참여는 못해 왔어요. 중국 갔던 재종 댁이 집안 큰집이었으나, 일제시대 중국 들어가는 바람에 기제 등 조상 모시는 일들이 모두 지차인 우리 집으로 넘어 왔어요. 현재 한국에 나와 있기는 해도 기제사 등은 여전히 우리가 모십니다.

■ 교직생활과 한약업사 시험

초등학교 교사로 있었어요

42세~43세 무렵 청도군 각남면에 살았는데, 초등학교 교사로 있었어요. 23세부터 청도군 각남면에서 교직에 종사하기 시작했어요. 처음에는 임시직으로 2년간 촉탁으로 발령 받았지요. 승진해가지고 준교사가 되었어요. 이후 강습교육도 받고 해서 2급 정교사가 되었어요. 다시 경력을 쌓아 1급 정교사가 되었어요.

집사람 명의로 신약국 허가를 내어가지고 약국을 개설하려고 새 집을 지었어요. 그 과정에서 하루는 돌짐을 실은 소 구루마가 약간 내리막길을 아래로 치달으면서 몸(심장)을 많이 상하게 되었어요. 많이 놀랐던 것이지요.

이 일로 인해 심장이 많이 안 좋았어요. 내 약방에다 독일제 카돈병, 세파민 등 좋은 약을 가져다 놓고 여러 가지를 많이 복용했어요. 하지만 양약은 먹을 때만 잠시 호전되었을 뿐 쉽게 나아지지가 않았어요. 7~8개월간 계속 몸에 땀이 나고 심장이 많이 뛰는 등 고생을 했어요. 물론 이 일이 있기 이전에도 한약에 관심을 가지고 교직생활 하는 틈틈이 한의약 서를 봐 왔어요.

그래서 내 병을 이제는 내가 한약으로 다스려 보자는 생각을 갖게 됐어요. 한의약 책을 보아온 지식을 바탕으로 대구 약전골목 건재약방에 가서 '귀비탕(歸脾湯)' 관련 약을 손수 지어 와서 2제 반을 달여 복용해 보았어요. 이로 인해 계속 좋지 않던 몸이 서서히 좋아지기 시작했어요. 이를 계기로 한약의 위력을 스스로 체험하게 되었지요. 아울러서 한약에 대한 오묘함과 매력을 느끼게 되고, 한약을 깊이 있게 한번 연구해 보아야겠다는 생각을 갖게 되었지요.

이후부터는 더욱 열심히 한약 공부를 했어요. 『방약합편』을 특히 많이 공부했어요. 외에도 『동의보감』이나 『의학입문』 등 여러 가지 의서들도 공부했어요. 이러한 이론 공부와 더불어 대구 약전골목으로부터 건재약을 수시로 구해 와서 보약을 직접 지어 복용하면서 실물공부를 보충했어요. 직장 일로 시간 때문에 직접 산으로 다니며 약초를 관찰하고 또 캐어보고 맛보는 경험은 못했어요.

한약을 짓기 위해서는 200종 이상의 약재에 대한 지식이 필요해요. 집사람이 신약국 자격을 가지고 약국을 열고 있었기 때문에 약에 대한 관심을 지니고 있었지만, 평소에도 공직생활을 그만둔 이후의 생활 대비책으로서 준비를 조금씩 해왔었지요. 한약의 위력에 대한 체험은 이러한 생각을 보다 적극적으로 실천할 수 있도록 하는 계기가 되었다고 할까요?

시험과목으로는 학과시험과 실물시험이 있었어요

한약업사 응시 자격으로는 중졸에다 3년 이상의 한약경력이 필요했지요. 또한 한약업사가 결원된 동이나 읍면 단위 지역에만 응시할 수 있었고요. 시험과목으로는 학과시험과 실물시험이 있었어요. 학과시험은 약물지식과 한약처방을 묻는 것이었어요. 약물시험의 경우, 예를 들면 보혈제로 쓰이는 '당귀는 어떤 성분(약성)을 가지느냐?'는 식이지요.

처방지식에 대해서는 『방약합편』과 『만병회춘』, 『경악전서』, 『동의보감』, 『의학입문』 등을 비롯한 11종의 기성 한의약서에 수재되어 있는 고정 처방(本方)을 물었어요. 『방약합편』 내용이 주로 나왔어요. 반면 한약 실물시험은 절단한 여러 종류의 현물 약재를 진열해 놓은 상태에서 여러 명의 시험관이 지켜보는 가운데 약 이름을 종이에다 적어내는 형식이었어요.

1963년도에는 한약업사 시험에 합격했지요

1963년도에는 경상북도 한약업사 시험에 응시하여 합격했지요. 대구시 서구 침산동에 허가가 났어요. 당시 침산동 1, 2, 3동에 한약업사가 없었어요. 44~45세 되던 1969년경 대구로 전출되어 지산동과 옥산동 등에서 3년 정도 더 교직생활을 했어요. 침산동에 처음으로 '대동한약방'을 열고 몇 년간은 겸업 택으로 왔다 갔다 했지요. 당시에는 전적으로 매달릴 수가 없었으므로 장사가 안 되어 그냥 간판만 걸어두고 있는 상태였지요.

그 무렵에는 막 공무원 연금재정이 불안정하여 퇴직금을 분할지급 한다 만다 하는 소리가 있었어요. 그래서 일시불로 지급 받으려고 퇴직하는 사람이 더러 있었어요. 촉탁 출신이어서 교육대학 나온 사람들하고 승진 경쟁하기도 싫었고요. 1972년 무렵이던 48세에 25년간 근속했던 교직을 그만두고 비로소 한약업으로 전업했어요.

퇴직하니까 당시 퇴직금이 120만원이었어요. 지금으로 환산하면 1억 1천만원 정도 됩니다. 전업한 이후 처음 대구에 나와 약방을 여니 약이 잘 팔리지 않아 상당한 고전을 했지요. 이유 중의 하나는 '오랜 교직생활로 한약을 잘 알겠나?' 하는 일반인들의 선입견이 좀 있었기 때문이지요. 그렇다고 이전의 자유도 없던 터라 그곳에서 붙박이로 있으면서 교사 퇴직금 받은 것까지 좀 까먹기도 했지요.

1993년까지 20여 년 간 침산동에서 눌러 앉았지요. 그러다가 한약방 이전이 다소 자유로워짐에 따라 중구 교동으로 옮겼습니다. 약방 상호도 '영보한약방'으로 바꾸고요. 2006년까지 13~14년 정도 그곳에서 했지요. 올 1월부터는 다시 서구 비산4동 지금의 장소로 옮겨 '온화당한약방'으로 바꿨어요. 장사가 안 되니까 이렇게 한 번씩 상호도 바꿔가면서 옮겨 보기도 하지요.[11]

---

11 한약방 이전 경험을 갖는 전국 한약업사 780명(44.2%)을 대상으로 조사한 바에 의하면, 이전 사유는 가정 사정과 수입 감소, 기타 여건 불충분, 건강 문제 등으로 나타나고 있다.(대한한약협회, <대한한약신문> 107호, 2006. 2. 25.)

교동으로 옮겨서는 영보한약방으로 옥호를 바꾸었지요

내 약방 이름은 처음에는 '대동한약방(大東韓藥房)'으로 했었지요. 현재 충북 보은에 사는 집안 아제가 서울 동대문 근처에서 대동한의원을 했었지요. 명의(名醫)로 이름이 나서 환자들이 많아 상당한 돈을 벌기도 했었지요. 아제 이름은 박성환(朴成煥)인데, 일제시대 한지한의사 격인 '의생' 출신이지요.

한약 처방은 물론 진맥, 주사 투약까지 했지요. 현재 그의 아들도 한의사 하고 있어요. 그 아제 옥호를 따서 지은 것이지요. 그 뒤에 [대구시 중구] 교동으로 옮겨서는 '영보한약방(榮保韓藥房)'으로 옥호를 바꾸었지요. '영화(번성)를 길이 지켜나간다'는 뜻이지요. 지금의 '온화당(溫和堂)' 상호는 이전의 한약업사(洪乘泰, 1939년생)가 하던 것을 그대로 쓰고 있는 것입니다. 그 사람은 고인이 되었어요.

삶의 애로도 많았습니다

퇴직 당시 퇴직금을 부동산이나 다른 쪽으로 투자해놓을 생각을 못했던 게 좀 아쉽지요. 아이들 학비 대고 장사가 안 되어 그기에 들어가고 이리저리 그냥 소진되어 버렸지요. 도중에 또 집사람이 죽기도 하는 등으로 삶의 애로가 많았습니다.

동거녀가 입원한 병원은 한방병원인데, 상당히 비합리적이고 이기주의적으로 운영하는 측면이 있어요. 월 70만원 환자 간병비를 주고 있고 또 노인요양 병원이라 노인복지 차원에서 당국에서 1인당 30만원씩 보조금이 나오므로 결과적으로 1인당 매월 약 100만원 정도가 병원에 들어옵니다. 하지만 과립으로 구감초탕, 사감탕 등을 조금 투약하는 정도이지요. 물론 한 번씩 침을 놓기도 하지만, 집중적인 치료는 하지 않는 것 같아요. 이는 치병(治病)보다는 환자를 붙들어두기 위한 측면이 많은 것 같아 보여요. 병을 낫게 하려면 과립 투약이나 침구 외에 탕제까지 함께 치료해야 하지만, 그렇게 하지 않는 실정이니까요. 현행법상으로는 한방병원에서 탕제를 사용하기가 어렵게 되어 있기는 해요. 과립은 의료보험 처리가 쉬우므로 병원에서 다소 이를 목적으로 이용하는 측면이 있는 것 같아요.

모임으로는 옛 동료교사 출신들이 한 번씩 서로 얼굴 보는 것이 2개 있어요. 하나는 '오산회'인데 계절 따라 한 번씩 만났지요. 지금 4명이 죽고 17명이 남았어요. '청지회'도 있는데, 여기도 2, 3명이 죽고 비슷한 수가 남았어요. 회비도 적립하고 경조사에도 참여하지요. 만나면 같이 밥 먹기도 하고 간혹 단체관광도 다녀오곤 했어요.

■ 한약업사 애로와 지위 향상을 위한 요구 사항

한약업사는 이동하는 데도 당국의 허가가 필요합니다

한약업사는 지역 간 이동하는 데도 당국의 허가가 필요합니다. 예를 들면, 대구지역에서 군이나 지방 중소도시로 나가는 데는 마음대로 하지 못해요. 저 쪽에서 허가가 있어야 가능해요. 대구시내 지역에서는 비교적 자유로이 이동이 가능하지만요. 작은 땅덩어리 안에서 자격 가지고 있는 사람들은 어디든지 자유롭게 장사할 수 있도록 되어야 되는데, 서울은 또 못 들어가게 되어 있어요. 그러니까 문제가 있지요. 한의사들은 신고만 하면 어디든지 영업을 할 수 있어요. 한의사와 한약업사 간에는 차별이 많아요.

우리가 한약업사 시험을 친 2~3년 후에 지역간 이동이 조금 완화되었어요. 이전에는 면허지역이 정해지면 절대 이전이 불가능했어요. 면 단위, 동 단위로 인원이 지정되었어요. 한약업계 내에서도 업권 수호 문제에 대해 너무 소홀했다는 자성이 나오고 있어요.

결국 업을 해나가는데 자꾸 제재를 가해 나왔지요

원래는 한약업사가 일제 때부터 있었는데… 한의사는 해방 뒤에 서울에 있던 동양의약대학 나온 사람에 한해 자격을 주었어요. 하는 업종은 한의사나 한약업사나 똑 같았어요. 그때는 한약업사도 침을 놓을 수 있었어요. 그 뒤에 한의사제도가 생겨가지고는 침도 못 놓게 하고요. 결국 업을 해나가는데 자꾸 제재를 가해 나왔지요. 이 시점은 6.25전쟁 후와 5.16 군사혁명 전쯤이에요. 의료법이 제정되면서 그렇게 되었어요. 초창기에는 대구한의대 학생들도 한약업사가 가르쳤어요. 지금도 한의대 나온 한의사들은 약성을 세세히 모릅니다. 특히 한의약서에 수재된 고방(古方)에 대해서는 더 하지요. 약성에 대한 깊은 지식과 오랜 경험방 없이는 어렵다는 거지요. 이에 비해 한약업사의 한약 지식은 탁월합니다.

한약업사인 우리가 제일 약한 입장입니다

현재 한약업사 평균 연령이 67~68세에 이르고, 전국적으로도 1,761명인가 밖에 남아있지 않아요. 2005년 11월 기준이네요. 1969년만 해도 3,500여명에 달했는데, 현재 약 절반 정도로 줄어들었어요. 60~69세의 한약업사들이 744명으로서 약 절반 수준인 42%에 달하고 있음은 한약업사의 고령화를 보여줍니다.[12]

한약업사인 우리가 제일 약한 입장입니다. 업권 수호와 관련한 일들을 많이 해왔지만, 잘 안 돼요. 우리는 겨우 자격증 하나 받은 그것밖에 없어요. 내 개인적으로는 90세를 바라보고 있기 때문에 [이 업을 해보아야] 몇 해를 하겠나 싶어서 그런 데에 관심을 두지 않고 있는데요. 이게 다 같은 업종으로서 [한의사와 한약업사를] 통합을 해가지고 잘 되게 해주어야 하는데… 한약업사 시험 부활은 인제 불가능한 거 같아요. 지금 한약사를 배출하는 한약학과도 있고 또 한약자원학과도 있어요. 항간에 한약

---

12 대한한약협회, <대한한약신문> 107호, 2006. 2. 25

자원학과 나온 사람들은 자력으로 한약도매업을 할 수 있다고 하대요. 정부에서도 이제 한약에 관심을 많이 가지고 지원도 하대요. 또 약전골목에서도 회관을 짓고 그런 거 보면 투자를 많이 하거든요.

건국 직후에는 한약업사 수효도 많았거든요. 이럴 때 정부를 상대로해서 로비도 좀 하고 조처를 취했으면 법도 이런 식으로 열세한 상태로까지는 되지 않았을 것인데… 모두 자기들 먹고 살만 하니까, '법 이거야어떻게 되든지 장사해가 내 식구 먹여 살리고 이렇게 하면 안 되겠나?'하는 안일한 생각을 해왔기 때문에 우리가 현재 이런 고통을 당하고 있는 것 같아요. 내 개인적으로는 이제 이렇게 나이도 많아 활동도 어렵고정부에서 하는 대로 보고만 있을 따름이지요.

한의사는 시설을 다해 놓은 후에 관계 기관에 신고만 하면 한의원 개설이 가능한데, 한약업사는 관계기관에서 나와 검사해보고 조건이 갖추어졌을 때 비로소 허락이 떨어져요. 따라서 한약업사는 업을 수행하기 위한 조건이 보다 까다롭고 또 엄격하지요. 이처럼 한약업사는 여러 가지면에서 어려운 점이 많아요. 한약협회 차원에서 업권 신장을 위해 많은노력을 기울이고 있기는 해요. 얼마 전에 협회에서 온 신문을 보니까 몇가지 사안을 관계 기관에 요청해 두었더군요.

자격제도를 면허제도로 바꾸어야 합니다

(신문을 찾아 펼쳐 보이며) 첫째. 자격제도를 면허제도로 바꾸어야 합니다. 한약업사의 자격증은 지방장관인 도지사 관할인데 비해 한의사, 의사, 약사 등은 모두 중앙부처 보건복지부장관의 관할입니다. '지역구' 대'전국구'의 차이가 있지요. 이런 차이가 영업지역 허가제와 맞물려 한약업사의 법적, 사회적 지위를 저하시키지요.

두 번째로는 이전의 한지한의사 자격을 한약업사들에게 부여해 달라는겁니다. 이는 옛날 한약업사가 하던 식으로, 즉 뜸과 침 시술을 할 수 있는 그런 상태로 전환시켜 달라는 것이지요. 하지만 이것은 내가 생각하기에도 좀 현실성이 떨어지는 것 같아요. 지금은 의약이 상당히 분화되어 있기 때문이지요.

세 번째는 한약업사 명칭을 전통한약사로 바꾸는 것입니다. 이는 2000년부터 신규로 배출되는 한약사를 후배로 계승시킬 수 있다는 차원에서 처방이 100개로 제한되는 역할 축소 범위를 확대할 수 있다는 생각에서지요. 즉 한약업사 명맥이 단절될 경우 한약사가 전통한약사의 업무 영역을 이어받을 수 있어야 한다는 계산이지요.

네 번째는 영업소 이전 제도의 완전 폐지입니다. 그 동안의 노력으로 이 문제가 상당 부분 해결되었지만, 아직까지는 완전히 자유롭지 못한 실정입니다.

다섯째는 한약업사 허가제를 한약방 허가제로 바꾸는 문제입니다. 이렇게 되면 면허제로 자동 환원됨과 더불어 양약국처럼 한약국(韓藥局)으로 명칭 변경이 가능해짐으로써 영업지역에 구애됨이 없이 마음대로 이전이 가능해질 수 있기 때문입니다.

자격증만 있으면 지역에 구애 없이 영업할 수 있어야 해요

한약업사 자격증은 시험 쳐서 합격한 후 한약을 취급할 수 있도록 자격을 부여한 것입니다. 일종의 자격증명서지요. '한약업사 허가제도'는 한약업사들로 하여금 특정 지역에서만 영업을 할 수 있도록 규정한 것이지요. 그런데 자격증만 있으면 지역에 구애 없이 영업할 수 있어야 해요. 이런 걸 정부에서 관여해서는 안 되는데, 한약업사들만은 자기 마음대로 움직이지 못하고 있지요. 이는 모순 덩어리입니다. 시대적 분위기가 자유주의로 흐르는 상황에서 이는 시류에 완전히 역행하는 것이지요. 민주화된 이런 시대에 오래 전의 이 같은 비민주적인 관행이 아직도 계속되고 있습니다.

현재 많이 완화되어 지역 간 도간 교류도 가능하지만, 이 때는 인원수
만큼 맞교환을 해야 합니다. 그래도 마음대로 지역을 넘어 이동할 수 없
습니다. 어느 시점부터 조금씩 완화되어 동일지역 내에서는 이전이 가능
해요. 즉 대구지역 안에서는 가능하지만, 대구에서 부산으로 들어가지는
못해요. 또한 경북에서 대구로 들어오고자 하는 경우, 마음대로 들어오지
못합니다. 맞교환이 되어야 가능합니다. 따라서 이동 가능한 지역의 경우
에도 이동 시마다 관할 보건소로부터 영업소 이전 소재지를 명시한 허가
증을 매번 발급 받아야 합니다.[13]

'혼합 판매' 기능을 '기성 처방 조제'로 바꾸는 것입니다

마지막 여섯 번째로는 한약업사의 '혼합 판매' 기능을 '기성 처방 조제'
로 바꾸는 것입니다. 전자는 약재를 그냥 섞어서 판매한다는 단순한 상업
적인 의미가 강하기 때문입니다. 즉 한약업사의 지적 능력과 전문성을 인
정하지 않는다는 점에 대한 지적이지요. 이는 일제시대 민족의약을 폄하
시키기 위해 일제가 '한약종상'이라고 취급하던 것과 다를 바 없습니다.

현재 한약업사는 11종의 기성 한의약서에 수재된 모든 처방을 사용할
수 있습니다. 이에 비해 한약사나 조제한약사는 고작 100여 개 밖에 할
수 없습니다. 한약업사와 이들 간에는 분명 전문성과 한약 지식을 운용할
수 있는 정도의 차이가 큽니다. 그런데도 한약업사의 경우 한약을 단순
판매하는 개념으로 업권의 기능을 정의한다는 것은 분명 문제가 있지요.

따라서 한약업사들의 업무 영역이 전문성과 지식 집약적 행위라는 점
을 관철시키기 위해서라도 이렇게 바꾸어야 합니다. 현재의 업무 영역 규

---

13 지금처럼 관계 기관에서 허가를 하지 않으면 한약업사 지위 자체가 소멸되어 버릴
   수도 있다. 실제로 과거 영업 허가증 취득 후 3월 이내에 약방을 개업하지 않아
   한약업사 자격 자체가 소멸되기도 했다. 그만큼 한약업사의 법적 지위는 취약한
   실정이다. 따라서 이렇게 보완된다면 비록 한약방 허가는 소멸되더라도 한약업사
   자격은 잔존하게 되고 또 운신의 폭도 그만큼 확대될 것이다.

정은 우리 한약업사들이 의사, 한의사, 약사처럼 4년 혹은 6년의 공식적인 학교 교육을 받지 않았다는 점 때문에 차별해야 함이 마땅하다는 인식을 밑바탕에 깔고 있지요. 즉 자기네들의 전문성을 부각시키기 위한 처사지요. 그런데 한약의 특성상 꼭 높은 공교육을 받아야만 한약 지식이 탁월하다고는 할 수 없는 것 아닙니까?[14]

■ 약재 조달과 보관방법

재종이 중국 길림성 화전자에서 인삼이나 더덕을 재배했어요

국내서 사용하는 300여 종의 약재 중 반 이상이 현재 수입해 오는 것입니다. 점점 더 많은 약재를 수입해 나가는 추세인데, 일부 한국의 약상(藥商)들은 중국 본토에서 약재를 직접 재배한 후 한국으로 가져오기도 합니다.

내 재종이 중국 길림성 화전자에서 한동안 인삼이나 더덕을 재배했어요. 황토에 인삼이 잘 성장하는가 봐요. 그곳에서는 인삼을 상당히 재배하고 있어요. 홍삼과 인삼을 선물로 얻어오기도 했어요. 재종은 홍삼을 만든 후 정부에 매상을 해왔어요. 현재 재종은 한국 국적을 회복하여 2명의 아들과 함께 국내에 나와 살아요. 모두 6남매를 두었어요. 지금도 중국에서는 한약을 많이 활용합니다. 재종은 1924년생으로 일제시대 때 부모님을 따라 중국으로 갔었지요.

---

14 대한한약협회, <대한한약신문> 107호, 2006. 2. 25. 부르디외의 '구별 짓기' 개념에 의하면, 이러한 명칭 구별은 한약업사 지위의 격하와 의사, 약사, 한의사의 지위 격상 의도라고도 볼 수 있다.

법제는 모두 약방에서 직접 했어요

한약방 할 때는 보통 필요한 약재를 약전골목이나 대구역 부근에 있던 '영주한약방'으로부터 사와서 썼지요. 약전골목에는 '제일한약방'과 '남성한약방'에서 주로 약을 구해다 썼어요. '남성한약방'의 경우 1대인 류판학씨가 할 때부터 거래를 터왔어요. 전화로 주문하면 때로는 배달해주기도 했고, 때로는 직접 가서 구입해 오기도 했어요. 약재 구매대금은 일시불로 하기도 했고, 또 일부는 외상으로 가져오기도 했어요. 당시 구입한 약재는 대충 썰어놓은 상태였는데, 법제(法劑)는 모두 약방에서 직접 했어요. 요즘 규격 약재는 대부분 제하거나 법제까지 되어 나와요.

예전에는 짝띠기(원형) 약이 약방으로 바로 들어오기도 했어요. 약방에서 썰어야 하므로 일이 많지요. 약방에서 썰려고 하면 종업원을 둔다거나 놉을 해서 하므로 비용이 들지요. 그래서 나는 대부분 정제한 약을 구입해 왔어요. 이때는 비료부대 크기의 종이 약봉지에다 넣어서 가져왔어요.

'육진양약(六陳良藥)'은 오래된 약에 속하지요

최근에는 보건소에서 한 번씩 나와 오래된 약은 폐기하도록 지도하기도 해요. 하지만 약의 성질이 각양각색이어서 진피(陳皮), 반하(半夏), 낭독(狼毒), 지실(枳實), 마황(麻黃), 오수유(吳茱萸), 형개(荊芥), 향유(香薷), 지각(地殼) 등 이른바 '육진양약(六陳良藥)'은 오래된 약에 속하지요. 보건소 관계자들은 약을 잘 몰라 이런 것까지 효율적으로 지도를 하기는 어렵지요.

(약봉지를 하나 꺼내 들며) 지금의 한약재 규격봉투에는 약명과 성상, 원산지, 생산자 이름과 전화번호·주소, 규격기준 근거, 포장 연월일, 중량 등의 사항들이 기재돼요. 정부 기관에서 일일이 검사과정을 거치기보다는 문제가 발생할 때 이의 책임소재를 찾아 추궁할 수 있도록 해놓았다고나 할까요. 이로 인해 어느 정도는 한약의 투명성을 보장할 수 있다고

봐요. 적정 수준으로 약재가 건조된 경우에는 포장해 놓으면 벌레가 생기지 않아 좋아요. 하지만 건조 상태가 안 좋으면 곰팡이가 슬고 벌레가 생기기도 하지요.

여름철에는 살균하여 밀봉한 채 보관하기도 해요

여름철에는 밀폐된 종이로 된 약봉지에 약재를 넣은 후 유황(硫黃)을 피움으로써 쎄~한(독한) 기운(연기)으로 약을 살균하여 밀봉한 채 보관하기도 해요. 이렇게 하면 벌레 예방이 가능해요. 현재는 신약으로도 약재를 살균하기도 해요. 산조인(酸棗仁), 당귀(當歸), 작약(芍藥), 황기(黃芪) 등 벌레가 많이 붙는 약재는 주로 이런 특별한 방법으로 보관했어요. 이런 조처 없이는 장마철 이후 벌레가 생겨 약재를 갉아 먹어버려 가루만 남는 경우도 있어요. 여름철에는 약장의 약재를 꺼내 벌레 많이 먹는 것은 유황 처리한 후 밀폐된 종이봉지 속에 담아 밀봉해두는 방법으로 보관했어요. 따라서 여름철에는 약재 보관에 많은 주의를 기울여야 해요.

■ 고향 청도의 한약업사들과 비방(秘方) 전승

'청도한약방' 김기곤씨와 동향이고 이서중학교 동기이기도 해요

6.25동란 중에 동양의약대학이 만들어졌어요. 지금의 경희대 한의과대학 전신이지요. 변정환씨는 당시 군대 문제도 있고 해서 거기 입학했어요. 그는 청도 이서면 고미 출신입니다. 5.16 이전에는 가방에 침 넣어가지고 왕진(往診) 다니기도 했지요. 6.25 이후는 촌에도 좀 있었는데, 이후 대구 반월당에 '제한한의원'을 운영했어요. 상당한 돈을 벌었어요. 이후 수성구 파동에 '제한한방병원'으로 키워 큰돈을 벌었지요.

'청도한약방' 김기곤씨와 동향이고 이서중학교 동기이기도 해요. 금호

강 팔달교 건너 '팔달한약방' 박태식이도 청도 출신입니다. 그는 우리보다 나이가 좀 작아요. 1930년생이므로 77세이지요. 그도 약방 하며 돈을 좀 벌어 인근에 사두었던 땅이 아파트 부지가 되는 바람에 땅값이 올라가지고 이득을 좀 봤다고 해요.

약간의 가미를 해서 약성이 좋은 비방을 개발해서 치료한 거지요

비방(秘方)은 본방을 중심으로 여기에다 가미나 가감을 통해 만든 새로운 처방을 말하지요. 가미는 환자의 병증과 체질 등에 따라 본방에다 동일한 약재의 사용량을 조금씩 증가시키는 것을 말하지요. 그리고 가감이란 본방에다 특정 약재를 빼고 더해서 만든 처방을 말하지요. 비방은 향후 참고용으로 개인이 기록으로 남겨두기도 합니다만, 본래는 약을 짓기 위해 사용한 처방전은 곧바로 소각해 버립니다. 왜냐하면 한약 처방은 한의약서에 수재된 바대로 해야 하기 때문입니다. 요즘은 별다른 특별한 비방이란 게 또 없어요.

청도의 한 한약방 주인이었던 남충가라는 한약업사는 열병이자 전염병인 장질부사 비방인 '달원산(達原散)'을 개발하여 많은 사람들의 병을 낫게 해주었던 것으로 유명했습니다. 특히 장열(腸熱)은 치명타였으므로 발병한 게 1개월 정도 지속되면 기진맥진하게 되지요. 그는 약을 많이도 쓰지 않고, 5첩 정도의 처방으로 완치시켜 주었지요. 그래서 부산이나 경남을 비롯해 전국적으로 약을 사러 왔을 정도였지요.

여기에 사용되는 약재 중 해열제인 병랑(근)[兵郞(根)] 약재는 장(腸) 부위의 열을 내리는 효과를 갖고 있어요. 『동양의학사전』에 '달원산' 처방이 나오는데, 남씨는 여기에다 약간의 가미를 해서 약성이 좋은 비방을 개발해서 치료한 거지요. 약재도 8~9종류 정도만 배합해서 썼어요.

내 숙부님이 48세에 돌아가셨어요. 해방 후에는 항생제인 구로마이신, 신약이이지요, 뒤에 페니실린, 드라마이싱도 나왔는데… 장질부사로 결국 돌아가셨어요. 회복기에는 열이 많이 나는데, 다소 부주의한 조처로 잘못되었어요. 삼촌은 일본에 내가 공부할 때도 그렇고, 이후 집안일을 해나가는데도 조언을 구하는 등 은혜를 많이 입은 분이지요.

남충가의 아들은 이후 청도군 하양읍에서 자기 부친의 업을 이어 받았지요. 하지만 자기 부친과는 여러 면에서 많은 차이가 있었지요. 부친만큼 많이 못했다는 겁니다. 남씨가 할 때는 달원산 처방을 써서 그 병으로는 사망자가 거의 없을 정도로 약이 탁월했어요. 그는 1950년대에 타계했을 거예요. 비방은 비밀스럽게 개발·사용되는 처방이므로 공유되기 어렵지요. 달원산 처방은 중국(대만) 서적인 『동양의학사전』에 나와 있다는 것을 나중에 내가 확인했어요.

■ 한약 감별과 법제, 집증(執症)의 전통지식

오감을 동원해서 약재의 진위나 품질, 산지, 약성 등을 구별합니다

당귀(當歸)를 예로 들면, 몸(身)과 꼬리(尾)로 이루어 있는데 대부분 몸통을 약으로 사용해요. 꼬리보다는 몸통이 약효가 훨씬 좋은 편입니다. 뿌리가 굵은 편이고, 잔뿌리가 적은 것이 약효가 좋지요. 황기(黃芪)의 경우는 중국에서 많이 수입 돼요. 중국은 황토가 많아 땅 속 깊이까지 흙이 많아 뿌리가 굵은 편이고, 잔뿌리도 적어요. 따라서 개인적으로는 중국약이 좋다고 생각해서 많이 사용하지요.

일차적으로는 육안으로 감별하지만, 어려운 것은 씹어보고 맛으로 판별합니다. 그 외에 촉감이나 냄새 등으로도 구별하지요. 소위 오감을 동원해서 약재의 진위나 품질, 산지, 약성 등을 구별합니다. 거래처로부터 반입되는 약재의 품질이 낮은 경우, 신뢰감이 떨어질 정도라면 거래처를 변경하기도 하지만 대부분은 믿고 수용하는 편입니다.

이젠 문진(問診)이나 망진(望診) 정도로 해요

옛날에는 한약방에서 맥진도 하고, 환부를 만져보는 촉진도 하곤 했는데… 맥(脈)은 상세히는 잘 몰라요. 내 기술로는 몸이 허하다, 실하다는 것을 아는 정도이지, 병이 어디에 있다고 하는 것까지는 모르겠고요. 이후 한의사가 생기고, 한의원이 생긴 뒤에는 이걸 하지마라 하니까 치워버렸지요. 옛날에는 그렇게 했지요.

이젠 문진(問診)이나 망진(望診) 정도로 해요. 아픈 곳이나 그 정도를 물어보거나, 육안으로 봐가지고 대충 판단하는 거지요. 예를 들면, 눈두덩이가 부었거나 피부가 어떻다 하는 그런 걸 봐가지고 대충 상태를 추정하는 거지요. 100%는 보기 어렵지요.

우리는 약방이므로 의료행위는 할 수 없기 때문에, 맥진도 이에 준하는 것이라 하여 의료법상 할 수 없도록 되어 있어요. 주위에는 한의원도 많고 하므로… 지금은 세상이 잘못되어 가지고….

옛날에 한의과대학 약물학(藥物學) 선생으로는 전부 한약종상들이 가서 가르치고 했거든요. 그런데 그게 요즘은 거꾸로 되어가지고요. 약물 같은 거는 저거가 잘 알 수가 없지요. 한약종상 아니면 천지(전혀) 저거가 알 수가 없는 데도요. 실제로 경산 한의과대학 만들어졌을 때 한약업사 김○○씨가 교수하며 가르쳤어요.

법제는 술에 담그거나 찌는 게 있어요

한약업사는 약을 짓기 위해 법제 방법을 반드시 숙지해야 합니다. 『방약합편』 등 한의약서 보면 방법이 모두 기록되어 있어요. 한약을 옳게 아는 사람들은 대부분 법제를 해서 약을 짓지요. 법제는 술에 담그거나 찌는 게 있어요. 약재를 '술에 담근다'는 것을 '술에 씻는다'고도 하는데, 한자로는 '주세(酒洗)'이지요.

또 술에 담가 불에 볶는 방법도 있는데, '주초(酒炒)'라 하지요. 또 약재를 열로 찌는 법제 방법도 있어요. 예를 들면, 숙지황(熟地黃)은 '구중구포(九蒸九炮)'한다고 해요. 아홉 번이나 술에 담가 찌고 또 말리는 것을 반복하는 법제지요. 돈을 좀 더 받기 위해 제약회사에서 법제되어 나오는 숙지황의 경우 약방에서 직접 법제한 것에 비해 효능이 떨어지지요. 이는 옳게 구증구포를 하지 않아서 그래요. 서너 번하고 그쳤기 때문이지요. 아홉 번씩이나 반복된 작업을 하려면 노력과 시간과 비용이 얼마나 들겠어요? 약방에서는 모두 원칙대로 하지요. 참 힘들지요.

화가들이 좋은 작품을 만들려고 하는 것처럼, 약 짓는 사람들도 무엇인가 약효를 좀 더 내기 위해 정성을 다하는 것이지요. 한약은 법제 유무에 따라 약성(藥性)이 많이 달라져요. 법제 하면 약성이 많이 강해집니다. 약성을 발휘하는데 많은 차이가 나요.

연구자가 약방을 들어섰을 때 보약용 처방에 필요한 용안육(龍眼肉), 맥문동(麥門冬), 당귀, 산수유(山茱萸) 등 몇 가지 약재를 내부에다 말리고 있어서 법제 유무를 물어보았더니 용안육은 한국에서 생산이 되지 않으므로 인도네시아 등에서 수입해 옵니다. 소화를 돕고 신경을 안정시키는 약성을 지니지요. 막걸리나 소주 등에 담그는 법제를 한 겁니다. 맥문동은 법제가 필요 없고요. 당귀도 술에 법제했고요. 산수유는 씨를 발라내고 껍질만을 약으로 씁니다.

■ 온화당한약방의 한방 물증

▶ 독·극약장 :

"법적 준수사항으로서 모든 약방마다 구비해야 합니다. 일부 무지한 사람들이 잘못 사용하는 것을 방지하기 위하여 별도로 설치해야 합니다. 보건소에서 년 2회 정기적으로 약방을 방문해서 검사를 해요. 예전에는

'독·극약 사용대장'까지 비치하여 판매일자, 구매자 이름, 구매량, 주소, 전화번호까지 적어놓아야 했어요.

▶ **등심초(燈心草) 포장약 :**

약장 위에다 종이 포장지로 싸놓은 등심초를 보관해 두고 있다. '골'의 속을 원형 그대로 포장해서 보관한다.

▶ **한약업사 자격증과 허가증 :**

〈한약업사 자격증〉

한약업사 자격증

제42호

성명 : 박○○   사   진

주민등록번호 : 250507-1696○○○

시험합격연월일 : 1963. 3. 10

허가예정지역 : 경상북도

약사법 제32조 제2항 및 동 법 시행규칙 제50조 제3항의
  규정에 의하여 위와 같이 한약업사 자격을 증명합니다.

1997. 7. 31

경상북도지사(인)

〈한약업사 허가증〉

한약업사 허가증

허가번호 제9호

영업소 명칭 : 온○○한약방   사   진

영업소 소재지 : 대구광역시 서구 비산4동 324-1

성명 : 朴○○

주민등록번호 : 250507-1696○○○

약사법 제35조 제2항·동 법 제37조 및 시행규칙 제49조의
규정에 따라 위와 같이 한약업사를 허가합니다.

2005. 12. 14

대구광역시 서구보건소장 (인)

▶ **약장** :

일제시대 제작한 것으로서 많이 사용하는 약재는 용량이 큰 서랍에 보
관한다. 가장 위 부분에는 3칸 서랍을, 그리고 중간에는 2칸 서랍, 밑에
는 1칸 서랍을 배치한다. 약장 가장 밑 부분에는 잡약(雜藥), 인삼·녹용
(人蔘·鹿茸), 첩지(貼紙), 형기(衡器, 저울) 등을 보관한다. 서랍 표면에는
둥근 테두리 속에 '삼/용(蔘/茸)', '포/지(包/紙)', '기/형(機/衡)' 등의 한자를
써 붙여놓았다.

▶ **액자** :

·심청사달(心淸事達) : "마음이 맑으면, 일이 잘 풀린다."

이전의 한약업사가 사용하던 약방을 그대로 물러 받은 것이므로 액자도 있던 그대로 두었다. 구술자는 연로하여 약업 일선에서 은퇴한 후 영업 허가증을 대여하고 있는 것으로 추정된다. 홍준희(88세, 상고당한약방) 등 몇몇 원로 한약업사들도 영업허가증을 대여하고 있다.

며느리에게 한약을 계승하는
춘원당한약방 양명주
-1925년 생-

·
·
·

한약 입문 동기와 한방 수업

한약 중상(仲商), 녹용장사

대구 동촌 곽약국 비방(秘方)과 군 복무

약사 행정의 문제점과 대안

한약방 경영과 영험한 약효

한시(漢詩) 짓기와 한약업사의 일상생활

양명주의 환자 진찰 및 처방 과정

가업 계승자의 시선 1 : 춘원당한약방의 일상

가업 계승자의 시선 2 : 약재 관리와 한약 수업

가업 계승자의 시선 3 : 한방(韓方)은 보이지 않는 예술

춘원당한약방의 생활 물증

연보
·1926년 - 대구 출생
·1943년 - 결혼
·1950년 - 한약 중상(仲商) 시작
·1954년 - 대구 동양의약전문학원 수학(2년)
·1957년 - 한약업사 시험 합격
·1957년 - 한약방 개업
·1960년 - 현재 장소로 한약방 이전(범어네거리)
·1984년 - 며느리 박정순에게 한약 사사
·2006년 - 대구광역시 수성구 범어1동 춘원당한약방 운영

■ 한약 입문 동기와 한방 수업

위장염으로 아파 고생하면서 한약에 관심을 많이 가졌어요

1926년 대구에서 태어났어요. 음력으로는 82세입니다. 위장염으로 아파 고생하면서 한약에 관심을 많이 가졌어요. 또 집안에서 어른들이 약을 캐다가 약전골목 등에 내다 팔기도 했는데, 커서는 녹용장사도 하면서 약재를 취급도 해봤어요.

18세에 결혼했어요. 집사람은 16세고요. 결혼식 하고 초이튿날 처가에 갔다가 초나흘 날 오니 가슴이 몽그리하고 음식이 자꾸 체하곤 했어요. 당시 어른이 약을 좀 만져보았으므로 약을 지어주어서 먹기도 했지만, 차도가 없어 논 사려고 모아놓은 돈 500원을 가지고 물탕(약수탕)에 가서 약수를 계속 마시면서 치료를 했어요. 신경을 쓰지 않으니 좀 나아나지기도 했지요.

그 후 김재성 한의사나 다른 몇 사람들의 약을 얻어먹기도 하고 사먹기도 했어요. 효험을 좀 보기도 했는데… 이래서 살기 위해(병을 고치기 위해) 약에 관심을 가지고 되고 자연적으로 약업을 하게 되었어요. 실은 집에도 모르게 도망쳐 나와서 약전골목 동양의약전문학원에 들어가 공부하기도 했어요.

이때는 결혼 후 상당한 시간이 지나서인 30대 후반쯤 되었을 거예요. 당시 그 병은 위염이었어요. 7년 전에는 심근경색 증세로 병원에 입원하여 4일 만에 퇴원했어요. 그 후 수양도 했는데, 재발하기도 해서 이제 가능한 신경 쓰는 일을 좀 안 할라 캅니다.

33세이던 1957년도에 한약종상 시험에 합격했어요. 처음에는 범어동 저 우에 옛 신문사 자리에 약방을 열었어요. 약 4년간 거기서 했지요. 그러다가 1960년인가 지금의 장소로 이전했어요. 여기 오고 4일 만에 우리

막내가 태어났어요. 지금 45세거든요.

내가 한약업사 시험을 친 것은 5.16군사혁명 후이지요. 남산국민학교든가? 오래 돼서 기억이 잘 안 납니다. [한 지역에서] 당시 최고점 받은 사람 한 사람만 합격시켰어요. 나는 경쟁률이 좀 약한 곳에 응시하려고 눈치 보느라 [마감일] 저녁에 원서를 냈어요. 수성구 범어동에다 냈지요. 4:1이었어요. 당시 시험이 대구에 두 번 밖에 없었어요. 내가 시험 치고 나서 한 번밖에 더 있지 않았어요.

나는 서원 원장도 하고 유림회 일을 많이 해오고 있어요. 어른 때부터 역할을 해오던 것인데, 어른이 시키는 대로 젊었을 때부터 해왔지요. 대구향교 사무장의(常務掌議), 서울 성균관 전학(典學), 유도회 수성구지회장, 대구향교 재단이사 등의 일을 했어요.

내 14대 조상인 '대(大)' 자, '봉(峯)' 자 어른이 큰 벼슬을 하여 최근 행적을 한글로 정리했어요. (연구자에게 자료 1권을 건네주면서) '중화 양씨 대동종친회 편(中和楊氏 大同宗親會 編)'으로 해서 간행한 『양대봉(楊大峯) 선생(先生)의 생애(生涯)와 사상(思想)』이란 책입니다. 2004년 4월에 간행됐어요.

저기 개발공사 관련 일로도 신경을 많이 썼어요. 일조량 관계로 항의를 했어요. 최근에는 달성 문양에 가서 메기탕 먹고 장기 두다가 뒤로 넘어지기도 했어요. 머리를 다쳐 기억력이 많이 떨어졌어요.

수업료로 낸 지화(紙貨) 덩거리가 내 몸뚱이만치 되지요

약전골목 동양의약전문학원(東洋醫藥專門學院)에 6개월 수학하고, 대구 동촌(東村) '곽약국'[15]에 저녁마다 다니며 수업료까지 지불하고 『방약합편』을 교재로 하여 약성이나 처방 같은 것을 공부했지요. 그 외에도 '삼산약국' 등 유명한 몇몇 선생들한테 다니면서 배웠어요. 그럴려면 선생을

---

15 곽장호 한약업사가 운영.

모실 줄 알아야 되지요. 나도 어렵게 살아가지고… 벌어가지고 선생한테 수업료로 낸 지화(紙貨) 덩거리가 내 몸뚱이만치 되지요.

동양의약전문학원에서도 2년인가 공부했어요. 학원 수료증도 가지고 있어요. 같이 공부해 가지고 시험 쳐서 업(業) 하는 사람들도 약전골목에 있어요. 학원에서는 [한방의학의] 모든 것을 다 배웠어요. 주로 한의사들이 선생으로 와서 가르쳤습니다. 생리학, 해부학, 진단학, 침구학, 약물학, 내과학, 병리학… 등이었어요. 6.25전쟁 나던 그 무렵에 한의사 제도가 나왔어요. 당시에는 한의사 자격증을 쌀 1가마니면 그냥 살 수도 있었어요. 좀 쉬웠다는 거지요.

이전에 서당의 접장 선생한테 주역(周易)을 배워가지고 녹음까지 해둔 적도 있어요. 책을 보고 풍수(風水) 보는 법도 좀 배웠지요. 산에 올라보면 지맥(地脈)이 보입니다. 풍수는 조금 알아도 절대 안 합니다. 내 혼자 이래 보고 다니는 정도지요. 하도 사정을 하기에 모야네와 김희목이를 한 번 봐 주었어요. 모야네가 내 모르도록 책 속에 30만원을 넣어 주었어요. 하지만 나중에 돌려주었어요. 김희목이도 20만원을 주길래, 절대 안 받았어요.

그런데 어떤 이들은 산에 안 가준다고 나한테 약 지으러 오지도 않아요. 그런데 절대 손대지 말라고 했어요. 손대면 죽는다고요. 손석원이라는 풍수는 갑자기 죽었어요. 하지 말라 캤는데, 58세에 죽었어요. 친구 하나는 수성구 유도회(儒道會) 지회장 11년 했는데, 아들이 암으로 죽었다고 울면서 와 가지고 …….

풍수쟁이 손석원이는 일요일 되면 한 번씩 나한테 자꾸 산에 가자고 해요. 몇 번 따라 가봤어요. 내 묘 자리는 경산 용성에다 벌써 장만해 놓았어요. 20년 전인데, 평당 20만원에 사 두었어요.

내가 여기 온지가 45년째입니다. 이 집에서 약방을 시작한 이후로요. 처음에는 저 건너편 신문사 자리에서 4년 정도 [약방을] 운영했어요. 이

집 지어가지고 이사한 지 4일 만에 우리 집 막내가 났어요. 막내딸이 올해 45세거든요. 그 당시에는 이곳은 우범지대였어요. 집도 띄엄띄엄 있었고, 대구시내에서 택시조차 잘 들어오지 않으려 했어요. 앞으로는 경산으로 가는 비포장도로가 있었어요. 자동차가 지나가면 먼지가 많이 났어요.

나는 여기가 안티 고향입니다. 다 아는 사이라서 약 팔아먹기가 좀 그래요. 그래서 옛날부터 서울, 부산, 대전 등 다른 곳에 약을 많이 팔아먹었지요. 범어동 이곳에 평생 살았어요. 놀란 데 쓰는 약과 피부약, 골수염증 생긴 데, 위장병 등의 약을 많이 팔았어요. 해외 교포들도 우리 집에서 약을 지어가요. 나는 2남 2녀 중 장남입니다. 위로 누나가 두 분 계신데, 모두 죽었어요. 밑에 남동생이 하나 살아 있습니다.

■ 한약 중상(仲商), 녹용장사

위가 아파 살기 위해 약 장사를 시작했어요

18세 되던 해 2월 12일 장가를 갔어요. 이 무렵 위가 아파 살기 위해 약 장사를 시작했어요. 우리는 실물을 많이 만졌어요. 결혼하기 전부터 실물을 만졌으니까요. 청송 대창에서는 천궁(川芎)이 많이 생산되었는데, 청송을 비롯해서 산지로부터 약을 사다가 서울, 부산 등지로 부치기도 했어요. 한번은 청송에서 생산된 천궁을 16짝이나 사서 부산으로 부쳤는데, 이중 1~2짝이 상하기도 했어요. 그러니까 중상, 도매 택으로 약을 중개한 거지요.

평생 약을 만졌어요. 녹용 외에도 여러 약재를 취급했지요. 내 부친도 약을 만졌어요. 한약 중상을 한 거지요. 한번은 당시 한의사회 회장이던 신원덕씨가 황기를 한 까막때기(한 짐) 사 놓았다기에, 가서 맛을 보니 쌉쓰레한 것이 황기가 아니었어요. 황기는 씹어보면 달착지근한 맛이 나

는데, 이거는 아닌 거라요. 당시 황기는 상당히 비쌌어요. 이처럼 한의사
들은 약을 세세히 잘 모르지요.

당시 대구 범어동 일대는 우범지대이고, 가짜 약도 많이 나돌아 다녔
어요. 당귀도 가짜고, 황기도 가짜고, 시호(柴胡)도 가짜가 있었어요. 우리
는 실물을 많이 만져 봐서 약을 환히 알지요. 집사람도 약을 잘 압니다.
범어동이 우범지대니까 매일처럼 약을 팔러오는 사람들이 가짜 약을 가
져오는 거지요. 하루는 이런 사람들 길을 좀 들여야 되겠다 싶어가지고
"얼마냐?"고 하면서 안심시키기 위해 값을 좀 많이 깎자고 했지요. 눈치
채지 않도록 하기 위해서요. (크게 웃으며) 그러면서 "우리 고방(약 창고)
에 좀 가자."고 했어요. 파출소로 데리고 가려 했지요. 그러자 무릎을 꿇
고 사정을 하며 '좀 살려 달라'고 비는 바람에 그냥 풀어줬어요.

한약업사 시험 치기 전에는 10년 넘게 녹용장사를 했고요

내가 48년 동안 약장사를 했어요. 한약업사 시험 치기 전에는 10년 넘
게 녹용장사를 했고요. 녹용장사 할 때는 술도 많이 마셨어요. 그때는 이
동성도 적고, 교통과 통신수단이 덜 발달해가 장사하려면 어쩔 수 없이
술을 먹어야 했어요. 술자리에서 업자들끼리 모여 정보를 교환할 수 있기
때문입니다. 술자리에서 때때로 물건이 나오기도 했으니까요. 하지만 한
약방 개업하고부터는 술을 끊었어요. 남의 생명을 맡아있는데, 어떻게 술
을 먹겠나 싶은 생각 때문에요. 이런 나를 보고 사람들은 '참 독하다'고
말했어요. 그런데 술 먹는 친구들이 7명이나 벌써 죽었어요.

지금은 좋은 녹용이 없어요. 당시에는 최고급품도 들어왔어요. 참 좋아
요. 주로 중국으로부터 많이 들어왔고, 시베리아 등 여러 나라로부터 녹용
이 들어왔어요. 깔깔이는 손으로 닦아내고 쥐어보면 쩍쩍 달라붙는데, 원
용(元茸)은 매 한가지라요. 요즘 중국 여행 갔다가 뽀사시미를 사와서 나
에게 물으러 오기도 해요. 시가 15,000원짜리를 60~70만원 주고 구입해

와서요.

1950년대까지만 해도 녹용이 비교적 자유롭게 해외로부터 들어왔어요. 장면 정권 때인가 2만근, 6만근까지 녹용이 무더기로 들어왔어요. 한국 사람만큼 녹용 많이 먹은 나라도 없대요. 그러니 외국으로 돈이 얼마나 많이 빠져나갔겠어요. 박정희 들어서인가 언제부터는 스톱을 시켜버렸어요. 그러니까 이제는 밀수가 많이 되었지요. 그걸 또 막기 위해 '팔아도 된다'고 하는 '증'(證)을 발행하기도 했어요.

녹용은 부산, 서울 등 전국으로 다니면서 구입해 가지고 지역 한약방이나 한의원 등에다가 도매로 팔았지요. 당시에는 자동차가 있었어요? 그러니까 자전거에다 녹용을 담아 싣고 다니면서 팔았지요. 녹용은 귀한 약이므로 녹슨 자전거는 안 돼요. 새 자전거를 타고 다녔지요. 돈이 없어 '장원용'이라는 돈놀이 하는 사람 돈을 많이 쓰기도 했어요. 당시 13%의 높은 이자를 물어가며 돈을 빌어다 썼지요. 이자가 보통 2할, 3할이었어요. 중국사람 약방이 당시 칠성시장 근처에 많이 있었어요.

그런데 중국 사람들은 '흉물'일 정도로 겉과 속이 달랐어요. 나한테 구입한 녹용 증판을 '상대'라고 속여 팔아먹기도 했으니까요. 내가 분명 그 사람한테 상대는 팔지 않았는데, 증판 각을 싹 도려내고 포도주에 담가 상대처럼 보이게 해서 약 지을 때 상대라고 속여 높은 값에 파는 거지요. 중판이라도 각을 베어낸 후 곧바로 포도주에 담그면 상대처럼 보이거든요. 녹용은 가장 못한 아래 부분이 '증판'이고, 중간 부위가 '중판', 약성이 가장 좋고 가격도 높은 윗부분이 '상대'거든요.

약 사기꾼도 많았고, 가짜약도 많이 나돌아 댕겼어요

옛날 이곳은 우범지대였어요. 약 사기꾼도 많았고, 가짜약도 많이 나돌아 댕겼어요. 내가 녹용장사 할 때 일인데요. 인삼도 집에 많이 가져다 두었거든요. 누가 한번은 녹용이 있는데, [인삼하고] 맞바꾸지 않겠느냐고 해요. 그래서 인삼을 싣고 미군부대 앞으로 갔어요. 거기 있으면 부대에서 차에다 녹용을 싣고 나온다고 했어요. 안으로 들어갈 수는 없잖아요. 그러니까 밖에서 기다리고 있은 거예요. 그런데 이들이 인삼만 싣고 들어가서는 정문으로 해서 후문으로 내빼버린 겁니다. 그런 사기도 있었어요.

내가 녹용장사 할 때는 이사도 많이 댕겼어요. 약방은 여기 개설하기까지 시내에서 7번이나 댕겼어요. 처음에 동인동 갔다가 대봉동, 삼덕동, 범어동, 범어2동 등으로 댕겼어요. 약방은 32세인가, 33세인가 그때 열었어요. 일요일도 없이 약방문을 열었기 때문에 정말 여가도 없이 일만 했어요. 그래서 나는 죽으면 참 불쌍할 기라요. 저승에서도 그렇게 일할까 모르겠어요. 하하! 녹용장사 할 때는 술도 참 많이 마셨어요. 7~8명이 700~800원 하면 막걸리는 실컷 마셨지요. 남산동 만댕이 잘 가던 술집이 있었거든요.

■ 대구 동촌 곽약국 비방(秘方)과 군 복무

백내장 화제도 다 받았지요

곽약국이… 우리 서당에 보면 8대조 할매라요. 그런데 우리 서당에 『황제소문(皇帝素問)』이 있었거든요. 책을 빌려주지 않거든요. 그런데 우리 어른이 모두 다 팔아먹어 버렸어요. 『황제소문』이 우리 서당에 있으니까 공부하러 왔어요. "네가 공부하러 왔으니까 내 보따리 다 줄게. 괄시 안한다."고 했거든요.

약을 보면 귀에 넣는 것, 백내장 치료하는 그런 약도 화제(和劑)를 [곽약국으로부터] 다 받았어요. 그런데 그거는 내가 해보니 못하겠어요. 얼마나 아픈지 몰라요. 가르쳐 줄 테니 해보소. 노감석에다가 달여 가지고… 물을 다 빨아먹으면 명주 헝겊에다 싸서 양재기에다 물을 딸아 내고 말린 것을 칼끝으로 긁어내어 눈에 넣어보면 펄쩍펄쩍 뛸 정도지요. 귀에 물 나오는 약도 마찬가지로 만들지요. 이것이 모두 곽약국에서 나온 비방이라요.[16]

화제 가지고 사람 찾으면 사람 다칩니다

이런 거는 종업원에게도 안 가르쳐 줍니다. 며느리는 환하게 알고 있어요. 비방을 남발하면 욕 얻어먹어요. 화제 가지고 사람 찾으면 안 됩니다. 예를 들어, [동석한 연구자의 아내를 가리키며] 이 분의 혈압을 재어보고 하면 속이 차가운지 아니면 따뜻한지에 대해서도 대충 짐작하고, 피가 잘 도는가 안도는가에 대해서도 알고, 빈혈이 있나 없나에 대해서도 알지요.

폐, 대장, 비위계, 삼초계, 간계, 간담, 심소장, 심방계… 맥을 짚어보면 또 침(浸)하고, 부(浮)하고, 깔깔하고. 모두 책에 있거든요. 오장육부를 우리가 모두 보았지마는, 책에 보면 『동의보감』, 『의학입문』, 『방약합편』, 『의문보감』, 『경악전서』 모두 깡마리 해놓았어요. 그러니 사람에 집중(執症)해야지, 화제 가지고 사람 찾으면 다 맞는 게 아니에요. 그러므로 가르쳐주고 욕 얻어먹는 기라요.

따라서 이걸 안 가르쳐주지요. 사람을 집중해야 되지, 집중도 하지 않고 화제(和劑) 가지고 사람 찾으면 안 됩니다. 사람 다칩니다. 사람의 증세를 집중해서 파악해야 합니다. 이게 참 어려운데… 큰일 납니다. 화제

---

16 이상의 백내장과 귓병 비방에 대해서는 이야기를 기꺼이 해주었을지라도, 내 아내에게 건네준 위염 산제(散劑)에 대해서는 약명이나 처방, 약재 이름 등 어느 것에 대해서도 절대 가르쳐주지 않았다. 비방 모음집인 『제중한방학낭』에 대해서도 사진 촬영조차 못하게 했다. 이러한 태도는 개인적 약업 활동의 이해관계와 관련하여 전자는 현재 활용하지 않은 반면, 후자는 아직까지 활용하고 있기 때문인 듯하다. 연구자가 농담조로 처방 약재에 대해 묻자, 구술자는 말없이 그저 웃기만 했다.

가지고 댕기는 사람들… 별로 알지도 못하면서 화제 가지고 다니면서…
우리 일가 중에 한사람인데, 약 달이는데 와가지고 뭣을 한데 섞어 놓았
는데… 참! 이거 위험천만입니다.

어쨌든 여기 몇 푼 들어가는가, 덜 들어가는가 이런 것을 세밀하게 해
야 됩니다. 사람 병증이나 체질 등을 고려해서 약을 세밀하게 써야 합니
다. 이것도 알아야 됩니다. 대변이 잘 안 나오면 잘 나오도록 해주고, 설
사가 나오면 거주어주고 이렇게 해야 합니다. 위가 안 좋으면 위를 보(補)
해야 하고요. 그런데 나한테 비방 가져간 경우 그걸 가지고 병이 안 좋아
지면 내 욕만 할 게 아닙니까? 이런 것을 모두 이야기 할라고 하면 한정
이 없습니다.

6.25전쟁 때 군대 가서 1년 7개월 복무했어요

군대 가서 1년 7개월 복무했어요. 육군 본부 작전과에 근무했지요. 제
주도에서 훈련받고요. 6.25전쟁 중이지 싶은데, 그런 연유로 지금 월 7만
원씩 받고 있어요. 군에서 수술 받은 것 때문에 신고하면 월 150만원은
탈 것인데 약방 하는 사람이 더럽게 그거 뭐 그렇게 하겠어요. 신청하라
고 해도 안 해요. 휴전되기 전에 군대 생활 했지요. 제주도 훈련소 있을
때 많이 죽었어요.

우리는 그래도 집에서 면회 와가지고 돈을 가지고 보충을 시켜서 영양
보충이 좀 되어가지고 괜찮았지만요. '구수 게이오' 하는 바람에 영문(營
門) 밖으로 나가다가 넘어지는 바람에 밑에 깔려 밟혀서 많이 죽기도 했
어요. 그때 모두 고생 많이 했어요. 2월 달인데요. 학과장에 1시간씩 훈
련 받고 10분씩 휴식했어요. 그 사이에 주위 소나무 송기를 모두 벗겨 먹
어서 나무가 온통 하얗게 변해 버리기도 했어요. 워낙 배가 고팠으니까
요. 또 바닷가에 밀려오는 마재기[17]도 모두 주워 먹었어요.

---

17 바닷말의 일종

당시 제주도 훈련소 소장은 모 씨였는데, 사병 줄 것을 모두 착복해서 그렇지요. 그 뒤에 어디 남원인가 가보니 그 사람 비석이 있기에 이걸 그냥 부숴버리고 갈까 하는 생각도 했어요. 당시 군에 갈 때는 아이도 2명인가 태어났어요.

■ 약사 행정의 문제점과 대안

이거는 밑에 사람들이 조상에게 뺨때리는 격입니다

한방계의 현 상황은 자식이 아버지 뺨을 때리는 격입니다. 이거는 밑에 사람들이 조상에게 뺨때리는 격입니다. 이치가 그렇다는 거지요. 지금 꽃나무를 키운다고 할 때 정성 있게 키워 열매가 맺도록 하면 사람 심정이 얼마나 좋겠어요. 그런데 막 부러뜨려가지고 없애버리려 하는 거예요. 이거는 나라 망치게 하는 거 하고 같은 거예요.

제국시대부터 한약방과 한약종상이 있어왔는데, 현재 이렇게 허세하게 해놓다니 말이 됩니까? 부산에 정부가 있을 때부터 한약업사들이 힘을 합쳐 한의과대학 만들었잖아요? 원리와 순서를 대한민국에서는 막 무너뜨려 버렸잖아요?

과거가 그렇다면 지금의 보사부(보건복지부)는 무엇 하는 것이냐? 과거에 우리도 (약)망태 둘러메고 약 캐러 다니면서 실물 조사를 많이 해보았어요. 약 캐서 팔려고 우리 집에 수십 명씩이나 오기도 했어요.

그런데 이제는 중국약이 있어야 처방을 낼 지경입니다. 중국 약은 금은화(金銀花) 1근에 1,800원인데, 국산 약은 3,200원입니다. 하지만 나는 여태 중국 약을 써본 적이 없어요. 지금은 약을 많이 재배하잖아요? 입동 '전3일 후3일' 하는 시기에 채취해야 약성이 제대로 나는데 맘 대로입니다. 보사부에서는 무엇 하는지 모르겠어요. 이런 것을 관리·감독해주어야지요. 재배농가에 대해 정부에서 채취시기를 엄격하게 지도해야 하는데, 그렇게 하지 않아요. 약재는 가을에 캐야 알이 차게 돼요. 손으로 만져도 춘채(春採)인지 추채(秋採)인지 당장 알 수 있어요. 지금 한약은 법대로 할 경우 아무도 해먹을 수 없어요.

약을 써도 약효가 떨어져 병이 낫지 않아요

우리나라에는 요새 돈밖에 없는 것 같아요. 영리 목적에 어긋나는 돈은 한 끝이라도 거부해야 합니다. 여름에 약이 좀 비싸면 약성에 관계없이 마구 약을 캐서 내다 팔아요. 도대체 보사부(보건복지부)에서는 무엇을 하는 것이냐 말이오?

(약장의 작약을 꺼내어 만져보며) 가을에 캔 약을 만져보면 자글자글하면서 윤기가 흐르고 딱딱하지만, 여름 약은 건조 시 오그라들어 버리므로 만져보면 가을 약재와 완연히 차이가 납니다. 보건소에서 검사 나올 때 '여름에 약 못 캐도록 감독해야 되지 않느냐?'고 물어보면 '상부의 지시대로 이런 조사만 하라고 하니 그런 데까지는 손이 못 미친다'고 대답해요.

의료보험도 실시되고 있는 상태에서 한약이 뒤떨어진 원인이 바로 여기에 있습니다. 하지만 물건이 없으니 여름에 캐낸 약이라도 사놓지 않을 수밖에 없어요. 이렇게 되면 약을 써도 약효가 떨어져 병이 낫지 않아요. 따라서 신약 의료보험 나온 후 한약이 타격을 받기 마련입니다. 봄이나 여름에 작약이나 목단을 캐면 늙은 할마이 배짝처럼 쪼글쪼글하게 됩니다. 가을에 캐면 알이 들어 따글따글해져요. 보사부장관이라면 이런 사실을 알고 보건소에 지시하여 단속이 되도록 해야 합니다. 달여 먹어보면 여름과 겨울 것이 감미(甘味)가 천지차입니다.

보사부에서는 지금 조상 뺨때리는 일을 하고 있어요. 한약을 유린해버리고, 한의사들을 막 배출시키고 있어요. 이런 상황이라 대구에서 지금 85명이 문을 닫으려고 해요. 물론 약도 그렇고 경기도 좋지 않아 장사가 안 되니 그렇고, 또 남의 집 빌려 사용하는 경우에는 방세도 주어야 하니 벌이가 안 좋아요. 나도 약방문을 닫아버리려고 하니, 아이들이 '아버지! 집에 약이라도 지어먹어야지요.' 해서 아직까지 계속하고 있어요. 예전에는 약방 일 때문에 53,000원씩이나 주고 2회나 등록해 놓고도 시험을 칠 수 없어 운전면허도 못 땄어요.

여름에 약을 캐서 무슨 놈의 약이 되겠어요?

약도 뿌러지가 있는데, 이것이 마르도록 패버리는 현상이고, 새싹이 못 올라오도록 해버리는 것이지요. 여름에 약을 캐서 무슨 놈의 약이 되겠어요? 중국 약 중에도 한국 약보다 못한 것도 있고, 월등히 나은 약도 있어요. 중국약이 없다면, 특히 원지(遠志)나 용안육(龍眼肉) 등의 약이 없으니 아예 처방이 안 되는 경우도 있어요. 예전에는 이들 약이 비쌌지만, 지금은 많이 떨어졌어요. 약을 모르는 사람들은 중국약이라고 무조건 안 좋다고 하지만, 안 그런 것도 있어요.

한약 이거는 더러워서 못해 먹을 지경입니다. 보사부에서는 한약을 원리원칙대로 해주어야 합니다. 약 캐는 인부가 없다면, 약 재배단지를 만들든지 개인이 하든지 여름에 약을 빼지 않도록 해서 가을에 입동 전 3일, 입동 후 3일 좌우로 열흘 안팎으로 캐도록 해주어야 합니다. 그래야 한약의 기운이 성하게 올라가도록 할 수 있지요. 이대로 놔두면 자꾸 한약이 말살되어 버려요. [한약업사] 시험을 백날 쳐봐도 약이 시원찮으면 무슨 병을 고치겠어요. 그리고 한의사가 1년에 몇 백 명씩 나오잖아요.

선생님들이 애를 써서 가르쳐 놓았지만, 약이 시원찮은데 어떻게 병을 고치겠어요. 의약서에 있는 처방대로 해도 안 되지요. 여름에 캐가지고 나오는 약을 쓰니 무슨 병이 고쳐지겠어요? 그러니 한약이 자꾸 말살되는 기라요. 내가 보사부 앞에서 이런 이야기 하면 아마도 장관 낯이 벌겋게 될 걸요. 모든 약이 다 그래요. 한의사만 양성해놓고 말이지요. 우예끼

나 약이 좀 되도록 만들어주어야 할 것인데, 국민들에게 [약] 효과가 있도록 해야지요. 약이 맞도록 해야 목이 빠지도록 가르치는 효과가 있지 않겠어요.

이렇게 된 이유는 약을 아무 때나 캐도록 하기 때문입니다. 단지 재배든 개인이 하든지 약을 제 때 캐도록 엄격히 입동 전 3일, 후 3일이 되어야 캐도록… 절대 여름이나 봄에 약을 못 캐도록 해야 돼요. 지금 시장에 가 봐요. 영천이고 경산 자인이고 모두 조약(생약) 캐다가 팔다가 안 되면 말려가지고 약전골목 가져가요. 봄이나 여름에 캐가지고 개인에게 조금씩 팔아먹는데, 이것도 말려야 감미(甘味)가 [약 달일 때] 쭉 빠지는데 생것은 팅팅해가 잘 안 빠집니다. 나머지는 말려가지고 약전골목 등의 건재국(乾材局)에 들어갑니다. 이런 식으로는 절대 안 됩니다. 다른 정치에 대해서도 할 말이 있는데… 첫째 한약을 이런 식으로 하니 다른 정치도 마찬가지입니다.

■ 한약방 경영과 영험한 약효

설날 그믐날에는 밤 12시까지 손님들이 밀릴 정도였어요

약방이 잘 될 당시에는 쉬는 시간이 없을 정도로 손님들이 많이 왔어요. 특히 설날 그믐날에는 밤 12시까지 손님들이 밀릴 정도였어요. 10여 년 전 장남이 죽고 난 뒤에는 상심하여 약방문을 닫아버릴 정도였어요. 약을 팔 정(情)도 없고요. 요즘은 집에 잘 있는 편입니다. 나름대로 전에 벌어놓은 것을 정리하려고 내 밑에 있는 것들을 팔아가지고 … 요새 금리가 올라가지고 땅도 안 팔리고요.

장사가 잘 될 때는 손님들 '약을 맞추느라' 밤 12시까지 여러 의서들을 펼쳐 놓고 씨름했어요. 여러 의서들을 대조해가며 연구를 한 셈이지요. 피부병이나 늑막염, 골수염, 귓병 등 많은 병을 낫게 해 주었어요. 장사가 한창 잘 될 때는 수중에 돈이 없어도 계약 걸어 놓고도 땅을 살 정도였어요. 계약 걸어놓고 돈을 벌어 중도금, 막대금을 친 거지요. 하지만 의료보험 나오고부터는 장사가 잘 안 돼요. 병원이 싸니까 환자들이 모두 병원으로 가버리고 약방으로 안 와요. 한방도 의료보험이 되면 나아질 텐데….

(약장에서 약을 꺼내 와서 연구자에게 보이면서) 늑막염과 골수염에 좋은 인동초(忍冬草)입니다. 한번 보세요. 국산약인데 한 근에 35,000원 합니다. 옛날 약 많이 팔 때 시내 '김구영 정골원'에 이걸 한 트럭은 가져다 주었을 걸요. 정골원은 뼈 보는 곳인데, 내 약을 많이 가져갔어요.

지금은 약성이 많이 떨어졌어요

무릎 부은 것도 이 약을 쓰면 부기가 가라앉으면서 잘 나았어요. 이게 수입산은 한 근에 1,800원입니다. 또 패모(貝母)는 한 근에 4,700~4,800원 하고 산약(山藥)은 17,00원 합니다. 비쌀 때 샀는데, 이젠 좀 내렸는지 몰라요. 이러니 한약이 비싸지요. 그러니 누가 한약 지으러 오겠어요. 그기다가 또 지금은 약성이 많이 떨어졌어요. 옛날 내가 여기 처음 들어올 무렵에는 거의 모든 약이 산에서 캐어온 것이었는데, 지금은 재배산이 많잖아요? 수입산도 많고요. 약성이 아주 못합니다. 자연적으로 많은 약이 들어가야 되고, 약가도 비싸지는 원인이 되지요. 이것 참 못할 짓입니다. 약을 지어 줘가 병이 낫지 않을까봐 걱정도 되고요.

예전에는 음력 12월 달, 설이 다가오면 주문 받은 거를 밤 12시까지 집사람하고 둘이서 약을 지었어요. 종업원은 퇴근하고요. 그때는 약을 달이는 기계가 아직 보급되지 않아 모두 첩약을 지어가서 집에서 달여 먹었어요. 뼈 속에 고름 생기는 병이지요. 내가 돈을 얼마나 벌었길래 토지를 그렇게 샀겠어요?

먼 데 사람들한테 약을 다 팔아 먹었어요

지금은 내 밑으로 한 달에 들어가는 생활비가 1,000만원이나 됩니다. 손자녀 공부하는 데 서울 두 군데 보내줘야 되지, [차남 공부하는 데] 절에 보내줘야 되지, [첫째와 둘째 아들집, 내 집을 포함하여] 세 집, 네 집 살림 살아야 되지. 다른 집에서는 거짓말이라 합니다. 우리 양(楊)가에서는 사람들이 알기 때문에 "형님만치 돈 들어가는 집이 없습니다." 이런 말을 하지요. 그런데 요즘은 약 한 첩 안 팔려요. 그러니 우예 살겠는교? 전에 벌어 놨는 거 있기 때문에 그것 받아가지고 살지요. 돈이 그만큼 들어갑니다. 부동산 사 둘 그 당시에는 정말 약업이 잘 되었지요.

내가 여기 안티고향입니다. 동촌 '곽약국' 곽장호 씨가 24세에 의약에 입문하여 94세에 돌아가셨어요. 나보고 '여~ 앉지 마라'고 하기도 했어요. 좀 더 큰 곳을 겨냥해서 약업을 하라는 의미지요. 지역 사람보다는 오히려 서울, 김천, 대전, 성주사람 … 먼 데 사람들한테 약을 다 팔아 먹었어요. 여기 지방 사람들한테는 잘 안 팔아먹었어요. 입소문으로 전부 내한테로 찾아 왔지요. 내가 중풍이나 골수염 같은 병도 많이 고쳐주었어요. 입 돌아가는 것도 많이 고쳐주었고요.

이런 약은 비방(秘方)도 있지요. 비방이란 것도 열 사람 모두 다 되는 것은 아닙니다. 1~2명은 안 될 수도 있어요. 그 사람이 시키는 대로 안 하고 음식 같은 거 조절하지 않으면 안 돼요. 첫째로는 약 먹는 사람이 약국 시키는 대로 해야 되지요. 그렇게 하면 틀림없습니다. 체질에 따라서도 약 효과가 다를 수도 있는데, 첫째 음식을 가려야 합니다.

한약이 좀 신기한 부분이 있어요

골수염, 피부병, 귀에 물 나오는 거, 신경병 등 많이 낫게 해주었어요. 어떤 아주머니는 발목에 고장이 나서 골수염으로 고름이 찼어요. 약 일곱 제로 나았어요. 또 공군상사로 있던 황석구 라는 사람은 머리 아픈 병을 낫게 해주었어요. 형이 황사구인데… 황석구는 술을 못 먹는데 술을 먹은 후 술기운이 위로 올라가 두통이 심해져 이 병을 얻었지요. 도립병원을 다니며 황소 1마리 값은 들었다고 해요. 그래도 안 되는 것을 내가 약 세 첩으로 낫게 해주었어요. 이런 거 보면 한약이 좀 신기한 부분이 있어요.

한번은 또 어떤 사람이 나한테 왔기에 지랄병으로 관련되는 약을 지어 주었어요. 그런데 그 사람의 어른 친구가 약방을 했는데, 그기 가서 약 지은 이야기를 했는 모양이라요. 내가 지은 약에다가 두 가지 약을 더 가미시켜 주더래요. 건지황(乾地黃) 하고 또 한 가지인데… 그런데 병증이 더욱 악화되어 가지고 다시 나한테로 왔어요. 다섯 첩의 약을 다시 지어 주었더니 이걸 먹고 나았어요. 이런 일들도 있었어요.

전에는 천궁, 당귀 등 약을 많이 썰었어요

(구술자의 아내가 과거를 회상하며) 옛날에는 신약은 약 취급도 안 했어요. 모두 한약이지요. 당시에는 여기가 우범지대라서 택시도 오지 않으려 할 정도였지요. 전에는 천궁, 당귀 등 약을 많이 썰었어요. 몇 십 근이 아니라 백 근씩 이렇게 들라가지고 다 썰었어요. 천궁(川芎)은 썰어가지고 머리 아프다고 물에 빨아가지고 씻어 말리고요. 법제를 하지요. 백출(白朮)은 썰어가지고 토초(土炒)해가지고 황토에 구워 법제했어요. 토초를 하면 약효가 좋다고 하지요.

지금은 누워 떡 먹기지요. 말도 마이소. 우리 고생한 거 말하려고 하면… 며느리, 병찬이 엄마 약방 일하고부터는 종업원 데리지 않았어요. 약방 일을 하니까 며느리한테는 월 270만원 주지요. 예전에는 집사람하고 종업원 하고 약을 모두 썰었어요. 종업원은 모두 4명 썼는데, 각각 4년, 9년, 7년 하고 또 하나가 몇 년 했어요.

약을 씻어 말리고 썰고, 법제하고, 첩약을 싸는 등 온갖 일을 다 했지요

(구술자 부인은 약방 조력에 대해 회상하며) 약방 하기 전에는 인근의 야산을 다니며 약을 더러 캤어요. 약방을 한 이후로도 약방에서 일을 줄곧 했지요. 약을 씻어 말리고 썰고, 법제하고, 첩약을 싸는 등 온갖 일을 다 했지요. 종업원 하고요. 특히 약 썰기가 참 힘들어요. 참 많이 썰었어요. 한두 근, 일이십 근은 괜찮은데, 때로는 한번에 2백 근, 3백 근까지 썰 때도 있어요. 이럴 때는 밤늦게까지 약 써는 일을 하지요. 특히 설이 다가오면 손님이 많아 밤 2시까지 약을 짓던 때도 있었어요. 종업원은 퇴근하고 둘이서요.

(이 말에 대해 구술자도 부인의 말을 수긍하며) 할마이가 이제 병 밖에 안 남았어요. 녹용을 지어 먹여도 이제 잘 듣지도 않아요. 할마이가 일 많이 했어요. 참 우리는 고생 많이 했어요.

(구술자의 부인이 말을 받으면서) 때로는 일하는 종업원이 알게 모르게 약에 손을 대기도 했어요. 인삼이나 녹용 이런 거 약방에다 많이 가져다 놓잖아요. 참 이런 것을 보고도 그냥 넘기기도 하고요. (이에 대해 구술자가 호응하며) 이 사람이 이런 일을 목격하고도 직접 나에게 이야기 하지 않고 무마시키는 걸 보면 참 속이 깊지요.

(다시 구술자의 부인이 말을 받으면서) 법제도 약재마다 맞게 해야 합니다. 지금은 공장에서 법제가 되어 나오지만, 예전에는 모두 집(약방)에서 했어요. 생강에 하는 거, 즙(汁)을 내어 하지요. 황토에 하는 거, 꿀[蜜]에 하는 거, 술[酒], 소금[鹽]에 하는 거 등 여러 가지예요. 어떤 약재는 어린 아이 오줌[童便]에다 법제하기도 해요. 내 고향은 저기 동촌 둔산입니다. 월성 박(朴)가입니다. 근데 박가가 많지는 않아요. 며느리도 둘이나 박씨입니다. 나는 열여섯에 결혼했어요. 2남 2녀를 낳았고요.

■ 한시(漢詩) 짓기와 한약업사의 일상생활

한시(漢詩)를 한 지는 약 15년쯤 돼요

한시(漢詩)를 한 지는 약 15년쯤 돼요. 이들을 모아서 지금 번역 중이지만, 너무 바빠서 작업을 하다가도 일보러 다니기도 해요. 지금은 한시에 미쳐 이러고 있는데, 몸이 안 좋아 지금 중지시켜 놓고 있습니다. 신경을 많이 써서 몸이 안 좋아 혀가 까끌까끌하기도 하여 병원에 10일 쯤 입원해가지고 있었어요. 병원 약도 먹고 내가 지은 약을 먹기도 했어요.

이야기 하는 중에도 정신이 깜빡거리기도 해요. 신경을 가능한 안 쓸라고 해요. 그래서 외부 활동을 많이 줄였어요. 수술을 쓸개, 맹장, 심장 등에 세 번이나 했어요. 실제로는 약 아니었으면 벌써 죽었을 것입니다. 조상이나 부처님 덕분에 이렇게 아직 살고 있습니다. 내 마음과 사회와 뒤섞여 살라 카니 정말 답답하고 안 맞아서 살 수 없는 심정입니다.

큰 아들은 서울에서 은행 지점장을 했어요

큰 아들은 서울에서 은행 지점장을 했어요. 10년 전에 8월쯤 위암이 발견되어 다음 해 정월에 죽었어요. 그래서 내가 바다에 빠져죽을라고 돌아다니면서 약방 운영을 등한시하기도 했어요. 그 아이는 대리 시험 칠 때 동료직원 30명 중 혼자 합격한 적도 있어요. 장례식 때 부조금이 4천만원이나 나왔어요.

손녀가 2명인데, 1명은 미국까지 갔다 와서 고등학교 교사해요. 곧 결혼해요. 손녀 하나는 지금 독일에서 공부해 최근 박사학위 받았어요. 손자는 아주 든든하고 착실해요. 지금 약방에 있는 며느리가 전에는 책을 내놓고 비교해가며 정말 애써 한의약 공부를 하기도 했는데, 한약업사 시험도 없어지고 요즘은 그냥 버티고 있어요.

1분 1초라도 놀지 않습니다

자기 나름대로는 해결해야 하는 문제는 뼈를 깎더라도 많이 해야 됩니다. 여기 며느리가 있지마는 나는 1분 1초라도 놀지 않습니다. 지금도 공부합니다. 여기 예전에 내가 틈틈이 써두었던 한시를 모아 번역하고 있어요. 책으로 만들어 내려고요. 내가 빌빌하고 이렇게 놀고 이렇게 하면 젊은 사람들이 이상하게 생각합니다. 큰 며느리, 작은 며느리 잘 하고 내한테 꿈쩍도 못합니다. 절대 놀면 안 됩니다. 내가 자랑하는 게 아니라 가장, 호주가 모범 대상이 돼야 합니다.

우리나라의 큰 문제 중의 하나는 궁디 부시럼 난 데 고약 붙이는 짓이지요. 그 중 하나는 경로당 지어놓고 가치를 모르게 운영하는 일이지요. 거기에서 사람들을 교육시켜야 합니다. 화투나 치고 쓸데없는 말이나 하고요. 그 좋은 집 지어놓고 매일 놀고 화투만 치고 있다 그 말입니다. 그런 집구석이 어디 있습니까? 나는 거기 나갈 여가도 없어요. 정말 대한민국은 보통 큰일이 아닙니다. 군수나 면장이 지었으면 가르쳐야 될 것 아닙니까? 요새 텅텅 비워놓고 있습니다. 전부 세금 받은 것 가지고 그러는 것 아닙니까? 경로당에서는 노인들 교육을 시켜야 합니다. 교재를 만들어서 예의범절이나 교양교육 등을 시켜야 합니다.

나는 불쌍한 사람이라, 저승 가서도 공부하라 카면 큰일입니다. 하하! 시간에 항시 쫓기기 때문입니다. 유학(儒學) 관련 책이 약방 안에 뿐만 아니라, 내 방에도 꽉 채여 있습니다. 서원이고 어디고 내가 보면, 입을 댈라 카면 한이 없습니다. 내가 단제를 지내면서 하도 답답해서 이래라 저래라 이야기를 합니다. 화장실 갈 때는 성복을 벗고 가거라. 또 손도 씻어라. 옷이 비에 젖더라도 할배 집 안에서는 웃옷을 벗으면 안 된다. 걸음걸이도 반듯이 해야 한다. 그런데 집에 와서 생각해보니 '모날 란가?' 하고도 생각했습니다.

다음은 구술자의 일상 생활수칙 10가지다.

- 칭찬할 것을 찾아 감사를 표한다.
- 잘못한 일은 간접적으로 표하라.
- 상대를 비난할 때 먼저 자신의 허물부터 말하라.
- 명령과 지시 전에 먼저 상대의 의견부터 묻는다.
- 나의 기분만 생각 말고 상대 기분도 생각한다.
- 상대방도 감정과 자존심이 있다는 것을 생각하라.
- 보잘 것 없는 것일지라도 칭찬에 인색 말라.
- 신뢰와 기대감을 주어 자부심을 갖도록 하라.
- 남다른 작은 재능이라도 격려하라.
- 상대가 자진하여 도울 수 있는 기회를 주라.

내가 수술을 세 번이나 했어요

내가 수술을 세 번이나 했어요. 탈장 수술에다 맹장 수술, 쓸개 수술까지 했어요. 남의 병 고치는 사람이 이렇게 해서 참 부끄러운 일입니다. 온갖 병에도 지금까지 살아있는 것을 보면 조상님 덕이고, 부처님 덕입니다. 절에는 다니지 안 해도 책을 보고 염불도 좀 합니다.

얼마 전에는 토지개발공사에 집이 들어가는 바람에 그기에 신경 쓰다가 갑자기 뒤로 넘어가 버렸어요. 병원에 실려 가서 오장육부 모두 검사해도 이상이 없다고 해요. 나중에 다시 검사해 보니, 피 만드는 곳에 이상이 있다고 해요. 거기 치료하고 나서 괜찮았어요. 또 한 번은 허리 디스크 때문에 고생을 했어요. 누구 말 믿고 신경통 약을 먹고 더 악화됐어요. 우리 집에 약 지으려 오는 문화약방 아주머니가 자기 약방에 좋은 약이 있다고 해서 가져다 먹었는데, 나중에는 꼼짝도 할 수 없을 정도로 더 아파 고생을 했어요. 디스크에는 신경통 약 절대 먹지 마세요.

또 당뇨 증세도 6년 간이나 있어서 해로운 것은 절대 안 먹습니다. (부인을 가리키며) 그런데 자꾸 이 사람이 저녁이 되면 뭘 먹으라고 해서 탈입니다. 지난번에 쓰러지고 난 뒤로는 특히 조심을 합니다. 가능한 신경쓰는 일은 줄이려 해요. 그래서 약방도 안 하려고 해요. 일부러 바깥으로 다니면서 운동을 하려고 일이 쪼매만 있어도 자주 나가려고 해요. 가능한 사람도 좀 적게 만나려고 하고요.

요즘은 운동 하려고 자주 약방을 비웁니다

내가 여러 가지 일에 신경을 많이 씁니다. 매주 대구 동국시사, 경산 삼산음사, 밀양 동호시사, 청도 화산시사 등의 시회(時會) 모임과 유도회 일로 다니지요. 수성구 유도회 회장 일도 11년째 해오고 있어요. 아무리 핑계 대고 빠져나오려고 해도 안돼요. 대구향교에는 고문으로 있고요. 약방에만 있어 운동 부족으로 건강이 안 좋아 요즘은 운동 하려고 자주 약방을 비웁니다. 약방 당장 때려치우고 신경 좀 안 쓰고 살고 싶은데… 아이들이 자꾸 말려서 며느리한테 맡겨두고 볼 일이 쪼매 있는 데도 밖으로 나가요.

내가요. 몸이 이러다 보니까, 노력 많이 하다 보면 병이 재발하거든요. 그래서 내가 약방 안 할라고 하지요. 아이들한테는 "네가 손님 오면 팔고, 안 오면 집에 그냥 약이나 지어먹고 그래라." 이렇게 의논했어요. 내 자랑 같지만. 내 약 안 팔아도 먹고 살아요. 지금까지 여덟 자리, 아홉 자리 팔았거든요. 대신동에다 점포를 네 개나 구입해 두었는데, 그중 하나는 애를 많이 먹어서 그냥 팔아버렸어요. 나머지 거는 요즘도 날짜가 되면 세가 들어와요. 그런 것 보태가지고 가용으로 쓰지요.

원래 여덟 자리 모두 놔두었다면 지금 큰 돈 되었을 것입니다. 내 먹을 거는 해 놓지 않았겠어요. 그래서 요즘은 내가 약방을 좀 비우는 택입니다. 내 죽어버리고 재산 남겨두면 무슨 소용 있습니까? 내가 팔아가지고 며느리들, 손자녀들 모두 먹고 살도록 해놓았어요. 내 밑으로 아직 10억

정도는 남았어요. 요새 실거래가 되다 보니 잘 팔려야지요.

한시 지어놓은 것도 번역은 다해 놓았는데, 돈이 모자라 책을 만들지 못하고 있어요. 내가 지은 것이 700수가 넘어요. 남의 것까지 합쳐 800수쯤 돼요. 노트에 9권이나 돼요. 얼마 전에는 약방 문 닫으면 가서 쉬려고 저기 골짜기에다 192평 집 지을 땅을 사놓았어요. 건축 허가까지 받아놓았는데, 돈이 좀 모자라 아직 짓지 못해요. 다른 데 땅을 팔면 되는데, 실명제라서 잘 안 팔리고 있어요. 신경을 좀 덜 쓰면서 살아야 하는데, 이것도 괜히 벌였는가 싶어요. 내가 두세 달만 있으면 83세인데….

■ 양명주의 환자 진찰 및 처방 과정

하루 전날 수종 중인 구술자의 며느리에게 '빈혈' 증세로 약을 지으려 가겠다는 이야기를 한 후 예약을 했다. 약속한 오후 2시를 조금 넘긴 시간에 춘원당한약방을 찾았다. 며느리는 집안일을 보러 나가고, 구술자와 그의 부인이 약방을 지키고 있었다. 그의 아내가 먼저 나와서 반갑게 맞아주었다. 내 아내와 함께 공손히 절을 한 후 선물로 준비해 간 '청도반시'를 건넸다. 구술자는 연구자 내외를 진찰용 의자에 앉도록 안내하였다.

연구자는 한 번의 만남이 있었기 때문에 먼저 약 짓는 일보다는 구술자 자신의 건강문제를 포함한 손자녀 학업, 혼인문제 등 근황에 대한 이야기부터 들었다. 이는 인터뷰의 본론으로 들어가기에 앞서 구술자의 신변과 관련한 일상사에 관심을 보임으로써 이후 의도하는 깊은 면담(interview in dept)을 유도하기 위한 조처이기도 하다. 한동안 구술자 신변과 근황에 대한 이야기를 경청한 후, 연구자는 아내의 빈혈과 위염, 허리 디스크 등의 병증과 그 동안의 치료경과를 이야기하고 조언을 들었다.

다음의 대화 내용은 이와 같은 과정을 통해 한약업사인 구술자와 연구자, 연구자의 아내가 마주한 상태에서 상담과 처방의 과정을 묘사한 것이다. 즉 한약업사인 구술자가 고객인 연구자의 아내를 맞아 상담(진찰)한 후 처방을 내리는 과정에 대한 참여관찰 내용이다.

> 연구자 : 집사람은 평소 손발이 좀 차갑습니다. 때때로는 저리기도 하고요. 또 앉았다 일어설 때 어지름 증세를 나타내기도 합니다. 고등학교에 교사로 근무 중인데, 1년에 한 번씩 건강진단을 받으면 '빈혈' 판정이 납니다. 많이 심한 상태는 아닙니다만, '관리'가 필요하다는 의사의 소견이 나옵니다. 피가 모자라서 그럽니까?
>
> 구술자 : 그렇지요. 피가 모자라면 기관지가 나빠집니다. 신(腎, 신장, 콩팥)이 좋으면 폐가 윤택해지고, 신이 나쁘면 폐가 조해집니다. 왜 그러냐 하면 콩팥이, 피 저장소가 부족해서 그럽니다. 신이 안 좋으면 모든 병이 나옵니다. 첫째로 기관지가 탈이 납니다. (구술자는 이렇게 간단히 응답하고는 아내를 돌아보며) 이쪽으로 와 보세요. 혈압을 재어봅시다. (아내를 자신과 동일한 방향으로 자리를 옮기게 한 후 혈압기로 혈압을 측정했다.) 혈압이 평소 이렇습니까? 혈압약 안자시죠? 좀 낮습니다. (이 때 연구자가 사진기를 꺼내며 진찰 모습을 사진으로 촬영해도 되느냐고 묻자, 구술자는 『정감록』에 이름을 피하라고 한다면서 극구 반대하여 포기하였다.)
>
> 아내 : 예. 혈압이 낮습니다.
>
> 연구자 : 집사람이 최근에는 또 위가 안 좋아서… 이전부터 좀 안 좋았는데 가끔씩 쓰리고 따가워서 한 번씩 양약도 복용했습니다.
>
> 구술자 : 위가 쓰립니까?
>
> 아내 : 좀 따갑습니다.
>
> 구술자 : 따가운 게 쓰린 게 아닙니까.
>
> 연구자 : 그래서 얼마 전 병원에 가서 진찰하고 양약을 복용하고 있습니다.
>
> 구술자 : 위가 원동기인데… 위는 수액(水液)이라. 위가 사시로(항

시) 그렇습니까?

아내 : 아니에요. 1년에 한 번씩 여름에서 가을로 넘어갈 때 그렇습니다. 심한 건 아니고요. 위 내시경을 찍어보니까 심한 편은 아니고요. 약간 위염이 있다고 했습니다. (그런 다음 구술자는 내 아내의 손목을 잡으며 맥을 짚었다.)

구술자 : 신경을 너무 쓰지 마이소. 신경을 많이 쓰네요. …… 혈압이 평상 이렇습니까?

연구자 : 검사하면 평소 그런 식으로 좀 낮게 나옵니다. 장인어른도 혈압이 낮아 돌아가실 때 쓰러졌습니다.

구술자 : 혈압이 높은 것도 문제이지만, 낮은 것도 겁납니다. 진짜 겁납니다.

연구자 : 저는 또 유전적인 원인도 있는가 싶어가지고요?

구술자 : 그런 수가 있지요. 우리는 혈압이 언제든지 정상입니다. 아무리해도 안 올라갑니다. 옛날에는 내가 녹용 장사 했는데… 평생 내가 약을 만졌지요. 그때는 술을 좀 먹었는데, 약방 하면서부터는 끊었습니다. 술 먹는 우리 류(類)들이 7명이나 죽었습니다. 그래서 날 아주 '독하다'고 말합니다. 술 먹으면 안 됩니다. 남의 생명을 맡아 있는 사람이 어떻게 술을 먹습니까? 그때는 술을 참 많이 먹었습니다.

연구자 : 젊었을 때는 술을 많이 드셨던 모양이지요?

구술자 : 그때는 전화도 없고 해가지고요. 그거는 안 먹으면 안 될 사정이지요. 술을 먹어야 모이므로 연락을 퍼뜩 들을 수 있기 때문이지요. 부산은 어떻고, 서울, 대구는 어떻고 하는 시세도 알고… 또 간혹 녹용 헐은 것도 살 수 있지요. 그때는 녹용이 많이 들어 왔어요. 혼문(최상품)도 들어왔어요. 요새는 좋은 게 없어요. 최고 좋은 것이라 해도 중국서 나오는 뽀사시미 그거 1만 5천 원짜리를 60만~70만 원에 사옵니다. 근 아니고 1냥에요. 그러니 정부에서 못 사라고 말렸잖습니까? 나한테도 여러 수십 명이 사온 것을 보이려 왔습니다. 10년 이상 녹용장사 했습니다. (아내의 팔을 바꾸어 맥을 다시 짚으며) 예전에는 좋은 녹용이 있었습니다. 요새는 없습니다. 깔깔이도 있어요. 그것도 중국 겁니다. 이거는 문질러가지고 손으로 쥐면 액이 나오므

로 진득진득합니다. 혼문은 안 그렇습니다. 아무리 문질러도 안 그래요. (맥진을 끝내고는) 됐습니다. 내 다 알겠습니다.

연구자 : 요즘은 녹용 취급 안 합니까?

구술자 : 하지요. '녹용대보탕' 이런 거 지어놓으면 사람들이 가져가기도 하지요. 그런데 좋은 게 들어오지 않아요.

연구자 : 집사람이 또 허리 디스크가 있어가지고요. 이것도 여기저기서 치료한 적이 있습니다. 뭐 위도 안 좋고… .

구술자 : (아내를 바라보며) 복숭시(종아리)까지 왔습니까?

아내 : 아니요. 장단지까지 왔습니다.

구술자 : 지금도 그렇습니까?

아내 : 아니요. 컨디션이 괜찮으면 괜찮고, 몸이 안 좋으면 한 번씩 나타나요.

구술자 : 알겠습니다. 저게 봉숭시, 발가락까지 갑니다. 허리에서 다리에 내려가 버리면 약이 좀 많이 들어갑니다. 허리에 있으면 물렁뼈가 내려앉은 거는 1제, 2제 정도면 가능하거든요. 밑에 내려가면 몇 제 써야 됩니다. 내가 잘 한다 카는 게 아니라 약을 쓰면 잘 듣습니다.

연구자 : 또 집사람이 어깨 뒷부분이 결리기도 합니다.

구술자 : 어깨 그것도 위가 안 돼서 그리 옵니다. 신경을 좀 많이 쓰지 말고요. (내 아내를 가리키며) 이 분이 신경을 많이 썼는데… 가슴도 잘 놀래고, 피도 부족하고. 그기에 따라 안 놀래고 심장도 돕고 안정시키고, 몸 돕는 이런 약을 써 주어야 되겠습니다. 디스크는 괜찮고 한데… 위가 좀 안 좋은 데는 우리가 가루약 끼워가지고 약을 지어 줍니다. 요새 저런 분들은 가능한 뷔페는 드시지 않는 게 좋아요. 만일 드신다면 우리 집에 있는 약을 드시면 돼요. 나는 대신동 이런 데 가면 이야기해주고 싶은데. 번데기 같은 거, 갈비탕 같은 거 정말 안 좋습니다. 그기에는 부패 안 되라고 약을 모두 첨가합니다. 아마도 중국서 들어오는 음식들이 대부분 약을 질러가지고 옵니다. 번데기는 실제로 피 만들어주고 살도 찌게 하고 당뇨에도 좋지요. 방부제만 안 넣으면 이런 좋은 기능을 해요. 이런 걸 많이

복용하면 암도 유발해요. 그러면 약을 부쳐 드릴까요?

연구자 : 오가는 길이니까 제가 그냥 찾아 가겠습니다. 언제 오면 됩니까?

구술자 : 우리 약 달이는 사람이 대학 다닌다고… 화요일에 오세요. (약방에 비치해둔 자가 처방전 양식을 꺼내어 아내의 이름과 나이, 전화번호 등 기본적인 신상 내용을 기록했다. 하지만 처방 명과 약재 내용은 적지 않고 공란으로 남겨두었다. 뒤에 '약을 맞출' 모양인 듯했다. 그러면서 구술자는 그의 아내를 불러 위염 약인 산제를 가져오도록 했다.) 위도 좋지 않으니 이 약을 같이 드립니다. 탕약을 쓴 후 위가 쓰리다든가 안 좋으면 이걸 작은 티스푼에다 한 숟가락 정도씩 드시면 좋습니다. 집에서 만든 겁니다. 위 염증에 잘 듣는 일종의 비방이지요. (구술자는 이를 한 스푼 떠서 내 아내에게 먹어보라고 권유했다.)

연구자 : (처방 이름을 포함하여 약에 대한 아무런 정보가 없어 본 처방과 산제의 처방 내용이 궁금하여) 이 약은 어떤 처방입니까?

구술자 : (웃으면서) 안 가르쳐줍니다. 이런 거는 누구에게도 가르쳐주지 않아요. 종업원에게도 안 가르쳐 줘요. 종업원도 모르게 제조합니다. 하지만 며느리는 알고 있어요.

연구자 : 그러면 이 약은 누가 만듭니까?

구술자 : 집사람하고 며느리 둘이서 만듭니다.

아내 : 탕약은 하루에 몇 번 먹으면 됩니까?

구술자 : 아침, 저녁 2회, 식후 1시간쯤 되어 약을 따뜻하게 해서 쓰면 됩니다. (구술자는 복용 중 가려야 할 음식들을 적은 종이를 건네주었다. 종이에는 다음과 같이 '금기음식'과 '먹을 수 있는 음식'이 구분된다.)

금기음식
고기 일체, 과일 일체, 생나물, 명태, 멸치, 술, 두부, 콩나물
먹을 수 있는 음식
익은 나물, 김치, 된장, 고추, 마늘, 파, 양파, 참기름, 김 등

아내 : 주의사항은 있습니까? 음식 말고요.

구술자 : 복용 시 특히 감기 걸리면 중단하세요. 열이 나는데 열이
오르는 약을 먹으면 안 됩니다. 혈압약이나 당뇨 약 쓸 때
도 마찬가지입니다. 합병증세가 있는 데는 절대 안 되지
요. 일단 감기를 잡고 다시 써야 해요. (아내를 바라보며)
당뇨나 혈압 약은 안 먹지요?

아내 : 예.

구술자 : 어쩔 수 없이 같이 써야 할 때는 3시간 간격으로 해야 합
니다. 절대로 약을 겁을 내야 합니다. 주의사항은 철저히
지켜야 합니다. 이 약을 먹고 머리가 아프다면 약이 몸에
좀 과한 경우이므로 복용 회 수를 줄이거나 해야 합니다.
하루 2번 먹고 괜찮으면 3번 먹어도 되는데… 일단 아침,
저녁 2번 드세요. 대변은 잘 나옵니까?

아내 : 예. 잘 봅니다.

구술자 : 이것도 알아야 됩니다. 대변이 잘 안 나오면 잘 나오도록
해주고, 설사가 나오면 거두어 주고 이렇게 해야 합니다.
위가 안 좋으면 위를 보해야 하고요.

■ 가업 계승자의 시선 1 : 춘원당한약방의 일상

다음은 2006년 현재 22년째 춘원당한약방에 수종 중인 둘째 며느리(박
○○, 49세)의 구술 내용이다. 그녀의 구술을 통해 춘원당한약방의 일상
을 엿볼 수 있다.

한약방에서 결혼 직후부터 현재까지 일해오고 있어요

27세에 남편과 연애 결혼했어요. 캠퍼스에서 만났지요. 연세대 가정학
과 77학번입니다. 49세 개띱니다. 남편과는 동갑내기고요. 남편은 고등고

시 공부를 시작하여 지금까지 계속하고 있어요. 절에 가서 공부를 해요.

생계유지를 위해 내가 시아버지 한약방에서 결혼 직후부터 현재까지 일해오고 있어요. 22년쨉니다. 결혼 후 남편이 입대하는 바람에 그 기간 동안 시아버지 한약방에서 일을 도운 것이 계기가 되어 지금까지 계속하고 있어요. 아들이 하나 있는데, 지금 대학생입니다.

유치원 다닐 때니까 내가 33세 정도 됐어요. 그 때는 내가 한의대 갈려고 입시공부를 다시 한 적도 있어요. 하지만 남편의 반대로 그만두게 되었지요. 그때 계속했으면 지금쯤은 무엇인가 결과가 있을 테지만, 그만둔 것이 가장 큰 한으로 남아요.

약방에서 물론 월급을 받지요. 약방 일 뿐만 아니라 시부모님 식사부터 해서 수발을 들기도 하니까요. 처음에는 월 100만원 정도 받았지만, 지금은 270만원씩 받아요. 오랫동안 약을 만지며 법제도 하고 모르는 약에 대한 것을 시아버지한테 묻기도 하고 의약서를 독학하는 등으로 한약 지식을 어느 정도는 쌓았지요.

내방 환자의 기본적인 약 정도는 이제 지을 수가 있어요. 아침부터 밤까지 약방일과 시부모님 수발까지 들다보면 때로는 고달프고 '갇힌 몸의 신세'처럼 갑갑증도 느끼곤 하지만, 매일처럼 마음을 다스리며 생활해나가고 있습니다.

시조모님이 시어머니와 함께 약초를 캐다가 약전골목에 팔았어요

시아버지가 한약업에 입문하게 된 동기 중의 하나는 웃대 시조모님이 시어머니와 함께 수성구 지산동에 살면서 인근 야산을 다니며 각종 약초를 캐다가 약전골목 등에 내다 팔았던 일과 관계가 있지요. 또 시아버지는 일찍부터 유학 관련 공부를 하면서 한약업 쪽으로 방향을 바꾼 것 같아요. 약재 거래를 하는 과정에서 거래 루터도 잘 알게 되었겠지요. 시아버지가 젊었을 때 한동안은 녹용 판매업에도 종사한 적이 있었던 같아요.

그러니까 여러모로 한약에 대해 관심을 가질 수 있는 환경이 된 것 같습니다. 이래가지고 한약업사 시험을 봐서 본격 시작했다고 봐야지요.

약에는 춘채(春採)와 추채(秋採)가 있어요. 요즘은 약재가 고갈되는 즉시 계절에 관계없이 전화로도 당장 필요한 약재를 구입할 수 있지요. 하지만 얼마 전까지만 해도 필요한 약재는 반드시 가을에 자연산을 구입해 썼어요. 뿌리 음식의 경우 가을에 생산한 것이 더 맛이 있듯이, 약재의 경우에도 뿌리 부분에 약효가 충실하게 축적되기 때문입니다.

시아버지께서는 추채한 약재가 건조시켰을 때 윤기가 있고 만져보면 구부러지지도 않고 튼튼하여 좋다고 말씀하셨어요. 특히 시어머니는 약을 채취하기 위해 대구 인근의 여러 산야를 다녔으므로 약재의 성질에 대해 잘 알았어요.

시아버지는 시할머니와 시어머니가 채약하여 판매해온 환경적 분위기 속에서 녹용 판매업에도 한동안 종사하면서 약령시의 동양의약전문학원에 다니며 공부하기도 했어요. 또 당시 이름이 나있던 대구 동촌의 '곽약국'(곽장호, 작고)에 저녁마다 다니며 수업료를 지불한 후 비방에 대한 전수를 받는 식으로 공부를 했어요. 이때 받은 처방들을 아직까지 고이 간직하고 있어요.

신경 노이로제 환자의 경우 많은 치료 사례가 있어요

내가 종사하던 초창기, 그러니까 1980년대 초·중반만 해도 시아버지는 시침(施鍼)을 많이 했어요. 당시에도 이것이 법적으로는 허용되지 않았던 것 같아요. 허리를 다쳐 찾아온 환자의 경우에도 뜸 시술 후 거뜬히 치료하여 나가기도 했어요. 한방에서는 '일침 이구 삼약(一鍼 二灸 三藥)'이라는 말이 있잖아요. 이처럼 침과 뜸을 상당히 중시했어요. 특히 한방에서는 병의 원인을 찾아 '몸을 보(補)하는 방향'으로 치료하지요. 반면 '병을 사(瀉)하게 하는 방향'으로 처방하는 경우에는 몸을 좀 상하게 하는 경향이 있어요.

시아버지의 경우 신경병, 특히 신경 노이로제 환자의 경우 많은 치료 사례가 있어요, 알려지 피부병은 비방으로 처방한 환약이 잘 들었어요. 충치(蟲齒)나 잇몸이 허는 풍치(風齒)는 약방에서 만든 고약(膏藥)을 조금씩 귀에다 넣으면 통증이 삭여지는 놀라운 효과가 나기도 했어요. 1회용 약값이 당시 1천원이었어요.

대구 복현동 사람들이 그때 많이 내왕했어요. 위장병 약은 심적으로 불편한 경우 화기(火氣)가 인체 윗부분으로 올라감으로써 위에 타격을 준다는 생각에서 위궤양 산제(散劑)를 만들어 많이 치료해 주기도 했어요. 외에도 늑막염, 골수염, 여성 갱년기에 생기는 갑상선염 등도 비방으로 많이 치료해 주었어요. 그런데 10여 년 전부터는 그쪽 방면의 환자가 많이 줄었어요.

특히 시어머니가 약방 일을 많이 도왔어요

내가 시집오던 당시만 해도 내방객이 너무 많아 종업원을 두고 있었던 적도 있어요. 특히 시어머니가 약방 일을 많이 도왔어요. 시어머니가 그렇게 하지 않았다면 약방 일을 해나갈 수가 없었다고 봐야지요.

시아버지는 괜찮은 약이 들어오면 어떻게 보관할 것인가를 염두에 두기보다는 아무리 많은 약재라도 그냥 구입하거든요. 그러면 이를 관리하고 보관하는 일 때문에 시어머니하고 나하고 정말 곤혹을 치루기도 했어요. 예를 들면, 특히 약재에 곰팡이가 슬기 쉬운 여름철에는 이를 방지하기 위해 약을 봉지마다 넣고 밀폐되도록 싸는데 얼마나 힘들었는지 몰라요. 내가 시집온 후에는 종업원 없이 시어머니하고 약방 일을 도맡다시피 하면서 해냈어요. 손님이 많을 때는 줄을 서서 기다리며 약을 지어 갔어요.

■ 가업 계승자의 시선 2 : 약재 관리와 한약 수업

약 썰기와 법제 등 정제와 관리 업무가 상당히 많았어요

20여 년 전에는 약방에서 사용하는 약재 대부분이 채취한 산약이었어요. 따라서 약 썰기와 법제 등을 비롯한 약재의 정제와 관리 업무가 상당히 많았어요. 거의 중노동에 속하는 편이지요. 소나무 뿌리에서 생기는 백복령(白茯苓)은 커다란 덩어리를 약작두로 절단하여 … 지황(地黃)은 생것(生地黃)과 마른 것(乾地黃)이 있는데, 술에 담갔다가 이를 증기에 쪘다가 말리기를 아홉 번이나 반복하는 법제과정을 거칩니다. '구증구포'라고 말하지요. 50년이나 된 법제 도구[蒸器]가 아직까지 있어요.

요즘은 제약회사에서 나온 숙지황을 사용하는데 약성을 높이기 위해 약방에서 한 번 더 법제해서 쓰지요. 당귀는 약재 부위에 따라 약성이 각각 다른데, 머리(節)는 조혈작용 쪽으로 쓰고요. 발(尾)은 피를 분산시키는 작용을 하므로 타박상 같은데 어혈제로 씁니다. 장과 위를 강화시키는 백출은 토초(土炒)해서 쓰는데, 고운 황토로 법제를 했어요.

아르헨티나 교민들도 신경통이나 갑상선 계통의 약을 지어갔습니다

나도 22년 정도 약방에 있어보니까 환자의 얼굴만 봐도 대충의 병증을 파악할 수 있습니다. 이걸 망진이라고 합니다. 10년 전에만 해도 한의사가 그렇게 많이 배출되지 않을 때여서 내방 환자들도 많았고, 또 한의대 입학하기도 지금보다는 한결 쉬웠어요. 청송 등 경북지역 환자는 물론 아르헨티나 교민들도 귀국 시 약방에 와서 신경통이나 갑상선 계통의 약을 지어가기도 했습니다. 고운 황토를 채취해다가 관련 약재에다 섞어 조제한 후 이를 무릎 관절염증 부위에 붙임으로써 염증을 진정시키고 살균작용을 도와 효과를 내기도 했어요.

약방 일을 하면서부터는 술을 하지 않으신답니다

제가 22년 동안 약방 일을 하면서 보아온 시아버님의 모습입니다. 첫째, 시아버지는 아주 근검절약을 하시는 분입니다. 기본적인 먹는 것과 공부하는 것 외에는 가능한 지출을 삼가십니다.

둘째, 자기관리가 철두철미하신 분입니다. 예를 들면, 한약방을 하시기 전에는 술과 담배를 많이 하셨답니다. 그런데 약방 일을 하면서부터는 하지 않으신답니다. 이는 환자를 치료하면서 어떻게 술을 먹은 상태로 하겠나 하는 스스로의 다짐 같습니다. 정신이 맑지 않은 상태로 환자를 대한다는 것은 도리에 어긋난다는 생각 때문이겠지요. 이런 생각 때문에 혹시라도 젊은 사람이 담배라도 물고 약방에 들어오면 "너 같은 놈한테는 약 팔지 않겠다!"면서 꾸짖어 쫓아 보낸 적도 있거든요.

셋째로는 유교정신에 아주 투철하신 분입니다. 유교적 사상을 생활로 몸소 실천한다고나 할까요. 특히 1분 1초라도 쉬지 않고 글을 읽으시거나 또 붓을 듭니다. 하지만 정식교육을 받지 않으셔서 그런지 남을 배려하는 마음이 조금 부족합니다. 부모를 공경하는 마음이 크고 공부를 중시합니다. 중용, 논어 등의 유교서적을 음독(音讀)하는 것이 습관화 되어 있습니다. 때때로 시조창도 하고요. 한약방을 한 이후부터는 술과 담배를 끊기도 했습니다.

넷째, 예의범절을 중시 여깁니다. 가족의 경우에도 예의범절이 조금이라도 어긋나면 인격적인 모독이 될 정도로 야단을 치십니다. 손님의 경우에는 어린 아이일지라도 낮추어 말하지 않습니다. 조상 기제의 경우도 밤 12시 30분에 시작하여 모든 남성 참여자들이 도포를 입은 상태에서 축문을 읽는 등 제의절차에 따라 원칙대로 합니다. 다섯째, 한약업을 정직하게 한다는 점입니다. 약재를 속이거나 약가를 턱없이 비싸게 받거나 하지 않습니다.

약령시 건재약방 약도 많이 구입해 사용했고요

약방에 쓰는 약재는 보통 영천과 경산, 약전골목 등지로부터 조달해 왔어요. 예전에는 경산 자인 육동 등에서 직접 채취해서 팔러오는 사람들 로부터 지실, 산수유 등을 구입해 썼어요. 약령시 건재약방 약도 많이 구 입해 사용했고요. 지금도 상당 부분은 약업사나 한약도매시장으로부터 조달하지요. 또 영천의 생산자로부터도 약을 사서 썼어요. 영천 약이 규 모가 늘어나 30~40% 정도 돼요. 규격품이지요. 가능한 국산약이고 비규 격품 약을 사서 쓰려고 합니다.

관할 보건소에서는 년 1회 정도 나와서 약장의 약을 점검합니다. 오래 된 약재는 폐기하도록 지시하거나 서각(犀角) 등 동물보호 대상의 약재는 못 쓰도록 단속합니다. 코뿔소 뿔인 서각은 출혈을 방지하는 약효가 있으 며 몰래 수입한 것을 쓰지요. 이는 지혈효과가 뛰어나는데 이전의 동촌 '곽약국'으로부터 입수한 비방을 활용해서 씁니다.

지실(枳實) 등은 밀가루에 묻혀 법제를 해서 보관해 두었고요

시어머니는 심덕이 아주 좋아 약방을 꾸려나온 주역이라 할 수도 있지 요. 옛날에 약 선별하는 것을 보면, 약성이 떨어지거나 반듯하지 않은 것 은 절대로 구입하지 않았거든요. 좋은 약재를 구입하기 위해서는 현금거 래를 해야 한다면서 항시 상당량의 돈을 준비해 두었습니다. 예전에는 경 산 자인 육동 이런 데서 채약해 왔는데, 질이 좋지 않은 경우에는 되돌려 보내버리기도 했습니다. 산수유는 지금도 질이 좋은 국산 것을 구해 씁니 다. 지실, 반하, 진피 등의 약재는 시골 할머니들이 약방으로 가져오기도 했습니다.

육진양약(六塵良藥)에 속하는 지실(탱자) 등은 밀가루에 묻혀 법제를 해 서 보관해 두었고요. 오래 묵힐수록 좋다면서 가지고 오는 대로 모두 사 들였으므로 법제와 이를 관리하는데 무진 애를 먹었어요. 시어머니와 내가 온전히 이런 일들을 담당했어요. 손님이 많이 왔으므로 혹시 약재가 떨어지기라도 할까 불안해하며 항시 충분하게 있어야 한다고 철저한 준비를 시킨 것이지요.

약재를 보관하기 위해 일부에서는 비산(砒酸) 등 인체에 좋지 않은 벌레 방지용의 약을 쓰기도 하지만, 절대 이런 것을 쓰지 않고 일일이 법제한 후 밀폐된 비닐봉지에 넣어 봉한 다음 보관했어요. 만일 벌레라도 먹은 약의 경우에는 모두 체에다 쳐서 선별해 냈어요.

약 절구에다 빻아서 사용하는 약재도 있고, 산제로 사용하는 약재도 있었어요. 50년이나 된 약절구가 아직까지 보관되어 사용 중이지요. 약재를 절구로 빻고 난 후면 어깨가 아플 정도로 힘들지요. 예전에는 손님들이 많이 와서 오후 9시 넘어서까지 일을 했어요. 집에 퇴근해 있더라도 손님이 오는 경우가 있어 간혹 약방으로 불려오기도 했어요. 따라서 우리 집은 약방으로부터 반경 1km 이내에 있어야 했지요. 지금은 나이도 많고, 손님들도 적어 일이 좀 수월한 편입니다.

■ 가업 계승자의 시선 3 :
　한방(韓方)은 보이지 않는 예술

한방(韓方)은 보이지 않는 예술입니다

내 친정 남동생이 양의사(이비인후과)인데, 한방에 종사하는 내 입장에서 때로는 격론을 벌이기도 해요. 남동생은 양방의 과학적 관점에서 입증되지 않는 부분, 즉 한방의 비과학적인 부분을 공격하기도 해요. 한방의 경험 의학적 특성에 대해서 말이지요. 양방에서는 경험 의학적 측면을 한방의 고유한 특성으로 인정을 못하겠다는 것이지요. 그러면 나는 이 점을 강조하며 '한방은 보이지 않는 예술'이라고 대응하기도 해요.

수술한 것을 절대 다른 사람에게 알리지 말도록 했어요

제가 담낭과 맹장 때문에 두 번이나 수술을 받았어요. 콩팥에 돌이 쌓여 그런 줄도 모르고 20년 동안이나 이를 위장 장애로만 생각했어요. 그래서 약방에서 비방으로 간직하는 산제를 복용해도 잘 듣지를 않았어요. 우측 복부 통증이 계속되었어요. 그러던 중 초음파 검사를 받아보니 담낭에 돌 쌓인 것이 나타나 수술했어요. 2004년도 재작년이네요. 6개월 후에 또 맹장을 수술했어요. 급성이어서 어쩔 수 없었어요. 잇달아 수술을 두 번이나 하고 나니 살도 좀 빠지고 아직 완전히 회복되지 않은 것 같아 건강에 신경을 쓰고 있어요.

시아버지도 1980년대 후반기에 영대 병원에서 담낭수술을 받았어요. 복부를 대각선으로 절개했기 때문에 큰 흉터가 생겨 목욕도 1주일에 한 번씩 부산까지 하려 다녔어요. 대구가 고향이라 아는 사람들이 많고 또 약방을 운영하면서 자기 병을 못 고치고 양방으로 치료한데 대한 타인의 시선 때문이지요. (크게 웃으면서) 며느리인 나에게도 수술한 것을 절대 다른 사람에게 알리지 말도록 했어요. 시아버지는 그 뒤에 또 맹장수술도 했거든요.

시아버님을 부처님이라 생각하고 …

초창기 한약방에 종사할 때는 호기심도 많아 시아버지께 '한약을 배우고 싶다'고 하면서 여러 가지를 묻기도 했지요. 하지만 열 마디 답을 들으면 한 마디 정도 알아들을까 말까 할 정도밖에 되지 않았어요. 처음이라 아무런 기초 지식이 없어 그랬겠지요. 그래서 한의약 책을 사다가 여러모로 독학을 했어요. 또 모르는 부분은 시아버지께 묻기도 하고, 오랜 기간 동안 경험을 하면서 하나 둘 체득해 나갔어요.

대학에서 가정학을 공부했기 때문에 약재가 식품과도 어느 정도 관련

되는 부분도 있으므로 조금씩 이해가 되었지요. 때로는 정신적으로 너무 힘들어 마음도 다스릴 겸 정신적인 분야와 철학적인 방면의 책을 보기도 하고요. 방문하는 사람들의 심리 파악도 필요하므로 이를 위한 목적도 있고요.

(웃으면서) 제가 사람이 좀 되어간다고나 할까요. 시아버님을 부처님이라 생각하고… 그런 부분에서 힘들 때는 제 마음을 많이 비우는 편이지요. 내 행동 하나라도 모든 식구들에게 영향이 가므로 내 한사람이 잘 하면요. 때로는 여기 나오는 게 어떨 때는 지옥으로 생각되기도 하지만, 천국이 될 수도 있다고 긍정적, 주체적으로 살아야겠다고 매일처럼 노력하지요. 가능한 마음을 비우려고 노력합니다.

제가 시아버지 살림을 모두 살아드립니다

저도 비방을 적어놓은 몇 권의 노트가 있어요. 이런 것들을 활용합니다. 제가 시아버지 살림을 모두 살아드립니다. 유림(儒林)이어서 관련되는 손님들이 많이 내왕하므로, 그 분들 접대를 모두 준비하지요. 시아버지는 공부하는 거와 몸이 아픈 거 보(補)하는 외에는 대단히 검약하므로 조금이라도 낭비하는 게 있으면 난리가 납니다. 그런 부분이 좀 심하므로 젊은 사람들에게는 좀 어려운 측면이 되지요. 그런 정신은 이제 몸에 배여서 공부와 몸 아픈 데 그리고 가족을 위한 음식 하는 거 외에는 정말 돈을 쓰지 않지요.

■ 춘원당한약방의 생활 물증

▶ 의학 서적 :

그의 책상 위에는 『대방약합편(大方藥合編)』, 『제중한방학낭』 등 여러 권의 실용 의학 관련 책과 자료들이 쌓여있다. 모두가 오래되어 표지는 떨어져나가고 다른 종이를 덧댄 상태다. 특히 『방약합편』은 너무 많이 사용해서 3권이나 갱신하였다. 『제중한방학낭』은 구술자가 평생 동안 수집하거나 연구, 경험을 통해 얻은 비방과 경험방이 수록된 처방집이다.

▶ 처방전 양식 :

춘원당한약방의 처방전은 크게 좌우측의 두개 공간으로 나뉘어져 있다. 공통적으로는 고객의 방문일자와 주소, 이름, 연령, 성별, 병명을 적도록 되어 있다. 좌측의 작은 공간은 혈압과 배변상태, 병력(病歷) 등을 포함한 병증과 건강상태에 대한 '참고사항'을 기재하도록 되어 있다. 반면 우측의 넓은 공간은 처방명을 비롯하여 관련되는 각종의 약재 이름과 혼합되는 양, 법제, 가미 약재 등 자세한 처방 내용이 기재된다.

이러한 2개의 공간구획은 주요 병증을 중심으로 처방을 내려 약을 짓는 과정에서 환자의 혈압과 기혈의 상태, 배변 상태, 병증 등을 반드시 함께 고려함으로써 심신을 총체적으로 판단한 상태에서 치료하기 위한 것이다.

▶ 약방 내부의 액자 :

○ 건강십칙(健康十則) : 배만식이라는 친한 사람이 한자로 만들어 준 것으로서 건강을 지키기 위한 10가지 수칙이다.

- 적게 먹고 많이 다스려라.
- 젊을 때 많이 걸어라.
- 옷을 적게 입고 목욕을 많이 하라.
- 번거로운 것은 적게 하고 잠을 많이 자라.
- 적게 화내고 많이 웃어라.
- 말은 적게 하고 많이 움직여라.
- 단 것은 적게 먹고 과실을 많이 섭취하라.
- 육고기는 적게 먹고 채소를 많이 먹어라.
- 소금기는 적게 섭취하고 식초를 많이 먹어라

- 밥은 적게 먹고 많이 씹어라.
○ 한방 액자 :
  - 대기만성(大器晚成)
  - 건승축복(健勝祝福)
○ 원운(原韻) : '명이 다하지 않고 아직까지 살아 있음에 내가 이 날을 만나 새로움을 느낀다. 어른이 세상을 버리니 ~ ' 등으로 시작하여 지금까지 평생을 약업에 매진하며 살아온 과정을 목각 형식으로 담담하게 그리고 있다.

한약과 한의를 중계하는 2대 계승자,
복원당한약방 김종식
-1948년 생-

．
．
．

한약업사 부친과 복원당한약방
3대 한방 가업 계승
한약방 근무와 한약 수업
약재 관리와 한약방 운영
복원당한약방의 한약 물증

연보
- •1948년 - 대구시 달성 출생
- •1976년 - 한약업사 부친을 수종하며 한약 수업 시작
- •1883년 - 마지막 한약업사 시험에서 자격 취득 실패
- •1987년 - 1대 창업주 사망
- •2006년 - 아들의 한의대 졸업, 수련의 근무
- •2006년 - 대구광역시 달성군 유가면 복원당한약방 운영

■ 한약업사 부친과 복원당한약방

아버지는 일제시대 한약업사가 됐지요

아버지는 1904년생입니다. 84세에 사망하셨는데, 살아계시면 103세지요. 모친은 1908년생이므로 네 살이 적지요. 외가집도 인근 현풍면 오산2리, 홀포 혹은 홀개라고도 부르는 마을입니다. 5대조부터 현풍에서 쭉 살고 있습니다.

아버지는 한약에 관심이 있어가지고 구지면 평촌의 한 한약방에서 26세부터 일을 거들며 한약을 배우기 시작했어요. 30대 들어 첫 시험을 본 이후 9회째 합격을 하여 독립을 했지요. 물론 일제시대지요. 당시에는 3회 정도 응시 기회가 있었나 봐요. 이리하여 아버지는 고향에서 한약업을 부업 삼아 하다가 잘 되지도 않고 해서 일본으로 가셨대요. 일본에서 한약업을 10년간 계속했답니다. 해방과 동시에 귀국해서는 지금의 이 자리에서 한약방을 본격적으로 하기 시작했어요.

아버지는 유학자이므로 한학을 많이 하셨고, 현풍향교 전교(典敎)를 4년간 2차례에 걸쳐 역임하셨어요. 근엄하고 인자함은 물론 항시 남에게 베푸시는 자세를 지니셨어요. 약업에 있어서도 필요 없는 약을 과하게 권유하기보다는 보통 5~6첩씩 처방했지요. 생존 시에는 의술에 대한 명성이 대단하여 손님들이 줄을 지어 기다릴 정도였답니다. 심지어는 아침 일찍 오는 손님들을 위해 밥을 지어주었을 정도였대요.

불임 여성을 출산시켜 주기도 해서 명성이 자자했지요

부친은 대가집(명망가) 불임 여성을 출산시켜 주기도 해서 명성이 자자했지요. 약 2제를 처방해서 불임 여성에게 자녀를, 그것도 아들을 낳게 해 주었으니 얼마나 명성이 있었겠어요? 이로 인해 그 집으로부터 큰 선물도 받았다고 해요. 음양오행설(陰陽五行說)에 의하면, 여성의 자궁냉증이나 나팔관이 막혀 제대로 소통이 안 될 때 불임현상이 나타나는 것으로 이해되지요. 아버지의 경우에는 진맥 중에 환자들의 유두를 만져보기도 했는데, 유두가 벌겋게 달아오르는 경우에는 불가능하다고 판단하셨어요.

부친은 항시 관련 의학서적을 보시면서 연구를 많이 했지요. 그러면서 환자들에 대한 임상경험을 대단히 중시했어요. 이런 내용들을 자세하게 기록으로 남겨두기도 했어요. 아버지의 이와 같은 기록 내용이 고스란히 보존되어 있어요. 내가 보관하고 있거든요. 예비 한의사인 아들도 이것을 가져다가 검토한 바도 있어요. 나는 15~16년 전에 대구로 이사 가서 살기 때문에 여기 현풍으로 매일 출퇴근하고 있어요. 약방을 별장 삼아 욕심 부리지 않고 업을 해오고 있습니다.

나는 2남 3녀 중 막내로서 1976년 무렵부터 아버지 약방에 들어가 일을 도우며 본격적으로 한약을 배우기 시작했어요. 아버지가 돌아가시기까지 10년 정도 한약을 배웠어요. 부친이 쓰시던 의서나 비방전(秘方箋) 등의 자료들도 아직까지 고스란히 보관하고 있어요. 부친은 중풍, 불임증을 비롯하여 고질적이어서 치료가 곤란한 병(난치병)들을 잘 고쳤어요.

비방이 예전과는 달리 이제는 잘 듣지 않습니다

아버지의 이러한 비방이 예전과는 달리 이제는 잘 듣지 않습니다. 그 이유는 현대인의 생활패턴이 이전과는 많이 달라졌기 때문이지요. 즉 식생활을 보면 육식이나 패스트푸드를 많이 먹어 생체리듬, 체질이 많이 바뀌어져 버렸기 때문입니다. 이런 변화는 20년 전부터 나타나기 시작했는데, 동일한 약으로는 병이 잘 낫지 않을뿐더러 부작용이 생기는 경우도 있습니다.

그 밖에 약성의 변화도 원인으로 들 수 있습니다. 예전에는 자연산 약재가 대부분이었지만, 지금은 재배산과 외국산이 많습니다. 재배산의 경우에는 재배과정에서 비료, 농약, 퇴비 등을 사용함으로써 국산이더라도 예전의 자연산 약재에 비해 약효가 3분의 1로 떨어진 상태입니다. 예를 들면, 신체의 한열(寒熱)을 치료하는 시호(柴胡)의 경우, 『동의보감』 처방에 의하면 2~3g이면 가능했는데, 지금은 10g을 넣어야 합니다. 다른 약재도 마찬가지여서 예전에 비해 2배가량의 많은 약재를 사용함으로써 약효를 내려고 해요. 따라서 약재 가격이 올라 소비자의 경제 지출이 상승하는 원인이 되기도 해요.

일부 비방의 경우 특별한 경우에는 간혹 이를 활용하기도 해요. 다만 가미(加味)나 약재의 량 조정을 통해 활용하지요. 예전에 손님이 많을 때는 약방이 가정집 형태여서 영업이 불편하여 지금의 집을 새로 지어 약방으로 사용하고 있지요. 부친이 돌아가시기 10년 전쯤인 1970년대 중후반쯤 될 겁니다. 우리 살던 집도 바로 옆입니다. 이전의 집은 형이 매각했기 때문에 없어졌어요. 지금의 약방은 가정집 형태가 아니지요. 전문적인 약방구조로 지은 것이지요. 새로 지은 지가 30년 정도 된 것 같아요.

■ 3대 한방 가업 계승

아버지가 돌아가시기까지 10년 정도 한약을 배웠어요

나는 학교 마치고 처음에는 사업을 했어요. 하지만 그게 잘 안 되어서 1976년 무렵이던 28~29세 때 집으로 들어와 부친의 한약방 일을 도우면서 본격 한약에 입문했어요. 따라서 아버지와 10년 동안을 함께 약방 일을 해온 셈이지요. 아버지의 지원으로 1983년도에 한약업사 시험에 응시했지만 낙방했어요. 이후 더 이상 시험이 실시되지 않아 자격을 취득할 길이 막혀 버렸어요.

내가 시험 칠 당시 응시 요건으로는 5년 이상 경력에다 고졸 이상의 학력이 필요했어요. 당시 대구를 포함한 경북 응시자 모두가 협성중고등학교에서 모여 시험을 쳤어요. 평균 80점이 커트라인이었어요. 시험 내용은 『본초강목(本草綱目)』의 약 이름, 약성을 물론 처방 등에 대해 많이 출제되었어요. 약재 특성을 나열한 후 '이것은 어디에 쓰는 것이냐?'는 식이지요. 또 황기(黃芪)를 예로 들면, 색깔을 묻는 것도 나왔어요. 실물을 내어놓고 이름을 물음과 동시에 어느 병에 사용하는 것인지에 대한 문제도 출제되었어요. 공부는 과목별로 나누어 했지만, 시험 내용은 '통합식'으로 출제되었어요.

예전에는 무의면(無醫面) 지역에 응시 자격을 주어 다른 곳으로서의 이전 자유를 제한하는 형식이었어요. 즉 의사나 약사, 한의사, 보건소, 한약방 등이 없는 곳이어야 응시가 가능했지요. 따라서 '무의촌(無醫村) 해소 방안'의 일환으로 한약업사 제도가 존속하는 상태였어요. 대구 합격자의 경우에도 합격한 후 무의촌을 찾아가서 개업해야 했어요.

아들이 한방병원에서 수련의 과정을 밟고 있어요

아들은 올해 2006년 2월에 경희대 한의과대학을 졸업한 후 지금 부속 한방병원에서 수련의 과정을 밟고 있어요. 31세입니다. 한방으로 대를 이어나감은 작고하신 부친의 희망이자 염원이었어요. 특히 부친은 임종 10일 전쯤 당시 10세가량의 그 아이(손자)를 불러놓고 손을 잡으며 "앞으로 네가 대를 이어나가야 할 것이다."라는 말씀을 하시기도 했어요.

아들은 상당한 의지를 가지고 4수 끝에 한의학과 시험에 합격했어요. 2번의 낙방 후에는 상당히 낙담하여 호주, 뉴질랜드 등지를 거쳐 3개월 간이나 배낭여행을 하기도 했어요. 돌아온 후 다시 마음을 잡고 2년 동안 공부를 더 하여 결국 합격했어요. 재수는 대구 일신학원에서 했고, 삼수부터는 서울까지 보내 종로, 대성학원 등에서 공부했어요. 이러는 동안 아들 밑에 돈도 많이 들었어요.

■ 한약방 근무와 한약 수업

약재를 보고 만지고 때로는 맛보면서 자랐지요

초등, 중학교까지 집에서 다녔기 때문에 어릴 때부터 항시 집에 있는 약재를 보고 만지고 때로는 맛보면서 자랐지요. 조금 커서는 방학 때 약재를 썰면서 용돈까지 받았어요. 이런 과정에서 아무런 목적 없이도 약재 이름과 약성 등 기본적인 것은 자연스럽게 익혔죠. 아주 어릴 때는 촌에 군것질거리가 부족하여 숙지황(熟地黃) 같은 것을 몰래 호주머니에 넣어 가서 아이들에게 나눠주기도 했어요. 감초(甘草)도 맛이 달착지근하여 한 주머니씩 훔쳐다가 아이들과 나눠 먹기도 했고요. 커서는 약 써는 아르바이트 외에 때로는 대구 약전골목으로 약을 사러가는 심부름도 했어요.

환자 상담 과정을 주의 깊게 살펴봄으로써 처방 지식을 습득했지요

한약 공부를 본격적으로 할 때는 아버지가 환자를 앞에 두고 상담하는 과정을 아주 주의 깊게 살펴봄으로써 처방 지식을 습득했지요. 손님이 가고난 후에는 환자의 나이, 성별, 병증, 거주지, 가미 약재를 비롯한 처방 내용 등을 내 노트에다 자세히 기록해 두고 연구하는 자료로 삼기도 했어요.

아버지 연세가 많아 『방약합편』에 있는 보중익기탕(補中益氣湯) 등 '무슨 약을 써라'고 말만 하시면, 내가 직접 약을 짓기도 했어요. 아버지는 동시에 반드시 가감(加減) 내용까지 별도로 지시하셨지요. 그러면 나는 아버지의 모든 처방 내용들을 자세하게 노트에다 기록하지요. 본방(本方) 중심에다 사람들의 병증에 따른 가감의 내용들이 반드시 있었어요.

여러 의약서를 많이 보아왔기 때문에 내용에 대해서 아버지에게 질문도 하고, 때로는 토론도 했어요. 예를 들면, "이런 환자는 『방약합편』에 이런 처방을 해야 한다고 하든데, 왜 아버지는 그런 처방을 내립니까?"라는 질문을 하지요. 그러면 아버지는 "네 생각은 그렇지만, 실제로 이 환자는 이러이러한 병으로 왔기 때문에 그기에 해당하지 않는다."고 말하지요.

아버지가 제게는 가정교사 택이지요

어떤 때는 간혹 손님과 이야기하고 난 후에 시험 삼아 아버지가 저에게 "무슨 약을 쓰려고 하느냐?"고 물어보기도 했지요. 처방을요. 그러면 "이런 환자는 이걸 활용해야 되지 않습니까?"라고 대답하지요. 맞으면 "그래. 그걸 쓰라."고 하시고, 틀리면 "그런 기 아닌데 …… 그것 말고 다른 걸 쓰라."고 했지요. 그게 임상경험이지요. 한편으로는 이런 아버지가 제게는 가정교사 택이지요.

수련 한의사로 3대 계승자에 해당하는 아들은 아직까지 약방에서 이와 같은 실물경험을 할 수 있는 기회가 거의 없었어요. 당연히 임상경험이 많이 부족한 상태입니다. 따라서 아들이 개원하게 되면 내가 최소한 5년 정도는 뒤를 봐주면서 아버지 것까지 포함된 임상의 노하우를 전해줄 계획입니다. 예를 들면, 아버지가 했던 것처럼, 환자가 오면 함께 상담한 후 각자가 내린 처방 내용과 관점에 대해 서로 의견을 나누고 이를 통해 아버지의 한약 지식과 비방(秘方)의 노하우까지 두루 전하는 식입니다.

이렇게 하려는 이유는 첫째 한방은 임상경험이 중요하기 때문입니다. 이론하고 임상하고 때로는 잘 맞지 않으므로 이런 방식으로 해야 나중에 명의(名醫)로 이름을 낼 수 있지요. '3대 계승'이라는 의미도 있고요. 또 '약(藥)과 의(醫)의 결합'도 되고요. 이러한 계획은 이미 부자간에 합의된 사안입니다. 내 소망은 조상의 땅과 집이 있고 또 현풍 지역이 신도시 건설계획에 포함되어 있기 때문에 건물을 새로 지어 여기서 한의업을 해나가는 것이지만, 아들은 서울 등 큰 곳에서 하려고 해요.

■ 약재 관리와 한약방 운영

5시간 정도 많이 달여 주어야 합니다

요즘 약 짓는 것을 보면 한의원과 한약방 하고 차이가 많이 납니다. 한의원의 경우에는 임상 경험이 많은 사람은 몰라도 아마도 약 효과가 좀 덜 나올 겁니다. 한의사들은 한의약서에 나와 있는 용량 그대로 하기 때문에 달인 약을 보면 색깔부터가 다소 멀겋습니다. 마치 숭늉 물 같지요. 우리 경우에는 약이 아주 진합니다.

한약은 약의 뿌리, 풀, 줄기로부터 엑기스를 뽑는 것인데, 예전처럼 약성이 진한 경우에는 모르지만 지금처럼 재배산이 많은 경우에는 그런 식으로는 안 됩니다. 약성도 떨어지고 또 달인 약도 멀겋습니다. 많이 달여주어야 합니다. 우리는 약탕기가 10대 있는데, 보통 5시간 달입니다. 한의원이나 건강원 등에서는 많이 달여도 2시간이나 2시간 반 정도밖에 달이지 않습니다.

향부자(香附子)는 동초(童炒)를 하지요

약재는 그냥 그대로 쓰는 것도 있지만, 경우에 따라서는 법제를 해야 합니다. 예를 들면, 향부자(香附子)는 동초(童炒)를 하지요. 어린 아이 오줌에다 법제하는 거지요. 어떤 약재는 밀구(密灸)를 하고요. 약재를 벌꿀에다 묻혀 굽는 법제지요. 보혈제는 이런 방식으로 하지요. 또 어떤 약재는 소금과 술에 섞어 불에다 굽는 방식으로 법제하지요. 염주초(鹽酒炒)라고 합니다. 신장(腎臟) 치료용으로 하는 경우 이렇게 합니다. 지황(地黃)은 아홉 번 불에다 찌고 아홉 번 햇볕에 말리는 이른바 '구증구포(九蒸九炮)' 방식으로 법제합니다.

예전에는 모두 약방에서 이렇게 법제했어요. 지금처럼 제약회사에서는 2~3회 정도밖에 하지 않기 때문에 약성도 약하고 단단하고 또 맛이 씁쓰레하고 약성이 차고 강하여 그대로 복용하면 80%는 설사를 합니다. 구증구포한 경우에는 말랑말랑하고 약성이 온화하며 단맛이 납니다. 얼마(몇 번)를 찌느냐에 따라 약성에도 차이가 크고, 공력 들어가는 것도 차이가 많지요. 가격 또한 차이가 많이 나서 2~3회 찐 것은 근 당 3,000~3,500원 하지만, 구증구포한 것은 근 당 8,000원씩 합니다.

숙지황(熟地黃)은 술에다 담근 후 불에 찌고 말리는데, 이것이 원칙이고 한의약서에 그렇게 하도록 그대로 나옵니다. 허지만 제약회사에서는 2~3회 정도에 그칩니다. 예전에는 이러한 법제를 모두 집(한약방)에서 했습니다. 이는 환자의 병을 고치기 위한 '정성'의 한 표현이지요. 이제는 집에서 법제를 이렇게 하지 않고 제약공장에서 나오는 것을 사용하는데, 대신 설사가 나지 않도록 다른 약재를 가미하여 처방하고 있습니다.

예전에는 법제를 위한 도구도 모두 갖추어 놓고 있었지만, 이제는 그렇게 하지 않으므로 법제 도구조차 없습니다. 반하(半夏)의 경우도 독성이 강하므로 이를 완화시키기 위해 생강즙(生薑汁)을 발라 법제를 하는데, 요즘은 제약회사에서 그렇게 되어 나옵니다.

구지 타래산에서는 시호(柴胡)나 황금(黃芩)이 많이 생산되었어요

예전에는 우리 마을에도 전문적으로 혹은 부업으로 약초를 캐는 사람들이 많았어요. 이럴 때는 70~80%의 약재가 자연산 약초 채취꾼들로부터 조달되었습니다. [달성군] 구지 타래산에서는 시호(柴胡)나 황금(黃芩)이 많이 생산되었고, 비슬산에도 약이 많이 났지요. 또 청도에는 복령(茯苓)을, 창녕이나 고령 등지에서도 채약꾼들이 약 팔러 많이 왔습니다.

30년 전부터는 채약꾼들이 차츰 줄어들고, 대신 대구약령시로 가서 많이 구입해 왔어요. 자연산 약이 없어지거나 또 줄어들었는데, 이유는 첫째 숲이 우거짐으로써 약초 자체가 삭아져버린다는 점입니다. 또 일반 사람들이 차츰 약을 잘 모르고요. 약초 지식을 가진 약초 전문 채취자가 줄어들었기 때문입니다.

약초 채취꾼들로부터는 원형의 약재를 구입했으므로 이를 건조하고 쓰는 등 일거리가 굉장히 많았어요. 따라서 방학 때는 나도 직접 약을 썰기도 했어요. 여름에는 벌레 먹을까봐 자주 뒤적거려 말리기도 하고 약 부스러기를 걸러내는 일도 많았어요.

부친이 약방을 경영할 때는 두서너 명의 직원들이 상근했어요. 내가 약방에 들어온 이후에도 여직원이 2명 근무하면서 약방 일을 도왔어요. 약 15년 전쯤인 1990년대 들어서부터 자동 약탕기가 나오고 또 약 써는 기계가 나오면서 차츰 인력이 줄어들었지요. 부친이 돌아가신 후 5년쯤 지나면서부터는 자동 약탕기를 구입했어요. 처음에는 2대를 들였지요. 규격화 이후부터는 일거리가 줄어들어 인력을 줄였어요. 지금은 아줌마 1명이 청소도 하고 탕제(湯劑)하는 일을 돕고 있어요. 여름철에는 약재 관리에 더 많은 신경을 써야 합니다. 약을 주의 깊게 관찰하고 만져보아 습기가 생기면 벌레나 곰팡이가 생기지 않도록 약을 자주 말리곤 했어요.

한약방을 지속시키기 위한 하나의 방편이지요

지금은 한약 경기가 별로 좋지 못해 '밥 먹고 살 정도'지요. 지금의 한약업사는 3번째로 우리 약방과 인연을 맺은 분입니다. 이는 한약방을 지속시키기 위한 하나의 방편이지요. 몸도 좀 편찮고 연로하여 자주 못 나오십니다. 여기서 20분 거리인 성주군 용암면에 살고 계시는데, 올해 78세입니다. 본인이 영업도 안 되고 나이도 많고 해서 용돈도 벌 겸 우리 약방에 적을 두고 계시지요. 영업이 잘 되면 스스로 업을 계속하든지, 아니면 어떤 방법으로든 계속할 것 아니겠어요.

1987년 아버지가 돌아가시자 약방을 지속할 것인지 말 것인지의 기로에서 많은 생각을 했지요. 차마 업을 그만두기가 어려워 원로 한약업사 분을 모시는 방법을 택했지요. 내가 한약 기술이 전혀 없었다면 선택의 여지가 없었겠지요. 부친이 돌아가실 때만 해도 내가 10년 동안 한약방에 종사하며 나름대로 한약 기술을 익혔기 때문에 약방을 이어나갈 생각을 한 거지요. 만일 내가 아버지 밑에서 전혀 약을 배우지 않았다면 사람들이 우리 집에 오겠어요. 안 옵니다. 우선 내가 약을 모른다고 생각할 것인데 누굴 보고 오겠어요. 그래도 사람들이 내가 아버지 밑에서 상당기간 동안 약을 배웠다는 사실을 알기 때문에 그걸 믿고 오는 거지요.

요즘은 초여름이라 한약 비수기라서 좀 조용합니다. 하지만 좀 더 더운 한여름이 되면 손님들이 또 있습니다. 주위로는 낙동강 주변에 비닐하우스 농사를 많이 합니다. 하우스 농사 하느라 땀을 많이 흘립니다. 하우스 농사일이 어느 정도 이루어지고 나면 그 사람들이 찾아옵니다. 하우스병도 있거든요. 그기에 맞는 약이 또 있지요.

달성군 내에는 지금 5개의 한약방이 있습니다. 우리 하고 논공의 '성신한약방' 빼고는 모두 외부에서 들어온 사람들입니다. 다른 데서 하다가 근무지를 이전해서 들어왔지요. 논공의 전병효씨는 72세(1935년생)쯤 됐어요. 자기 부친이 일제시대부터 한의사 했고요. 아들이 한의사 하고 있어서 3대를 계승하고 있어요. 하빈에는 '영초당한약방' 박희쾌씬데 1943년생, 64세고요. 다사면에 '감초당한약방' 김득관씨, 1932년생, 75세입니다. 마지막으로 화원읍에 권태일씨, '대원한약방'이지요. 1941년생이니까 66세입니다.

■ 복원당한약방의 한약 물증

▶ 액자 속의 1대 한약업사 초상 :

제 아버지[18]는 1904년생입니다. 80세 다 되어 찍은 사진입니다. 참 정정하고 위엄이 있어 보이지요. 그 옆의 액자는 아버지가 현풍향교 전교 재직할 때 성균관으로부터 받은 표창장입니다. 사비를 들여 향교 제단을 개·보수하는 등 지역 향교 발전을 위해 노력한 공로인 것 같아요. 아버지 호는 아산(俄山)입니다. 유학자이기도 하여 덕망이 있어 일대 고을에서도 이름이 났지요. 장례식도 유림장(儒林葬)으로 치렀습니다. 내가 3년 상까지 했고요. 옛날처럼 산소 옆에다 막(幕)을 지어놓고 하는 그런 형식은 아니지만, 빈소에다 조석으로 음식을 올리며 예를 다하는 방식으로 했지요. 아버지는 여가시간에는 의서를 읽으시며 계속 연구하는 가운데 천문학도 공부하고 또 풍수지리, 사주, 궁합, 길흉사 택일 등에도 조예가 깊으셨지요.

아버지는 자신의 병 때문에 30년 동안 생식을 하신 분입니다. 생쌀을 가루로 만들어 물에 타서 식사대용으로 드셨지요. 생나물과 육회 등도 드시고요. 스스로 위 부분에 암이 있는 것을 알고 그렇게 하셨던 것 같아요. 한약도 여러 종류를 썼겠지만, 잘 듣지 않아 생식을 하신 것 같아요. 이런 방식으로 병을 다스린 셈인데, 84세까지 사시다가 별세함은 노환 때문이지 병이 직접적인 원인이 된 것은 아닌 것 같아요. 아버지는 그러니까 자신의 병을 스스로 다스렸다고나 할까요. 출타 중인 경우에는 생식용품을 따로 휴대하고 다녔어요. 매 식사 때마다 아버지는 항상 생식을 했기 때문에, 자식 된 입장에서는 마음이 편하지는 않았죠.

---

18 복원당한약방 창업주 고 김희원(金熙元)

▶ 한방 액자 '약재구인(藥在救人)' :

'약으로써 사람을 구한다.', '약을 갖추어 놓고 사람의 병을 구료하라.'
라는 의미이지요.

▶ 약장 :

큰 것은 20년 된 것으로서 아버지가 종이에다 약명을 손수 쓰서서 붙인
것입니다. 작은 약장도 손수 약재 이름을 붓으로 쓴 것이지요. 참 글씨가
좋지 않아요? 40~50년 된 것입니다. 아버지의 손때가 많이 묻은 것이지
요. 예전에는 아주 작은 규모의 약장이 또 있었지만, 없어져 버렸어요.19

▶ 약 짓는 탁자 :

가로 1.5m, 세로 2.5m, 높이 30cm쯤 되지요. 예전에는 저기에다가 첩
지(貼紙)를 쭉 늘어놓고 처방된 약을 지어 썼지요. 약 짓는 탁자입니다.
저것도 아버지 유품 중의 하나지요.

▶ 독·극약통 :

아버지가 생전 친필로 쓰서 붙인 글씨지요. 독·극약도 몸속의 독한 병
을 다스리는데 사용했지요. 독약에는 부자(附子)나 비상(砒霜) 등이 있고
요. 극약은 맹독성이 강한 약재입니다. 독·극약은 보통 별도의 약장에다
넣고 자물쇠로 잠가 보관합니다. 보건소에서 년 1~2회 나와서 독·극약
보관 실태를 조사합니다.

---

19 경남 사천시의 '보생당한약방'에서도 3대에 걸친 약장의 규모가 차이 있었음을 확
   인할 수 있었다.

▶ 약통 :

붉은 색으로 된 플리스틱 통에다 약재를 넣어 통풍이 양호하고 햇볕이 약간 드는 마루에다 진열하여 보관(30여 종). 예전에는 목재 함지박 (30cm×30cm×40cm)이나 약봉지를 천장에 괘약(掛藥)하거나, 약재 창고 등에다 보관함.

▶ 약쟁반 :

철제(40cm×40cm×10cm) 용기로. 처방 약을 한 곳에 담는 그릇.

제2부

경북지역 원로 한약업사들의
약업(藥業)과 삶

우병(牛病) 처방 전문가, 동광한약방 박경열

우병(牛病) 처방 전문가,
동광한약방 박경열
─1928년 생─

．
．
．

대구 남산동 출생과 성장과정
대구전매국 근무와 6.25전쟁 경험
한약 입문과 공부, 한약업사 시험
한방(韓方)과 역학(易學)
동광한약방 개업과 운영
스승의 『오봉청낭결(五峰靑囊訣)』과 비방(秘方)
지혈, 설사, 우병(牛病) 처방 사례
우수 약재 선별과 조달 방법
업권 투쟁과 한약 갈등
정업(正業)과 책임감, 한방에 대한 인식
동광한약방의 한약 물증

연보
- 1928년 – 1월 5일, 대구광역시 중구 남산동 출생
- 1945년 - 대구농림학교 졸업
- 1945년 - 대구전매국 입사
- 1953년 - 대구 동양의약전문학원 수학
- 1953년 – 11월, 입대
- 1958년 - 『오봉청낭결(五峰靑囊訣)』 공동 편찬
- 1960년 - 대한침구학원 수료
- 1962년 - 한약업사 시험 합격, 동광한약방 개업
- 2006년 - 경상북도 경산시 평산동 동광한약방 운영

■ 대구 남산동 출생과 성장과정

밀양 박가 정재공파입니다

밀양 박가 정재공파입니다. 경북 의성군 안계면 도덕동 고도산(高道山)에 600년 된 선산이 있습니다. 12만평입니다. 이곳은 고지(高地)로서 조선시대 임금의 묘를 만든 곳이기도 합니다. 부와 조부 위로 수많은 선조들이 모셔져 있습니다. 50세 때 문중 산의 관련 서류가 잘못 되어 있는 것을 3년 동안에 걸쳐 사비를 들여 바르게 해놓기도 했어요.

임야 곳곳에다 사람들이 집을 짓고 또 능금나무를 심어 과수원을 조성해 놓고 있어요. 선산에는 많은 선조들의 산소가 있지만, 묘사하려 가면 직계 4대조까지만 찾아 예를 올립니다. 당내(堂內)별로 산소를 관리합니다. 그 이상의 조상들에 대해서는 문중에서 일괄적으로 관리하고 또 모십니다. 내 부친은 3남에 해당하므로 현재 나는 부모님과 서 할매 제사만 지내고 있습니다. 부친이 3세 때 친 할매가 죽고 서 할매가 채추로 들어와서 40년 이상이나 조부와 함께 살았어요. 백부는 자손이 없이 딸만 두고 돌아가시고, 숙부는 아들 둘이 있지만 모시지 않기에 내가 서 할매 제사를 지냅니다. 서 할매는 생전 여인숙 영업을 해서 많은 돈을 벌었어요. 남겨 놓은 돈 일부를 가지고 산소의 잘못된 일을 바로 잡기도 했어요.

현재 대한민국 대부분의 선산은 소유권 소송이 걸려 있어요. 문중답 관리가 옳게 되지 않은 상태에서 각자 당내 고조까지만 관리해 오고 있는 입장이어서 오랫동안 유지해오던 문중 토지를 일부 구성원들이 사유화 내지는 독자적으로 처분한 사례가 많기 때문입니다. 한번은 묘사 때 집안사람이 선산 땅을 공평하게 나누어 갖자는 의견을 내놓기도 했어요. 그래서 "한 푼이라도 보태지는 못할망정 있는 것까지 처분하려 하다니 될 말이냐?"고 하면서 호통을 치기도 했어요. 종손의 며느리 한분도 그런 말을 해서 많이 혼났어요. 조상을 잘못 대하는 사람들은 끝이 안 좋아요.

대구 남산동에서 태어났어요

대구 남산동에서 태어났어요. 거기서 동인동, 대봉동 등으로 이사 다녔어요. 동인동에서는 시청 본청 바로 앞에 왜놈들 사는 동네 한복판에서 살았지요. 당시 아버지는 염매시장에서 일본인을 상대로 건어물 장사를 했어요. 하지만 해방되고부터는 장사가 안됐어요. 당시에는 조선 사람들이 일본인 동네로 잘 못 들어갔어요.

나는 동인동 있을 때 대구농림학교를 다녔어요. 우리 아버지 일본식 이름이 '아라이'이었는데, 일본인과 물건을 거래했으므로 이들과 친해져서 "아라이상 같은 사람이라면 우리 집을 판다."고 해서 집을 사서 일본인 동네로 들어갈 수 있었지요. 옛날 염매시장은 시청 부근이었지요. 가마보꼬 덴뿌라. 판떼기 위에 어묵을 파는 사람이 있었어요. 일본 사람이 만들어 팔았어요. '지꼬'라는 것도 팔았어요. 당시 시청 부근에 일본 사람들이 밀집했어요. 신문사, 도서관 등도 인근에 있었어요. 우리 집은 동인동 308번지였어요.

나는 대구보통학교 6년제에 다녔어요. 당시에는 시험 쳐서 들어갔어요. 후에 덕산심상소학교, 덕산학교로 바뀌었어요. 여기서는 전국 사범학교 예비교사들이 모여서 가르치는 실습도 했어요. 당시 한 학년이 각 3학급이었고, 한 클래스에는 72명씩 들어갔어요. 교사는 일본인과 한국인이 섞여 있었어요. 한정섭 선생님이 내 담임이었는데, 교장까지 했어요. 여기 졸업한 후 대구농림학교 5년제에 들어갔어요.

어릴 때는 아버지 장사가 잘 되어 쌀밥도 먹고 괜찮게 살았어요. 쌀 조금 하고 납작보리 하고 콩기름 짜고 남은 콩깻묵 등을 배급 타서 먹었어요. 그것만으로는 부족해서 '야매쌀'을 사서 먹기도 했지요. 당시 똥통에다 쌀을 몰래 넣어 팔러 와서 사 먹었어요. 똥 푸러 오는 척하면서 그 속에다 쌀을 담아 와서 팔았지요. 야매쌀을 사기 위해서는 돈도 있어야 하고, 구입 루트도 잘 되어 있어야 합니다. 운동화는 신기 어려워 주로 고무신을 신고 다녔어요.

4남 1녀 중 장남입니다

입대 문제로 인해 32세에 늦게 결혼했어요. 그때 상황을 이야기할라치면 정말 말로 못하지요. 그때는 붙들려가고 또 숨어 다니고 한다고 색시고 뭐고… 그때 이야기하려면 기도 차지 않아요. 전매청에 있었기 때문에 좀은 급한 시기를 넘기기도 했어요.

장남으로 내가 다 벌어가지고 부모님 모시고 동생들 모두 공부시키고 시집, 장가보내고 했지요. 걸뱅이 시집, 장가도 보냈지만 고생했어요. 내 형제는 4남 1녀 5남매입니다. 장남입니다. 내 밑으로 모두 남형제이고, 막내가 여동생입니다. 두 번째 바로 밑에 남동생이 하나 더 있었는데, 어려서 죽었어요. 내 자식들은 3남 2녀 5남매입니다. 위로 딸이 셋이고, 밑으로 아들이 둘입니다. 장녀는 48세인데, 경산에서 재활용센터를 운영하고 있어요. 250평 5층 건물을 가지고도 있어요.

대구 사는 바로 밑에 남동생은 보통학교를 마치고 목공 일을 배웠어요. 문 짜는 세공 기술인데 일본말로는 '사시모노'라고 했지요. 대구 사는 셋째 남동생은 목수였는데, 내가 약방 열 때 약장을 짜주기도 했어요. 나하고 세 살 차이니까 올해 77세지요. 6.25전쟁 때 해병대 참전했었지요. 전투 중에 팔에 총상을 당해 제대했지요. 인천상륙작전 때 왼팔을 다쳤지요. 제대 후 보훈처 알선으로 학교 용인으로 취직했어요. 지금은 국가 유공자로 인정되어 월 80만원씩 연금 혜택을 받고 있어요. 국가 유공자로 인정받기 위해 제수씨가 참 애를 썼어요. 1년 동안 거의 매일처럼 보훈처를 다니면서 사정해서 받았어요. 그렇게 애를 쓰더니 인정받고 1년 후에 죽었어요. 작년(2005년)이지요.

그 동생한테는 아들만 셋이 났어요. 큰조카는 의대를 나왔으나 교통사고로 그만 죽었어요. 둘째 조카는 영문학을 공부한 후 원호 자녀 혜택으로 동사무소에 취직했었어요. 하지만 곧 사직해 버리고 또 다른 곳에 들어갔으나 거기서도 나오고 아직 장가도 못가고 있어요. 좀 마음에 안 맞더라도 참고 해야 하는데… 공무원 하기가 이제 참 어렵지요. 막내 조카는 수학을 전공했어요.

내 둘째 동생은 [경북대 사범대] 부속고교를 나왔어요. 1983년도에 한약업사 시험까지 보았는데, 떨어져 버렸어요. 지금은 문방구점을 운영하며 살고 있어요. 셋째 동생은 오락실을 운영하고 있어요. 동생들이 모두 대구에 살아요. 조카 하나는 영남대학을 졸업한 후 엘지(LG)에 근무하다가 퇴직했어요. 그리고 막내 여동생은 지금 충북 제천에 살아요.

대구농림학교 34회입니다

우리 나올 때는 농대가 생기고 경북대학이 생기고 그랬지요. 그전에는 없었어요. 김재성 선생은 26세 무렵 만났어요. 이웃에 살았어요. 대구 대봉동 건들바위 부근이었어요. 당시 내 공부할 때는 대구농림학교, 대구상업학교, 경북중학교 정도지요. 내가 덕산학교 나왔는데, 그때는 농림학교와 상업학교 각 1~2명, 경북중학교 1명, 대구사범학교 1명 등 많이 들어가야 70명씩 두 클라스니까 상급학교 진학자는 140명에 불과 10명 안쪽입니다.

그때는 교복 입고 모자 쓰고 당당해요. 대단합니다. 나는 대구농림학교 34회입니다. 그때는 일선 군수 양성소 택이지요. 지금은 2001년인가 없어져 버렸어요. 자연과학고등학교라는 이름으로 바뀌었어요. 농림학교 졸업 후에는 곧바로 시험 쳐서 전매공사에 일 파트로 들어갔지요. 지금의 태평로 그 자리에 있었어요. 해방 전에 들어가서 반 년 정도 있다가 해방되었어요. 당시 국가 재정의 72%가 전매수입이었지요. 20세에 들어가

5~6년 동안 그곳에 근무했어요. 전매청에 근무했으므로 자꾸 연기시키다 전쟁 막바지에 군에 가게 되었어요. 25, 26세 무렵이지요. 이때는 붙들리면 36개월, 3년 동안 꼬박 복무해야 했지요. 군에 갔다 오지 않으면 아무 데도 옳은 곳에 취직도 못할 형편이었어요.

덕산학교, 농림학교 동창 모임도 있지요.

대구농림 34회 동기회 모임이 오래 됐습니다. 예전에는 매월 1회씩 20여 명이 모였지만, 발병하거나 연로, 작고 등으로 인제 5~6명만 참석합니다. 예전에는 저녁에 모여 여흥도 즐기곤 했지만, 나이 들어서는 귀가의 어려움 등으로 주로 낮에 모여 밥 먹는 정도죠. 또한 2개월에 한번 모이는 정도로 만나는 횟수도 줄어들었어요. 대학 학장이나 교장 등 교육계 출신이 많습니다.

두 번째는 덕우회라는 모임입니다. 덕산학교 출신들의 모임으로서 현재 7~8명의 회원이 만납니다. 예전에는 저녁에 모여 10,000원짜리 식사를 했지만, 이제는 낮에 모여 6,000원짜리 식사를 하는 정도입니다. 경조사 때 회원들이 개인적으로 참여하고, 모임에서는 10~20만원씩 지원해 왔습니다. 지금은 회비 없이 식사비만 내요.

이런 모임에도 회장 일을 하려면 첫째 부지런해야 하고, 또 부인에게 허락을 받아야 합니다. 모두들 80세가 넘으므로 부인이 없는 경우 노년의 수명이 단축되는 경향이 있어요. (웃으면서) 현재 가장 큰 고민은 약 팔아서 돈 벌이는 것보다 부인이 혹시 덜컥 병이라도 나지 않을까 하는 점입니다. 자식은 '허가된 도둑'이므로 첫째 부인이 건강해야 합니다.

향우회 및 친족 모임은 '인부족(人不足), 재부족(財不足)'이면 잘 유지되기 어렵습니다. 경산이나 대구지역에서 특별한 친족 모임은 없습니다. 출중한 인물도 없고, 재력가도 없으니까요.

■ 대구전매국 근무와 6.25전쟁 경험

해방 직전 대구전매국에 들어갔어요

대구 농림학교 졸업을 3개월 앞두고 대구전매국에 들어갔어요. 처음에는 고원(雇員)으로 들어갔어요. 그 다음에 기수(技手), 기사(技士)로 차츰 승진했지요. 기사는 4급 갑, 기수는 5급, 고원은 8, 9급쯤 되었어요. 기사는 지금으로 치면 과장급이지요.

전매국에 들어갈 때는 해방 직전이었어요. 시험은 첫째 서류심사이고, 영어를 비롯한 간단한 필기시험을 쳤어요. 첫째로는 가정 사정이 가장 중요했어요. 대구 전매국은 지금과 똑 같은 태평로 그 자리에 있었어요. 당시 전매국은 겨울에도 스팀까지 들어오고 시설이 최고였어요. 도청에도 실내에 불을 때가지고 연기가 자욱했거든요. 당시 전매청이 국가 재정의 72%를 담당했을 정도로 큰 비중을 차지했어요. 대다수 고위직은 일본인들이 차지했으므로 한국인들은 과장하기도 어려웠어요. 고원의 월급은 20원이었는데, 지금으로 치면 소 한 마리 값입니다.

나는 담배 파종과 식포 지도 및 근량 조사 등의 업무를 담당했어요. 담배 식포 후에는 포기 수까지 모두 조사해서 예상 생산량을 추산했어요. 수매할 때 근량 차이가 많이 나면 생산자의 집으로 가서 수색까지 했어요. 만일 숨겨놓은 것이 발견되면, '밀수' 범죄와 같은 수준으로 아주 엄하게 다스렸어요. 굉장히 엄했어요.

당시 대구 전매국장은 경북과 경남을 합친 두 개의 도지사급 대우를 받았어요. 우리도 담배 수매 업무 차 지방으로 내려가면 군수들이 나와 급수 좀 잘 봐달라고 하면서 대접을 해주었을 정도였어요. 대구에 본청이 있었고, 각 시군에 지청이 있었어요. 나는 본청 근무 하다가 김천지청으로 발령 나기도 했지요. 6.25사변이 나서는 도보로 대구까지 철수한 적도 있어요. 중요한 서류만 챙겨가지고요.

전매국 감시과에서는 담배 재배 농가를 대상으로 근량 수색을 할 수 있는 권한까지 가지고 있었어요. 당시 청도지방이 담배 농사를 많이 지었어요. 나는 안동이나 거창으로 많이 다녔어요. 1945년 해방 직전에 전매국에 들어가서 6.25사변 때 나왔다가 다시 들어가기도 했어요. 그러니까 내가 만 19세에 처음 들어간 거지요. 1953년 11월쯤 전쟁이 막 끝날 무렵에 결국 입대했어요.

휴전 직후 군에 갔어요

당시에는 3가지 병신이 있었어요. 첫째는 군에 가서 별 못 따는 병신이고, 둘째는 자전차에 모타 달고 다니는 것이고, 셋째는 군에 가는 사람이 병신이었어요. 어떻게든지 피해야 되던 시절이었어요. 돈이 없으면 기피도 못해요. 집도 너르고 먹을 게 좀 있어야 가능하지요. 나는 바로 밑에 동생도 군에 가버렸고, 또 살아야 되겠다고 해서 있었는데, 전매청에서는 정식 요원으로 남겨준다고도 했지만 … 아이고! 나중에는 사람이 모자라니까 훌치기 해서 모두 잡아가 버려요. 어쩔 수 없지요. 하루에 몇 명씩 붙잡아 가는 할당된 인원이 있는 모양이라요.

나는 전매청에 있었던 게 피해 다니는 택이지요. 김천지청에 있다가 북한 인민군에 점령되는 바람에 피난 내려왔다가 또 올라갔다가 하는 바람에 개판 되어버렸어요. 또 군에 갔다 오지 않으면 아무 데도 취직이 안 될 입장이었어요. 그래서 군에 갈 수 밖에 없었지요. 나중에는 전매청에도 못 있겠어요. 거기에도 막 훌쳐가 버리니까요. 전매청에서도 군에 '가라! 가지 마라!' 하지 못하지요.

휴전 직후 군에 갔어요. 집에 있는데, 잡으려 와서 붙들려 갔지요. 그때는 대구 약전골목 동양의약전문학원에서 공부하고 있었지요. 당시 한의학을 함께 공부했던 사람들로는 서성교를 들 수 있지요. 현재 문성항방병원장이지요. 내 친동서의 조캅니다. 대구 불로동 출신으로 양·한방 겸

업이지요. 지금 감산동에서 홍생한의원 원장 조경제도 나하고 80세로 동
갑인데 같이 있었지요. 성서 조약국을 경영했지요. 돈을 많이 벌어 150억
재산가입니다. 배만근씨도 있었어요. 올해 82세로 화원에서 '삼성한의원'
을 운영해 왔어요. 의술이 탁월하고, 대구 농림학교 동기생입니다.

당시 입대해서 대구 침산동 삼호방직에 집결했다가 제주도로 가서 1년
간 근무했어요. 나이도 많고 좀 이상한 사람들은 모두 제주도로 보내 버
렸어요. 성적 좋은 사람은 용산 기지로 보냈어요. 이후 강원도 속초 29사
단으로 배치되었어요. 보급계 요원으로 좀 수월하게 근무했어요. 만근했
어요. 3년간 골병 들어가지고 28세 정도 되어 제대했어요. 당시까지만 해
도 아직 결혼도 하지 않고요. 내 군번은 9497815번입니다.

■ 한약 입문과 공부, 한약업사 시험

농업학교 다닐 때부터 의서를 많이 보았어요

농업학교 다닐 때부터 의서(醫書)를 많이 보았어요. 농업하고도 관련되
지만, 무슨 약 먹으면 병 잘 낫고 그런 공부하는 것이 제 취미였어요. 그
러던 중 김재성 선생이 우리 집 옆으로 피란해 있을 때 만났는데, 저보고
"그런 재주 썩히면 안 된다. 그런데 증(證)이 있어야, 자격증이 있어야 되
는데…"라면서 공부를 하라고 했지요. 그렇지만 6.25 때 군대 끌려가서
한의사 시험도 못 쳤지요.

이런 공부를 하면서 집에 동생들 잔 병 있으면 따 주기도 하고, 치료도
내가 다 해 주었어요. 의과대학(대구의학전문학교) 갔을 텐데… 농업학교
졸업하던 해에 집에 어른이 의학전문학교 선생을 잘 친해가지고 입학한
다고 했거든요. 그 무렵 해방이 돼가지고 선생도 가버리고 또 나는 전매
청에 취직이 되어가지고 댕기고 하면서 그만 무산되어 버렸어요.

그 다음에는 6.25사변 나가지고 군에 끌려가면서 한의사도 못하고요. 제대해가지고는 또 김재성 선생 만나가지고 풀뿌리 말리게 되어가지고 1962년에 한약종상 시험 쳤지요. 35세 때지요. 상서여중학교 모두를 차지할 정도로 많은 사람들이 응시했어요. 이를 위해 1~2년 시험공부를 해야 했어요. 5.16 군사혁명 이전에는 시험이 있어도 몇 사람 뽑지 않았어요.

김재성 선생이 앞장서서 44명을 모아가지고 공부를 가르쳤어요

문성한방병원장 서문교 같은 사람도 그런 사람이지요. 내캉 같이 공부했는데… 나보다 댓살 떨어진 사람이지요. 학원에서… 고인이 된 김재성 선생이 앞장서 가지고요. 당시 44명을 모아가지고 공부를 가르쳤어요. 나하고 농림학교 동기생이자 '삼성한의원'을 하고 있는 배만근(82세)이 하고, 성서 '조약국' 조경제, '문성한방병원' 서문교 등입니다. 이들을 포함해서 당시 44명이 아무도 이탈하지 않고 공부해서 모두 한의사 되었어요.

그런데 나는 길 가다가 홀치기로 잡혀 6.25 종군되어가지고 가는 바람에 끝까지 못 갔지요. 나는 26세에 입대하는 바람에 이탈하여 한의사가 되지 못하고 한약종상 시험을 본 거지요. 당시 6.25전쟁이 막 끝나는 시기였어요. 김재성 선생은 서울 동양의약전문대학 초대 학장으로 있을 때 6.25전쟁이 터져 대구로 피란 내려와 있었지요. 내가 수제자입니다.

(펜으로 쓴 『비방 모음집』을 한권 꺼내면서) 우리 선생의 비방을 모아놓은 『오봉청낭결(五峰靑囊訣)』입니다. 나한테 '박경열 혜존'이라고 쓰고 한권 선물했지요. 여기서 내가 수제자가 되어가지고 이 책을 만들었어요. '오봉(五峰)'은 김재성 선생의 호이고, '청낭(靑囊)'이란 예전에 의자(醫子)들, 비방을 가지고 있는 사람들이 자기 비방을 넣어가지고 다니던 새파란 주머니를 말하지요.

이 책을 가지고 공부했지요. 아주 곤란한 시절인데, 우리가 돈을 모아

가지고 선생한테 허락을 얻어 이 책을 만들었지요. 당시 내 나이는 34세쯤 되었어요. 책을 만들던 이때는 1958년도니까 6.25가 끝난 후이지요.

동양의약전문학원은 '김홍조약방' 2층집 다락에 있었어요

처음에 김재성 선생을 만나 한의 공부를 할 때는 내가 26세 무렵이지요. 당시 김재성 선생은 대구 봉산동에 살았고, 나는 인근의 대봉동에 살았어요. 이웃에 살았으므로 그런 인연으로 만나게 되었어요. 김재성 선생이 여러 사람들과 힘을 합쳐 약전골목에다 동양의약전문학원을 만들어 사람들을 가르쳤어요. 당시 첫 번째로 공부했던 사람들은 1차로 먼저 대부분 시험에 합격했어요. 이들 중에 문성한방병원장인 서문교나 성서 조약국의 조경제도 들어 있지요. 대구한의대를 만든 변정환은 나중에 서울 동양의약대학에 들어가 졸업했어요. 지금 경희대 한의과대학 전신이지요.

내가 시험 치기 전에도 한약종상 시험이 있었을 겁니다. 1962년 시험은 대구 약전골목 업주들이 대학까지 나온 자제들이 있어도 무엇을 해먹을 것이 없는 기라. 그래서 이들이 상당한 투자를 해가지고 운동을 해가지고 만들었어요. 자제들한테 인계시켜 줄려면 시험에 합격시켜야 되잖아요.

당시에는 대구 약전골목 파워가 컸어요. 경북도청하고 교섭하기가 상당히 까다롭지요. 서울에서도 여기서 움직여야 비로소 움직일 수 있지요. 여기서 되면 전라도도 되고, 다른 데도 되거든요. 나는 종군한 후 다시 김재성 선생 만나가지고 '이거 배워놓으면 좋다' 캐가지고 다시 했지요. 그런데 이거 배울라 카면 가르쳐 줄 사람이 없어가지고요. '그러면 내가 학원을 창설하겠다.'고 했지요. 그래가지고 당시 '대남한약방'의 여원현 선생이 투자를 해서 만들었지요. 여원현 선생은 물주로서 그냥 있고… 약 팔기 바쁘니까요.

대구 약전골목 동양의약전문학원에서는 지금 한의과대학에서 배우는

과목 모두를 가르쳤지요. 책도 그대로고요. 한의과대학 4년 동안 배우는 것을 축소해가 1년 만에 가르쳤지요. 당시 학원 수강생들은 약전골목 사람들이 대부분이고 우리들처럼 뛰어 들어온 사람들은 몇 안 되었어요. 약전골목 약업주들 자제들이나 조카들, 이런 사람들이지요. 우리는 그 사람들을 '고죠(こぞう)'라 하지요. 약 심부름 하고 구루마 끌고 하는 사람들, 우리말로 좋게 말하면 종업원들이고, 일본말로는 '고죠'라 해요. 약 심부름꾼들이지요.

학원은 '김홍조약방' 2층집 다락에 있었어요. 당시 선생들은 대부분이 한의사들이었어요. 김재성 선생 외에 그의 제자인 방한철 선생도 가르쳤고요. 김재성 선생은 고향이 충북 괴산으로서 나하고 같아요. 내 윗대 조상들은 의성 안계지만요. 할아버지가 충북 괴산에서 오래도록 살았어요.

남성약방에 매일처럼 드나들며 한약 실물공부를 했어요

류판학 선생이 운영하던 '남성약방'에 매일처럼 드나들며 한약 실물공부를 했어요. 시험 치던 당해 1년 정도 드나들었지요. 류판학씨는 '김홍조약방'에서 구루마 끌고 약도 정리해주는 일을 했지요. 그러면서 해방되어가지고 집[敵産]도 접수하고 했지요.

시험되기 전에는 계속 드나들었어요. 나로서는 4급 전매청 공무원, 계장인데 [약방에서] 밑에 일을 해 줄 정도는 아니었지요. 합격되면 약을 팔아줄 요량으로 드나들면서 실물을 보았지요. 합격한 후에는 30년 동안 '남성한약방' 약을 이용해 주었어요. 그런데 요즘에는 약을 주문해도 약방까지 가져다주지를 안 해요. 그래서 불편해가지고 다른 곳에서 약을 이용하고 있어요. 영천이나 서울 등지로부터요.

한약종상 시험은 해방 되고 봤지 싶어요. 당시 것은 주운 것이나 다름없고요, 자격이 있어야 한약방 운영할 수 있었지요. 사람이 참 좋았어요. 류창록이가 오히려 자기 아버지보다 성격은 더 꼬쟁이 같지요.

1960년도에는 침구학원을 수료했습니다

'일침 이구 삼약(一鍼 二灸 三藥)'이지요. 병을 낫게 하기 위해서는 첫째 침을 잘 놓아야 합니다. 대단히 어려운데, 비결을 가르쳐주어야 하지만 잘 가르쳐 주지를 않아요. 선생이요. 그리고 의원은 보수가 많이 낮아요. 이를 두고 일본 사람들도 한국 의원을 '구두닦이'에 비유하기도 했어요. 의술 배울 때는 침구부터 미리 배워야 합니다. 그 다음에 약을 배워야 하고요.

한약업사 시험 치기 전에 1960년도에 침구학원을 수료했습니다. 군대나온 직후부터 서울에 가서 대한침구학원(大韓鍼灸學院)에 등록하여 전문적으로 침을 배웠어요. 원장은 황진서(黃鎭瑞)였고요. 이전에도 침을 가지고 설치기는 했지요. 내 동생들, 아이들도 아플 때 침을 막 찌르곤 했어요.

1962년도에 한약종상 시험쳤어요

내 들어갈 때는 전문대학이나 대학 나온 사람들이 들어갔고, 그 앞에는 고죠(종업원)하다가 이리저리 하다가 허가증 하나 주워가지고 그래 영업을 했는 모양이라요. 우리 들어올 때 새로 법을 만들었지요. 우리 들어올 때는 그래도 전문대학, 대학 졸업자도 좀 있었어요. 그때 농림학교, 상업학교 나온다 카면 지금 대학교 이상으로 쳐 주었지요. 그때는 대구에도 의학전문학교 하나밖에 없었거든요.

1962년도에 한약종상 시험 쳤어요. 당시에는 대구도 경북에 포함되어 있었지요. 한약협회 사무실도 같이 썼지요. 시험은 약전골목 상서여중에서 쳤지요. 약 2시간 정도 쳤어요. 그때는 우리처럼 학교 나온 사람은 드물고, 어쩌다가 젊은 사람 대학 나온 이가 있었지요. 고졸 이상에다 5년 경력이 있어야 했지요.

시험도 실물시험이 제일 어려웠어요. 시험관이 책상 밑에다 실물을 숨겨놓았다가 몇 가지를 꺼내 물어보았고… 학과시험은 의서 공부하면 그런대로 쉬운데 실물이 정말 어려웠어요. 시험관이 실물을 쑥 내밀면 땀낸다 카니까요. 대답 못하면 그냥 나가야 돼요. 학과시험은 예로 들어, 소시호탕(小柴胡湯)의 경우 화제(和劑) 내고 돈(錢) 수를 모두 쓰고 어느 병에 쓰는지를 모두 서술해야 되었어요.

한약업사 허가증을 교부받기 위해서는 수령한 한약업사 시험 '합격증서'를 챙겨가야 했거든요. 합격증 받고 곧바로 필요한 관련 서류를 갖추어 경산보건소에다 접수시켰어요. 그런데 상당 기간이 지나도록 허가증이 나오지 않아 보건소에 알아보니 서류 받은 것이 없다고 하면서 서류를 재접수 시키라고 했지요. 그래서 호통을 치고는 하는 수 없이 서류를 다시 만들어 재접수 시켰지요. 그러면서 보건소장을 비롯한 담당자 사인을 날인한 접수 확인증까지 받아두었던 해프닝까지 있었습니다.

본래 '한약종상(漢藥種商)'이라 했지요

약대 나온 사람들이 김영삼 정부 때는 한약 이거로 좀 벌어보니까 욕심이 나가지고, 한약 이거 좀 어려운 학문인데 자기네들 약사 그것만 해도 바쁠 것인데… 보사부 약무(藥務) 보는 사람이 모두 약사 출신이니까 조제한약사를 만들었지요. 제도가 우예 됐냐 하면 한의사는 의사고, 약사는 한약조제사 이름을 붙이고. 그때 우리가 새로 운동해가지고 한약사(漢藥士) 만들었는데, '사(士)'라고 하니까 또 배가 아파가지고 '업(業)' 자를 붙여가지고 '한약업사(漢藥業士)'라 했지요.

본래 이거는 '한약종상(漢藥種商)'으로… 본래는 왜놈들이 이것도 한 면(面)에 한 사람당 있는 의원(醫員)인데, '한약사'라고 하지 않고 정책적으로 장사 '상(商)' 자를 붙여가지고 '한약종상'이라 했어요. 그때도 시험을 봤겠지요. 내가 마지막으로 한약종상 시험을 본 기라.

우리는 처음 들어와 보니까 자격증 같은 게 없고. 허가증 허가 내어가

하다가 안 하면 끝장나는 기라. 안 하면 없어져 뿌는 기라. 자격증을 가지고 있으면 어디든지 가서 신청하면 영업할 수 있다고 생각해서 법적 근거를 만든 거지요. 자격증은 1962년 무렵에 곧 만들지 못하고, 우리가 합격하고 들어와 보니까 고등학교 이상 모두 나오고 또 대학 나온 사람도 있고. 또 나 같은 사람은 전매청 명색 4급 공무원까지… 행정공무원 했는 사람이지요. 또 종업원 출신의 '고죠' 몇이 섞이지요. 그래요.

■ 한방(韓方)과 역학(易學)

한약종상 시험 칠 때까지는 역학(易學)도 공부하고

32세 결혼 후 35세 한약종상 시험 칠 때까지는 역학(易學)도 공부하고, 한의약도 공부하고, 비방 수집도 하려 댕기고 그랬지요. 예전에는 사서삼경을 다 못 외우면 한의사 못 하게 되어 있었어요. 그것 연구 안하면 병을 못 고치거든요. 그래서 조금 알고 있지요.

주역이란 것은 모든 과학에… 문학이고 음악이고 예술이고 모두 연결되어 있지요. 특히 음악은 더 그래요. 주역은 선생을 두고 배웠지요. 책 보면서요. 오봉(五峰) 선생이 주역을 좀 알고, 사주를 뽑을 줄 알았어요. 나도 그 전에는 당사주(唐四柱) 같은 것은 볼 줄 알고… 사주 그거는 좀 어렵습니다. 시방은 사주풀이 그거 학술적으로 좀 알지요. 한약업 하고 바로 관련되지요. 그거 모르면 병 못 고칩니다. 그래서 요즘 내가 밥 먹고 살고 있는 것이지요.

사서삼경(四書三經)에 주역이 빠질 수가 없지요. 주역은 간단히 점(占) 하는 택입니다. 인간의 삶이 이렇게 함께 이야기 하는 것도 신의 조화입니다. 삶의 출발은 여자, 남자입니다. 부모가 되고, 형제가 되고 부부가 되고 하지요.

한방은 한나라에서 먼저 만들었다고 해서 '한방(韓方)'이라 하지만, 원래는 풀뿌리 가지고 하지요. 풀뿌리는 시중의 조약이지만, 이거는 생약을 가지고 하므로 과학입니다. 예방의학, 치료의학, 조약 모두가 조화되어야 병을 낫게 할 수 있지요, 처음에는 병원에 가야 되지만, 안 나으면 여기 와서 약을 먹어야 하지요. 하지만 약방에서는 병이 낫지 않아도 한방에 가라고 이야기하지 않아요. 프라이드 때문에 그러지요.

이거 모르면 남의 병 못 고치지요

약만 배워가지고는 남의 병을 못 고칩니다. 역학은 혼자 공부해가지고 선생한테 묻곤 했지요. 육효(六爻)는 점(占)인데, 아주 정확합니다. 보통 점쟁이한테 하는 것은 그냥… 하지만 육효는 정통적인 점인데, 대단한 기술입니다. 그래서 사서삼경에 주역이 들어갑니다. 바로 점이지요. 이거 모르면 남의 병 못 고치지요. 의원 질 못합니다.

처음에는 달성공원 앞에 앉아 있던 강(姜)선생이라고 책 펴놓고 했던 사람이 딱 1명 있었습니다. 육효 하는 사람이요. 25~26세 때 배웠으니까 그때 강선생은 지금 내 나이쯤 되었어요.

촌에서 약쟁이 해먹으려면 무속까지 알아야 합니다

촌에서 약쟁이 해먹으려고 하면 유·불·도교를 비롯해서 서양종교, 심지어는 무속까지 알아야 합니다. 그리고 풍수지리, 작명, 사주, 신수 봐주는 거, 부적 써주는 거 모두 필요합니다. 약 지으러 오는 사람이 집에 우환이라도 있다고 하면, 신수나 사주를 뽑아주고 삼재(三災)가 있는 경우에는 액막이용으로 부적이나 그림을 그려주기도 하지요.[1]

---

1 시골 한약업사들의 이러한 역할에 대해 대구한약협회 회장인 신전휘[1943년생, 백초당한약방]는 "병도 고쳐주고, 아이 낳으면 이름도 지어주고, 묘 자리도 봐주고, 그야말로 북 치고 장구치고 다 했어요."라고 표현했다.

젊었을 때 사주와 주역 공부를 별도로 했어요. 당시 공부했던 여러 분야의 관련 내용을 편지지에다 자필로 적어 『태평요결(太平要訣)』이란 책으로 묶어 소장하고 있어요. 다음은 『태평요결』의 주요 수록 내용들입니다.

- 중국 역사학자 소강절선생비결(昭康節先生秘訣) : 1년 신수 봐주기
- 성명비결(姓名秘訣) : 작명, 이름 해석
- 추명학(推名學) : 사주(四柱), 당사주(唐四柱)
- 부적 : 액땜, 삼재(三災)
- 풍수지리

환자에게도 속고, 병에 대해서고도 속고 그렇습니다

우리 선생이 성남한의원(星南韓醫院) 했던 오봉 김재성입니다. 허준 선생 이후로는 배원식 선생이라든가, 김재성 선생 등이 참 재주꾼입니다. 한약을 많이 압니다. 그런 사람들한테 물어볼 때도 어려워해가지고 한 가지 이상 못 물어봅니다. 그렇게 어려워가지고…. 참 많이 속고 이렇게 한 게 많습니다. 환자에게도 속고, 병에 대해서고도 속고 그렇습니다.

양의사들은 확실한 병명이 없이는 처방을 못 냅니다. 과학적으로는 하나 더하기 하나 해가지고 두 개가 나와야 하지요. 우리는 종합적이니까 그렇게 안 되거든요. 역학(易學)적으로 걸리는 것도 있거든요. 그런 것도 연구했거든요. 내가 만들라고 했는데, 류상태라는 사람이 연구해가지고 『민의(民醫)와 무의(巫醫)』라는 책을 만들었어요. (책을 펼쳐 보이면서) 이 책은 상당히 공감되는 부분이 있어요. 이게 예사로 나온 책이 아닙니다. 이런 것도 책을 보고 나름대로 연구해야 합니다.

'병에 속는다.'는 말은 병에도 비슷한 것이 많아 때론 정확이 판단하기가 어렵다는 것을 의미하지요. 또 환자에게 물어보면, 자기 생각대로만 말하는 기라. 때로는 환자가 자기 병을 거짓말하기도 해요. 바르게 말하면 우사(비웃음거리)가 될까 싶어 그러지요. 간혹 이런 사람들도 있어요.

이런 데 속지요.

또 환자도 모르고 나도 모르는 병도 있어요. 그럴 때는 역학(易學)으로 연구하는 수밖에 없지요. 역학에 보면, 12가지 성(姓)으로 나눠가지고 '오늘 어떤 성바지가 오면 큰 일 난다.'는 것이 있어요. 일종의 무(巫)에 속하는 거지요. 그러니 우리가 옳게 병을 고치려 하면 일차적으로는 병원에 가라고 합니다. 병원에서는 자기네들이 못하는 부분은 한방에 가서 치료해야 한다고 길을 터주어야 하는데, 실제로는 그렇게 안 하지요. 하지만 우리는 이럴 경우 병원에 가라고 합니다.

병원에서 치료해야 할 병은 그렇게 하지요. '사병(死病)은 무약(無藥)'인데, 데리고 있다가 잘못되면 내가 책임을 져야 하므로 병원으로 보내야지요. 어떤 한의원은 이렇게 하지 않고 붙들고 있다가 큰코다친 경우도 있어요. 그러니까 거래처가 중요하지요. 약국하고 병원 간에 말이지요. 지역에는 경대병원, 서울에는 삼성병원에 바로 가라고 말하지요.

신(神)의 조화가 절대적으로 필요하지요

병은 신(神)이 고치고 돈은 의사가 먹으므로 의사는 도둑놈이지요. 큰 도둑놈이지요. 절대로 [의사] 자기가 못 고치지요. 의사가 아픈 데 약을 주고 해도 [환자인] 내가 공을 들이고 내가 바른 정신을 하고… 곤란한 사람이 약 지으려 오면 약값도 반 밖에 안 받고 내 정성껏 해야 하는데, 만일 영업적으로… 내보다 콧대가 높아가지고 이래하고 자기 맘대로 하고 그러면 내가 그만 고쳐주기 싫거든요. 그러면 절대로 병이 낫지 않더라고요. 그러니 신의 조화가 절대적으로 필요하지요. 신의 조화가 있어야 하지요.

신의 조화 중에서도 제일이 부모신입니다. 제일 쉽고도 어려운 어른입니다. 부모가 날 낳고 키워준 것은 마땅한 것이지만, 그것이 얼마나 어렵다고요. 그 공을 반도 못 갚아요. 내 자식들도 있지만, 부모님 공 1만분의 일도 못 갚아요. 제일 출세하려면 우선 부모한테 잘 하는 것입니다. 그 다음에는 장가를 잘 가야 되지요. (크게 웃으면서) 자식은 허가 낸 도둑놈 입니다. 큰 도둑놈입니다.

모든 것에는 신이 있습니다. 모든 약에는 영(靈)이 다 있습니다. 백초유 령(百草有靈)입니다. 따라서 모든 병은 신이 고칩니다. 한방에서는 이를 '무형지유용(無形之有用)'이라 합니다. 형체는 없어도 '용(用)'을 써야 병 이 낫습니다. '용(用)'을 쓰는 것이 눈에 보입니까?

■ 동광한약방 개업과 운영

경산군 압량면에 허가 지정 받았어요

경산군 압량면에 허가 지정 받았어요. 일차적으로는 시험에 합격되어 야 하고요. 당시 대구에는 약령시 자제들이 약령시에만 들어가고, 그기에 떨어진 사람들은 또 그 부모들이 경북도에 교섭해가지고 곧바로 1963년 도에 2차로 시험을 쳤어요. 나는 합격 후 1962년도에 경산군 압량면 평 산동 이곳에 약방을 처음으로 개업했습니다. 3개월 이내에 약방을 의무 적으로 개업해야 하거든요. 그래서 개업할 때는 기존의 무허가 매약국(賣 藥局)들이 방해를 놓아 방을 빌려주지 않았어요. 빌려놓은 방의 경우에도 이들의 방해로 들어갈 수가 없었어요.

저기 [남성]초등학교 바로 앞이었는데, 지금 대경건강원 자리였어요. 45년간 이곳에서 계속 약방을 해오고 있어요. 그 당시는 이곳에서 허가 만 내어서 3일 만에 대구로 들어가려고 했지만, 이곳이 더 재미가 있어서 계속 눌러 앉아있게 되었지요. 이후 곧바로 학교 사택을 구입하여 새 집 을 지었어요. 17년 동안 그곳에서 약방을 했어요.

구석구석에 무허가 약방들이 들어서 있었어요

당시 이 부근에는 무허가 약방이 더러 있었는데, 이들이 자신들의 영업이 어려울 것이라고 판단하여 집단적으로 내가 진입하는 것을 방해한 것이지요. 그러므로 방을 얻어놓고도 주인이 거부해서 못 들어가기도 했으니까요. 그래서 처가 곳 마을에다 약방을 하지 않는다고 하면서 방을 얻은 후 모르게 약방을 열었어요.

당시에는 일대에 야매약국이 30개라면 정식 허가 얻은 약국은 20개 정도 비율이었어요. 당시 한약협회 경산군 분회장을 선거로 뽑았는데, 내가 선출되어 더욱 더 무허가 약방들의 견제를 받았어요.

면(面) 내 구석구석에 무허가 약방들이 들어서 있었어요. 분회장하면서 이를 시정하기 위해 '중앙'으로 가서 총회장에게 단속을 요구하기도 했어요. 당시 중앙은 약전골목이지요. 하지만 약전골목 한약업주들은 무허가, 허가를 막론하고 약만 많이 팔면 되므로 '요즘 박약국 약 안 팔리는 모양이구나.'고 하면서 협조를 해주지 않았어요. 이후 집사람도, 경산시 효부상 1홉니다만, 그러지 말고 약방 일로 환자 치료만 잘 하면 되니까 거기에만 신경 쓰라고 해서 더 이상 신경 쓰지 않았어요.

약 탁자 위에다 첩지(貼紙)를 깔아놓고 약을 쌌지요

이런 사정에서 약방 개업 장소나 일자를 정하는 절차 같은 것은 생각조차 할 수 없었지요. 약장은 당시 목수이던 막내 남동생이 만들어 주었어요. 정말 예전에는 앉은뱅이 약 탁자 위에다 첩지(貼紙)를 20장씩 깔아놓은 상태에서 꿇어앉아 약을 꺼내 짓기가 정말 힘들었어요. 그래서 다리를 모두 다 망가뜨렸어요. 그 약 탁자를 45년 동안 기념으로 보관하고 있어요.

셋째 딸은 나중에 이런 물건들을 자신에게 꼭 물려주기를 바라고 있어요. 약방 서류를 꽂아놓은 책꽂이와 책상으로 쓰던 저것은 내 초등학교

1학년 때 입학 기념으로 부친이 사다 준 것입니다. 70년이 넘었어요. 공부용으로 쓰던 것을 약방 할 때는 약방 서류꽂이와 사무용 탁자로 썼지요. 이 물건은 큰 딸이 나중에 자기한테 주라고 했어요. 12년 전 이 집을 새로 지어 들어오면서부터는 직립식의 약 짓는 탁자를 구입했어요. 아주 편리합니다.

동광한약방을 도운 사람들입니다

약방 일을 도와주었던 사람들이 여럿 있습니다. 집사람을 비롯해서 남동생과 아들도 한동안 거들었지요.

첫째, 지금 60대 후반인 둘째 남동생입니다. 경북대 사범대 부속고등학교를 졸업한 후 약방에 들어와 일을 거들면서 한약 공부를 했는데, 1983년도에 경산시에 한약업사 시험을 쳤으나 2등으로 떨어졌어요. 동생은 자주 한약방을 왕래하며 한약 실무를 접했지요. 시험 치기 전에는 1개월가량 매일처럼 다니며 집중적으로 공부했어요. 하지만 안 되고 이후에는 시험조차 없어져서 지금은 문구점을 운영하고 있습니다.

두 번째로는 40세인 장남입니다. 대구 미래대학을 졸업한 후 약방에 들어와 수년 동안 한약을 배우며 수종했지요. 그러면서 한약 한문과 약성 등 한약을 배워 『방약합편(方藥合編)』 정도는 볼 수 있는 실력을 갖추었어요. 그 후 세동한방병원에 들어가 화제(和劑) 보고 약을 짓는 약제사 일을 하며 2년 동안 근무했습니다.

장남은 한방 일을 하면서 "처음에는 아버지 하는 일이 별 거 아닌 것 같았는데, 실제로 접해보니 너무 복잡하고 어려웠다."고 토로도 했어요. 세동한방병원을 나와서는 내 약방 인근에서 10년째 건강원을 운영하고 있습니다. 건강원은 법적으로는 한약을 취급할 수 없으므로 중탕 업무를 주로 하고 있어요.

세 번째는 내 안사람입니다. 약방 개설 무렵부터 아내가 줄곧 약방 일을 도와 왔지요. 손님을 맞이하고 법제(法劑)나 탕제 하는 일을 주로 도우지요. 예전부터 약첩 싸는 일은 내가 전담하다시피 하고요. 예전에도 약방에서 주로 법제를 했지만, 지금도 그렇게 하고 있습니다. 현재 일부 약재는 제약회사에서 법제가 되어 나옵니다.

■ 스승의 『오봉청낭결(五峰靑囊訣)』과 비방(秘方)

『청낭결(靑囊訣)』에는 비방과 경험방 등이 두루 수록되어 있어요

예전에는 촌이므로 사람들이 약 지으러 오면 10명 중 반은 외상이고, 약값 떼이기도 하고 또 쌀을 약값으로 가져왔어요. 돈을 가져오는 것은 드물었어요.

웬만한 어려운 병도 고쳐 냈는데, 많이 어려운 것은 김재성 선생한테 담배 사가지고 물어보러 갔지요. 가서 큰절하고 묻고 싶은 핵심 질문 한마디만 물어요. "공부해 보았는데, 여기에다 무슨 약재를 얼마를 가미하면 되겠습니까?"라고 묻지요. 1~2가지만 묻지요. 자꾸 물으면 절대 가르쳐주지 않아요. 아주 조심스레 묻지요. 그러면 "거기에다 무슨 약을 몇 돈(錢)만 가미해라"고 말하지요. 그러면 반드시 나아요. 이런 것들은 소중한 지식이므로 기존의 『오봉청낭결(五峰靑囊訣)』에다 보태어 적어두지요. 그래도 다 적을 수가 없어 저기 바깥에 있는 책에다 많이 적어두기도 했어요.

따라서 『청낭결(靑囊訣)』에는 비방과 연구한 경험방 등이 두루 수록되어 있어요. 『오봉청낭결』 이것을 펴낸 연도는 단기 4291년 5월 27일로 되어 있네요. 1958년이지요. 여기 있는 처방 내용을 바탕으로 약업을 지속하는 동안 추가되어온 처방들이 함께 수록되어 있지요.

아무리 공부를 많이 해도 『방약합편』 처방에다 우리 선생이 가르쳐준 내용을 가미해야 돼요. 5천년 동안 해오던 거기에다 가미를 해야 돼요. 우리 선생도 그렇게 배워왔어요. 이것을 바탕으로 하지 않는 새로운 것은 잘못하다가는 사람 죽입니다.

경험방 모음집으로 『학낭(鶴囊)』이라는 책이 있었어요

지금으로부터 45년 전에 『학낭(鶴囊)』이라는 책이 있었어요. 그때 내가 한약업사 시험 합격하고 '남성한약방'에 가니 류관학 선생이 이런 책을 하나 뜩 내어놓으면서 '참고할 만하다'고 했어요. 나한테 이 책을 팔 수 없느냐고 하니 단 한권 밖에 없어서 팔기는 어렵다고 했어요. 그래서 빌려가지고 내가 밤새도록 베낀 것입니다. 이걸 빌려 달라 카니 못 빌려 준다 카는 기라. 그래서 하루 밤 만에 다 쓴 겁니다.

써가지고 여기저기 살 붙인 것도 많아요. 하지만 이 책대로 해보니까 잘 안 들어요. 듣는 것만 여기 '△표시'를 해놓았어요. 표시하고 적은 것을 [김재성] 선생에게 보여주었더니, 깜짝 놀라더라고요. 그러면서 자기도 이것을 모두 적어두었어요. "박군! 공부 열심히 했구나."라고 말하면서요. 35세에 한약업사 시험 합격해 가지고요. 지금 생각하면 어떻게 하루 밤 만에 이걸 모두 베꼈는지 잘 모르겠어요.

단기 4291년 4월 27일 인쇄한 것으로 되어 있어요. 1958년이지요. 이 책을 만든 한의사 선생들의 이름까지 다 있어요. 허소암 씨가 주동이 되었지요. 당시 부산 한의사회 회장이었어요. 비방이 많이 들어 있습니다. 약속을 지키기 위해 하루 밤 사이에 이를 모두 베꼈어요. 어떻게 그렇게 했는지 참 지금 생각하면….

학이 오래 살고 깨끗하거든요. 주머니 '낭(囊)' 자, 학 '학(鶴)' 자이고. 옛날에는 비방을 항시 주머니에 넣어 다녔거든요. 옛날 조끼 주머니에다 비방집을 넣어 다녔거든. 그러니까 비방집이 조그만 하지. 옛날 아픈 사람 집에서 사람이 오면 직접 찾아 가지요. 돈이 없는 사람들은 약장 저렇게 채려가지고 약을 들여놓을 입장이 못 되거든요. 그러니까 아픈 사람들에게 화제(和劑)만 파는 거라요.

이승익이란 사람은 옛날 정말 대단한 비방을 가졌어요

이승익이라 하는 사람은 [살림이] 곤란해가지고 자기 제수씨가 아파도 화제 주고 돈 받았거든. 그래서 사람들은 그 사람 비방을 받기는 했지만, 좀 말이 안 좋게 나돌았어요. 정말 대단한 비방을 가졌어요. 그러니까 예전에는 아주 곤란했어요. 어렵게 공부한 그걸 생각해 가지고는 몇 푼이라도 화제 값을 받아야만 생활할 수 있을 정도니까요. 제수씨가 설사병, 이 질병에 걸려 죽게 되었는데, 돈을 받았는 기라. 우리 선생이 그러는데 허준 선생 이래 그만큼 특출하고 화제를 잘 내는 사람이 없었다고 해요.

그런데 워낙 돈 복이 없어가지고 화제만 내어가지고 종이 쪼가리에 몇 자 적어주니까 누가 많이 주려고 하나? 보따리에다 약을 가득 싸내어 주어야 돈을 많이 주지요. 그러니까 이 사람은 전국 방방곡곡을 돌아다니며 아픈 사람한테 화제를 내어주었지요. 그 사람 화제 가지고 약 쓰는 사람들은 당장 병을 고쳐요. 사병(死病) 아닌 한에 있어서는 백이면 백 모두 나았대요. 환자는 그 사람 화제 가지고 약방에 가서 약을 지었겠지요. 그때만 해도 곳곳에 약방이 있었다고 봐야지요. 그 사람 화제 값은 첩 약 한제 값보다 더 나가지요. 그만큼 자기 화제에 대해서는 당당했어요. 그런데 제수한테도 돈 받은 것을 두고 다소 비판이 있었어요.

요새 보면 별 거 아니지만, 그때는 소중한 것으로 생각하고 하룻밤 만에 그걸 베꼈어요. 시험 칠 때 우리 장모님이 내 공부하는 걸 보고 놀랐다고 했어요. 당시에는 의서도 없고요. 서울까지 책 사러가기도 힘들고요. 옛날 고서 같은 거 행림서원에서 만들어놓아도 팔려지요. 또 책 내용을 알아야 사지요. 책 내용도 전부 한문이고요. 또 요새처럼 부쳐주고 하는 것도 약하고요. 차비도 없는데 어떻게 책을 사요. 이런 상황에서 공부하기란 참 어렵지요. 시시한 놈은 못 사요. 돈도 없고요.

약국 하는 사람을 그러니까 소금쟁이라 그러지요. 짜다고요. 우환이 집에 나면 곤란하잖아요. 그때는 한제 팔아 먹을라 카면 어려웠어요. (필사본 종이를 펼쳐 보이며) 이건 편지집니다. 그것도 살라 카면 돈이 없던 시절이라 내 대로는 큰돈 들인 거지요. 펜대로 잉크 찍어 쓴 거예요. 낮열두시 정도 빌려가지고 뒷날 열두시 넘어가도록 좀 늦게까지 쓴 거지요. 밤을 새우고 꼬박 하루 이상을 걸려서 쓴 거지요.

원방(原方)에다 가미한 것이 일등이라요

가미(加味)란 사람의 체질이나 병증 등에 따라 알맞게 약간 변형을 시키는 것이지요. 예를 들어 내가 설사병을 잘 고치는데, 정미산(○○散)에다 백출을 닷 돈, 두 돈, 서 돈을 넣어 설사를 막으면 여름의 경우 열이 올라가버리거든요. 그래서 해열제를 쓰면 이번에는 또 설사를 하거든. 해열제가 약이 차갑거든요. 이럴 때 해열제 쓰면 설사하고, 지사제(止瀉劑)를 쓰면 열이 올라가고. 이걸 고치려면 보통 기술로 안 되거든요.

이런 거는 약 몇 첩이면 해결되어요. 자꾸 먹는다고 안 되거든. 그런 거는 병원에서는 못 고치거든요. 병원에서는 열이 나니까 해열제를 우선 줘요. 그런데 설사는 계속하지. 이번에 설사약 줘서 먹으면 또 열이 올라가지. 나중에는 결국 굶어가지고… 병원에서는 수액요법이라고 링겔 맞춰가지고 굶기가 고치는 기라. 한방에서는 약 몇 첩으로 딱 낫게 해버리지요. 화제(和劑) 모을 때 보면 원방(原方), 본방(本方)에 다 나와요. 내가 45~46년간 해보니, 원방에다 가미한 것이 1등이라요. 그 나머지는 별로라.

김재성 선생은 충북 괴산이 고향이지. 공부는 서울 가서 하고, 일본 와세다대학 법과 공부 해가지고 고위층에 있었던 사람이지요. 『오봉청낭결』은 한사람 앞에 2권씩 밖에 주지 않았어요. 나중 보니 모씨가 이 책을 인쇄해가지고 직업적으로 팔러 다녔어요. 그런데 내가 보니 가미한 것도 많고, 틀린 것도 있고, 장수(쪽수)가 잘못되어가지고 바뀐 것도 있는데, 이를 잘 모르더만요. 한약협회 총회 할 때 팔기도 했는데, 사람들은 읽어봐도 잘 모르겠다고 하더라고요.

화제(和劑)란 것은 아주 소중한 것입니다

화제(和劑)란 것은 아주 소중한 것입니다. 어려운 병이라도 내가 정신 있을 때 들쳐다 보고 처방하면 수술할 병을 제외하고는 거의 다 나아요. 그리고 전국적으로 나한테 보내오는 처방을 보면 제대로 참고할만한 것은 한두 개밖에 없어요.

(처방집을 가리키며) 첫째, 대전대학교 한방병원에서 펴낸『한방병원처방집(韓方病院處方集)』저게 그런대로 좀 참고할만한 해요. 나머지 저기 전집으로 나와 있는 것 모두 별 쓸모가 없어요. 이거는 대구한의사회에서 펴낸『임상처방집(臨床處方集)』입니다. 대전, 전라도, 경희대, 서울 등 온갖 한방병원 처방집이 적혀 있는데, 똑바른 것은 하나도 없어요.

이거『오봉청낭결』은 내가 오봉 선생 수제자로서 만든 것인데, 이것도 우리 선생이나 나한테 설명 듣지 않으면 못 써먹어요. 가지고 있어 보아도 설명 안 들으면 검은 것은 글씨, 흰 것은 종이라는 것밖에는 몰라요. 어떻게 세세하게 모두 적어놓을 수 있겠어요? 그러니 전문가의 설명이 없으면 안 되지요. 전문가 이외에는 못 쓰지요.

■ 지혈, 설사, 우병(牛病) 처방 사례

설사를 한 달간 했어요

예전에는 고객들이 많이 지어가야 그저 대여섯 첩, 두서너 첩이었어요. 대부분 두 첩이면 깨끗이 나았어요. 요즘은 달여 주니까 매상 올리려고

1제씩 팔아요. 나는 1제 주면 첫 첩에 싹 감아 부치게 지어주지요.

코피를 비롯한 지혈 계통의 치료를 많이 해주었어요. 백혈구가 부족한 경우는 지혈이 잘 안돼요. 사람들은 "병원에서 안 되면 한약 먹어봐라. 그래도 안 되면 박약국에 가봐라."고 했거든요. 실제로 병 하나 고치려면 1백만원 받아도 싸요. 지금은 경쟁이 심해가지고 약 1제에 6만원 해요. 또 5만원으로 내려가요. 약이 안 팔리니까 그러지요. 비싸다고요. 그러니까 의원(醫員)의 인격이 자꾸 낮아지고 그러지요.

그러니까 일본 사람들은 '한국의 의원은 구두닦이'라고 하지요. 우리는 화제 하나도 공부 이만큼 해가지고 내어서 죽니 사니 하는 거 고쳐주는 데….

내가 한 가지 자랑할 만한 거는 파티마병원에서 여자 환자 김형자라 카는 교통사고가 난 환자인데, 설사를 한 달간 했어요. 병원에서 온갖 주사를 다 놓고, 온갖 짓을 다해도 지사(止瀉, 설사 중지)를 못 시켜가지고요. 그런데 보통 신약 먹으면 설사가 다 그치잖아요. 안 되니까 의사가 나한테 보내었지요. '정미산'에다 가미해가지고 처방하는 게 있어요. 이것을 오봉 선생한테 내가 배웠어요. 『방약합편』에 가미한 처방이 있거든요.

『오봉청낭결』 처방에는 보통 환자들의 것은 좀 드물어요. 그래도 100에 하나라도 해당되는 환자가 있으면 고쳐내야 하거든요. 그래가지고 과목별로 되어있는데, 세세한 것까지 적어 넣으려면 한정이 없어요.

요새 한약협회에서 [비방을] 수집하려는 부지런한 사람이 있어가지고 이를 수집하려고 노력하고 있어요. 회원들이 다달이 비방을 냅니다. 이것을 훑어 보면, 『방약합편』 본방(本方)에다 가미한 것도 있지만, 자기 마음대로 적어낸 것도 있어요. 이런 것은 잘못되면 아주 위험하지요. 그런 것은 방문(方文)이 아니지요.

다달이 잘 듣는 비방 있으면 공개해 달라고 요청하지요. 그래도 아무도 공개하지 않아요. 적어놓은 것을 보면 제 이름 올리려고 되지도 않는 처방을 적어놓기도 해요. 자꾸 달라는 편지가 오니까 그러지요.

　내가 보니 아무 것도 아니더라고요. 그런 거 가지고 병이 낫지도 안 해요. 실제로 [비방은] 나 자신도 다른 사람에게 알려주지 않거든요. 어쩌다가 공개하면 욕만 얻어먹고요. 그것도 자신조차 잘 써 보지도 않는 거, 귀신같은 거 어디서 하나 베껴 가지고 제 이름 하나 올리려고 그러지요. 그래서 당사자에게 "그거 한번 써보았느냐? [약을] 먹어보았나?"고 하면 답을 못해요.

요즘도 소[牛] 약을 지어가요

　그때는 약 한제 팔면 허리가 펴이던 시절이지요. 한제를 잘 안 지어 가지요. 약 이거는 이문이 상당히 많거든요. 주로 몇 첩씩 첩약 단위로 지어가지요. 많이 짓는다고 하면 여섯 첩이고, 간혹 많이 지어가는 사람은 반제 짓지요. 지금도 몇 첩만 지어도 병이 낫지만, 보통 그런 화제를 잘 안 쓰지요. 그런데 나는 지어줘요.

　소(牛) 약 같은 것도 설사 그리 해가 '칼쟁이'[도축장]한테 보낼 것도 나한테 오면 다 낫게 해버려요. 다른 짐승은 병들면 잡아먹지만, 소만큼은 약을 먹이지요. 요즘도 소 약을 지어가요. 엊그제도 지어갔어요. 경산 용성[면] 사람들이 알아가지고.

　소가 설사해가지고 수의사한테는 고무신 몇 켤레 값 들여도 못 나수었지만, 나한테는 많이 지어가야 서너 첩만 해도 깨끗이 나아요. 열흘씩 설사해가 못 고쳐도 나한테 오면 직방이지요. 한 첩에 1만원씩 하는데, 사람 먹는 약이지만 별도로 있어요. 소 감기 걸린 거, 설사하는 거, 병이 많습니다. 다 고쳐내야 해요. 주로 감기입니다. 소는 위가 4개 있는데, 뒤탈나면 반추가 안 되거든요. 이 약 들어가면 그냥 반추합니다.[2]

---

2 면담 중 한 농민이 소 설사약을 사려 약방을 찾았다. 연구자는 소 약 짓는 과정을 살펴보며 몇몇 장면을 카메라에 담았다. 구술자는 5~6종의 관련 약재들을 지어

■ 우수 약재 선별과 조달 방법

지금은 약 팔기보다는 사기가 더 어렵습니다

전에는 대구 약전골목 '남성한약방'에서 한 25년 이상 약을 썼어요. 그런데 요즘은 약을 가져다주지 않으니까 참 불편해요. 지금은 전화만 하면 영천 큰 도매상에서 대번에 가져다 줘요. 약 10년 전부터 영천 약을 쓰지요. 하지만 약가가 결코 싼 것은 아닙니다.

서울 약도 쓰요. 서울 '고려상사' 약을 쓰지요. 시방 전화해도 내일 아침이면 딱 도착되도록 해주어요. 틀림없어요. 계산해가 돈이 십원 적게 왔더라 하면 바로 통장에 입금해 줘요. 지금까지 경험한 업소 중 세상에서 가장 장사를 철두철미하게 해주지요. 약도 제일 우수하고 건조 잘 되고 아무 것도 흠 잡을 일이 없어요.

그거 거래하다가 이곳 가까운 데 거래할라 하면 나한테 한 1년은 시달려야 해요. 그래서 우리 집에 약을 넣을라 하면 한참을 교육시켜야 해요. 상당한 시일이 걸려야 해요. "어디 가서 이런 걸 사오나? 약은 좀 비싼 거는 괜찮은데, 틀림없이 깨끗한 거라야 한다. 첫째는 건조가 잘 되어 있고, 깨끗하고 냄새 맡아보면 잡(雜)내가 나지 않는 그런 거 팔아라. 어디 가면 그런 약이 있다."고 말하지요.

그래가 내 말 듣고 그렇게 장사한 사람은 모두 성공했어요. 텁텁한 거 헐하다고 사 놓은 거는 안 됩니다. 잘 못 사놓은 거는 내버려야 할 판인 걸요. 지금은 약 팔기보다는 사기가 참 어렵습니다. 약재 구입이 더 어려워요. 약도 다르고, 값도 다른 경우가 많아요. 45, 46년 동안 약 장사를 했

대형 첩지에다 섞어 싸주었다. 2첩이었고 첩 당 가격은 1만원이었다. 약 짓는 도중 농민이 "대추는 왜 안 넣느냐?"고 하자, 그는 웃으며 몇 개를 가미했다. 농민의 소에 대한 애정을 읽을 수 있는 장면이었다. 구술자의 말과 같이, 농촌지역에서는 아직도 소의 감기나 설사 등에 한약이 쓰이고 있음이 사실로 입증되었다.

지만, 약 사기가 지금은 정말 어렵습니다. 약 파는 사람도 그런 거 가져다 놓으면 약 잘 팔리고 보관하기도 좋고, 한번 가져가면 두고두고 계속 써 주고요. 근(斤)이 비싸도 그만한 가치가 있으니까 말할 필요가 없지요.

근데 건재약(乾材藥) 파는 것 중에서 △△가 제일 못합니다. 제일 불친절하고 약도 나쁘고요. 아주 막 그거는 반 깡패 마찬가지라요. 그래가지고 어떻게 장사하는지 모르겠어요. 이거는 버릇을 잘못 들여서 그렇지요. 그래도 그기에 약을 사는 거는 약가가 조금 헐키 때문이지요. 어떤 거는 약의 질이 좀 떨어지기도 하고요. [약을] 해가 보내는 것도 제일 못해요.

서울 약은 오래 전부터 거래했는데, 예전에는 약가 송금하기가 좀 불편했지요. 지금은 괜찮아요. 가까운 곳은 좀 만만한 거는 있지요. 저기 서울에도 만만해요. 가격도 물건도 정확하지요. 약이 왔을 때 근 수 속이고 품질이 낮아 내 맘에 안 들면 좋다 나쁘다 소리 안하고 그 자리에서 거래가 끝인 기라요. 끝내 버리지요. 예를 들면, 복령(茯笭) 같은 거 근 수를 속이는 거라요. 근 수를 박스하고 알맹이를 같이 무게를 달아 팔기도 하지요. 왜 그러느냐고 하면 다른 집에도 그렇게 한다고 하지만 용납되지 않거든요. 나한테 거절되는 사람은 나중에 물어보면 '부도 나가지고 어떻게 되었다' 카거든요.

근(斤) 수를 안 속이고 건조가 잘 되어야지요

약재 판단 방법은 복령(茯笭) 같은 경우, 첫째 색깔이 제 색이 잘 나고 또 부스러기 안 들어가 있어야 하지요. 제일 중요한 것은 근 수를 안 속이고 건조가 잘 되어야지요. 그 다음에 나쁜 약, 좋은 약은… 예를 들어 창출(蒼朮) 같은 것은 체로 칠 경우 부스러기가 3분지 1일까지 나오는 것도 있거든요. 그러면 주의시키지요. 헐키 때문에 사기는 하지만요. 냄새 안 나고 부스러기 안 나오고, 건조 잘 되고 깨끗하게 만들어 가지고 오면 좋은 거지요.

고려상사는 그렇지 않아요. 87명이 조합원 주(株)가 되어 가지고 철두 철미합니다. 주문 받으면 아가씨가 훈련 잘 되어가지고 돈(錢), 근(斤)이 얼마이고 하면서, "요즘은 무슨 약은 좀 못합니다. 예를 들면, 백지(白芷)가 색깔이 안 좋습니다. 그래도 괜찮겠습니까?"라고 모두를 말하고는 [약 구입자가] 꼼짝 못하게 하지요. 그래가지고 약 가져오면 말한 대로 똑 같습니다.

채약(採藥)한 거는 미친갱이처럼 해가지고… 그런 거는 절대 못씁니다. 도매상 약은 10원 가지고 다투는데… 백출(白朮) 같은 거 예를 들면, 택도 없이 비싸게 값을 부릅니다. 그러면서 [나에게] "자기 약은 비싸게 팔면서…" 카고 욕을 막 합니다. 우리는 "집에 약이 다 준비되어 있으므로 약전골목으로 가세요."라면서 딱 잘라서 아예 거절합니다.

한약시세표를 꺼내 설명하면 의심만 하고 남의 약방 나무라고 하지요. 그러므로 약방 문 앞에 아예 들어오지도 못하게 합니다. 일부는 금방 쓸 수 있도록 해오지만, 일부는 얄궂게 그냥 해오기도 합니다. 상대도 하지 않습니다.

예전에는 일대에 밥만 먹으면 산으로 약을 캐러 다니는 사람들이 좀 있었어요. 약전골목에도 잘 사주지 않으니까 칠성시장 떠내기 그런 데 가서 팝니다. 요즘은 그런 사람들이 없어요.

우리한테 통과되어야 그게 약입니다

수입산은 통관과정에서 우리들한테 통과된 것이지요. 그런데 더러는 우리한테 불합격된 것도 나옵니다. 그건 약이 아닙니다. 국산약도 우리한테 통과되어야 그게 약입니다. 제 맘대로 가져나오는 거는 아예 상대도 하지 않습니다. 그런 거 혹시 있다 해도 값도 마음대로 부르고요. 욕만 얻어 쳐 먹고요. 아예 상대도 않습니다.

이들은 "약전골목에 가면 많이 쳐줍니다. 나한테 약도 많이 준비되어 있고요. 그러면 한 근에 얼마 줄랍니까?" 카지요. "약마다 상·중·하 시켜 약가를 매겨야지." 라고 하면, "다른 약방에는 한 근에 얼마 줄라고 그러는데 왜 그러십니까?"라면서 약방끼리 싸움 붙일라 캅니다. 이런 경우 답변 잘해야 합니다. 잘못하면요, 난리 납니다. 이것도 경험이 많이 있어야 합니다.

■ 업권 투쟁과 한약 갈등

이게 모두 업권(業權) 투쟁인 기라요

한의약이 좀 재미가 있다고 할까요? 하고 싶어 하는 사람이 있으니 그 사람들이 좀 더 크게 해가지고 학교를 설립하라 해가지고 한의과대학을 설립해서 후배를 양성하려고 해서 만들었지요. 예전에 경력이 많은 한약 업사들이 약을 잘 파니까 [한의과대학 졸업한 사람들이] 이걸 이제 막 까물테 버리는 기라. 자기네들이 '이제는 의사다' 이렇게 하면서 '한약방 하는 사람들은 그 사람들끼리 공부해 가지고 하는 것뿐이고, 우리가 진찰권도 있고…' 이렇게 하면서 막 누질러 재키는 기라.

그래도 일반 사람들은 자기 이득을 보기 위해 병 나술라 카는 기지, 그런 제도를 모르거든. 한의과대학 만들어가지고 한의사 후배들이 정식으로 생기는 것은 좋은 거라고 이렇게 생각하는 거지요. 다음에는 한약대학을 만들려고 했어요. 하지만 한의사 외에 양약대학 계통에서도 반대해서 못했지요. … 이게 모두 업권(業權) 투쟁인 기라요. 최근에야 만들어지기는 했지만요.

이제는 너무 많아져서 줄여야 해요. 한의사가 많이 늘어났어요. 한편으로는 많이 늘어난 게 좋기도 하지만, 밥을 먹기가 어렵지요. 그러니까 상업적으로만 해나가는 실정이니, 오히려 퇴보해 나가는 형편입니다. 처음에는 학술적으로 그럴듯하게 해나가는 듯하더니만….

한약은 말로 가르쳐 줄 수 없는 성질의 것입니다

때로는 한의과대학 학생들이 더러 물으려 약방으로 오곤 하지요. 그런데 그런 거는 [대학] 선생한테 체계적으로 배우라고 말하지요. 화제(和劑)도 알아보러 오고, 영업은 어떻게 하는지를 살펴보려고 오지요. 학생들이 자기 부인, 부모님들 아프면 자기가 화제 내어가지고 와서 건재(乾材)를 사려고 해요. 건재를 금(金, 가격)으로 얼마 얼마 그리 하는데… 우리는 그런 짓은 못한다고 말하지요. 그래서 그걸 직업적으로 하는 사람들이 약전골목에 있으니 그 쪽으로 가라고 말해 주지요. 건재 파는 도매상으로 가라고 하지요.

"학교에서 6년 공부하고, 레지던트 8년, 10년까지 하면서 여기 와서 그럴 필요 없다, 거기에서 뿌리 빼거라."고 말하지요. 하지만 실제로는 거기서 뿌리를 빼지는 못하잖아요. 학교에서 한약 쪽의 공부가 어떨지는 모르겠으되, 한약은 고도의 기술이 필요합니다. 말로 가르쳐 줄 수 없는 성질의 것입니다.

처음에는 한약종상 허가증만 나왔지요

전주에 사는 다리가 불편한 양복규라는 사람이 있습니다. 리어카 타고 가서 3년 만에 한약업사 시험 되었어요. 우리는 년 1회씩 철저하게 보수교육 받습니다. 3년 전에 교육 받을 때 그 사람을 만났지요. 교육과정에서 '우리는 한의사와 똑 같다. 실제로는 한의사보다 더 낫다.'는데 대해 공감했지요. 한의사는 6년간 공부하지만, 이런 것을 우리는 1년간 축약해서 알맹이만 학원에서 모두 공부했지요.

처음에는 한약종상(韓藥種商)이지요. 한약종상 허가증만 나왔지요. 이후에 자격증을 만들었어요. 한의사들은 우리 보고 "저 사람들은 하루에 바짝 시험 쳐서 한약업사 하는 사람들인데, 우리처럼 6년간 고생한 사람과 동일한 권한을 줄 수 없다."고 하면서 자격증을 안 주려고 했지요.

■ 정업(正業)과 책임감, 한방에 대한 인식

환자를 보면서 놀라는 경우도 많았어요

많은 노력을 해봐야 하고 또 많은 환자를 대하여 임상경험이 풍부해야 합니다. 환자를 보면서 놀라는 경우도 많았어요. 굉장히 위험한 병인데, 병원에 가라고 해도 안 가요. 병원에 가도 안 되니까 나보고 고쳐달라고 해요. 이럴 때는 많은 책임감을 느낍니다. 나를 대단한 사람으로 보고 왔을 거니까요. 이럴 때는 "신(神)이 이 환자를 내개 맡긴 것이므로 내 힘닿는 대로 해보겠습니다."라고 말하지요. 그러면 "죽어도 좋으니까 걱정하지 말고 해주시오."라면서요. 하지만 딱 골갱이 걸어놓고 "못되는 날에는 절단 낸다."는 눈치를 보내면 절대로 봐주지 않아요. 종합병원 가라고 해요. 서울 큰 병원으로 가라고 하지요.

병만 나면 아무리 중한 병이라도 일차적으로는 내한테로 와서 보이고 가지요. 이런 단골고객이 몇이 있어요. 그냥 병원으로 가면 돈은 돈대로 쓰고 실패한다고 하면서요. 그리고 날 하늘 같이 보는 사람도 있고요. 하지만 날 우습게 보는 사람들은 절대로 고쳐주지 않아요. 그냥 보내버립니다. 병도 법과 매 한가지라요. 99%는 잘 판결해 줘도 1% 오판하면 법조인으로서는 큰 죄거든요. 우리도 똑 같아요. 그런 정신으로 대해야 하고요.

이것도 오랫동안 하면요. 신(神)이 있어요. 약방으로 들어오는 눈치 보면 곧바로 '이 사람은 약도 짓지 않고 골탕 먹이려 왔구나.' 하는 감이 와요. 오랫동안 하면 간혹 조상이 이런 것을 암시해 주는 경우도 있어요. 이럴 때는 절대 봐주면 안돼요. 만일 봐주는 경우에는 반드시 욕을 보게 됩니다.

첫째로는 본심이 있어야 됩니다

오랫동안 할라 카면 첫째로는 본심(本心, 정직)이 있어야 됩니다. 하지만 80원 주고 사와서 80원 받고 팔면 바보입니다. 많이만 벌이려고 하면 모리배라 합니다. 예를 들어, 수술하는 경우가 그렇습니다. 그래서 수술비를 정해 놓지요. 약업을 평생 해오면서 지니게 된 좌우명은 정직입니다. 정직뿐입니다.

내보다도 더 안다고 지끼는(지껄이는) 사람은 절대 안 봐줍니다. 나는 이것을 직업적으로 해오고 있는데, 자기는 직업으로 하지도 않으면서 나보다 더 안다고 끄떡거리는 사람이 있습니다. 그런 스타일의 사람은 어디를 가도 실패합니다. 못 고쳐냅니다. 내가 아는 범위 내에서 힘껏 해주어야 하고 또 살릴 수도 있는데, 안 해주는 경우가 있거든요. 환자가 나를 불신하고 건방지게 놀면 못해 줍니다. 반면 나를 믿고 오는 사람은 만일 내가 스스로 못할 경우에는 대구시내 큰 병원으로부터 흘러 내려오는 유능한 개인병원 하는 사람에게 소개시켜 주거든요. 이런 경우 돈도 적게 들고 병도 잘 고칠 수도 있지요. 그렇지 않은 경우 신출내기 있는 종합병원으로 보내버립니다.

재수 좋으면 살고 안 그러면 죽습니다. 이게 잘못된 겁니다. 응급환자는 그 병원에서 제일가는 명의(名醫)가 진찰해서 고쳐내야 하는데, 우리나라에는 연습하는 사람들이나 앉혀놓고 있지요. 이래가지고는 안 되지요. 종합병원에는 이런 게 결여되어 있어요.

상약(上藥)은 보약이므로 좀 많이 쓰도 됩니다

내가 첫 번째 만들어 놓은 것은 별도로 있어요. 고생 구덕이지요. 맨 처음에는 『방약합편(方藥合編)』에 있는 것 가지고 약을 짓거든요. 선생한테 코치 받아가지고… 모든 것을 다 적어놓을 수 없잖아요. 글씨 자체가 적잖아요. 아주 처음에는 문종이에다 해놓은 것도 있었어요. 그것은 더 꼼꼼하게 안 되어 있었지요.

(낡은 오래된 의서를 가리키며) 이것은 내가 약국 하고나서 좀 있다가 나온 거지요. 그러므로 50년 가까이 된 것이지요. 글씨가 좀 크고 종이 질도 좀 좋은 이 책이 또 그 후에 나왔어요. 이것도 벌써 3권 째 구입해서 쓰고 있습니다. 상, 중, 하 3가지로 약을 분류해 놓았는데요. '상'은 보약 계통이고, '중'은 중간병 계통이고, 하약(下藥)은 아주 급한 병에 쓰는 것이지요. 한제 이하로밖에는 못 씁니다. 중간약은 2~3제 정도 쓰고요. 상약(上藥)은 보약이므로 좀 많이 쓰도 됩니다.

『방약합편』 안에 민간의약이 전부 다 들어있어요

병이 나면 첫째는 병원에 가야 되고, 그 다음에는 한방에 와가지고 약을 쓰고, 그 다음에는 집에서 조약을 먹어야 낫습니다. 예를 들어, 만성적으로 설사를 하는 경우 아무리 양약을 써도 안 되는 경우… 백출산(白朮散) 써 가지고 듣는데, 그래도 안 될 때는 사람에 따라서 모두 다르거든요. 쑥떡을 먹으니 낫는다 카는 사람도 있고, 고사리 삶은 물만 먹어도 지사(止瀉)된다는 사람도 있고요. 그리고 차전자(車前子) 카는 도라지 씨를 볶아 가루로 내어 먹어가지고 낫는 사람도 있어요.

이처럼 아무리 병원에서 해도 안 되는 경우 이런 방식으로 낫게 하지요. 그래서 병이 나면 3가지 방법으로 겸용해야 합니다. 이것을 일종의 민간약(民間藥)이라 하지요. 3가지를 겸용 안하면 절대 병을 못 나숫지요. 여기 한약방 앉아 있는 사람들은 조약에 대해 많이 알아가지고 이 약도 쓰고 저 약도 쓰라고 가르쳐주어야 합니다. 그런데 그렇게 할 줄 모르는 사람들이 의원이라고 간판 걸어놓고 있으면 미안하다 카니까요. 그러면 안 되지요. 그건 의원이 아니라니까요.

『방약합편』 내용하고 민간의약은 그냥 관련이 있는 것이 아니라 딱 붙어 있는 겁니다. 『방약합편』 안에 민간의약이 전부 다 들어있어요. 조약을 쓸 줄 모르는 사람은 못 배워서 못 쓰고요. 알아도 안 가르쳐 주는 사람은 자기 약 팔아 먹으려고 그러지요. 모두 다 가르쳐주어야 해요.

못된 짓 해가 돈 벌이는 사람들도 있지요. 거짓말 해가지고 돈 벌이고, 의료수가를 부풀려가지고 돈 벌이고요. 지금은 규제를 하고 있지요. 인간처럼 검은 머리가 위로 올라간 동물은 못된 동물입니다. 한 나라가 망할 때도 아버지를 죽이고, 형제를 죽이기도 하잖아요. 삼강오륜이 무너지면 욕심이 꽉 차 올라서….

일침이구삼약(一鍼二灸三藥)이지요

내가 평생을 사람 다루는 업을 하고 있어보면… 낮에 조용하다가도 저녁에 사람들이 우루루 와서 하루 경비 제해 줘요. 저녁시간에 문을 닫아놓았는데도 와서 문을 두들기고, 전화하고 해가지고 하루 일당을 다 만들어 주었지요. 밤에 문 안 열어주면 막 두드려가지고 심지어 문을 부숴버리기도 해요. 지금처럼 야간 응급실이 병원에 있어도 우선 여기서 병을 보고 가야 된다면서요. 종합병원 응급실에 가라고 권유해도 그런 사람이 있어요. 응급실이란 최고 권위자가 응급환자를 다루어야 하는데, 배우는 수련의가 앉아가지고 하고 있거든요. "우선 응급치료만 해가지고 날 새워가지고 치료하면 됩니다."고 하니 이렇게 하면 됩니까? 외국에는 안 그런대요.

내가 올해 80세인데… 내가 35세에 여기 와서 지금까지 이렇게 하고 있는데요. 그때는 아무리 급한 것도 겁난 게 없었어요. 나도 나대로 배운 게 있다 이거지요. 침도 놓고 해서 많은 위급한 환자들도 낫게 해주었거든요. 그러니 그렇게 해서 병이 나은 사람들이 주위의 환자들을 아직까지 소개해 줘요. 병원에서는 아무리 해도 안 되는데, 나한테 오면 침 한방

놓아서 손을 못 쓰는 것을 낫게도 해주었어요.

한번은 처녀인데 손이 그래가지고 시집을 못가고 있었거든요. 그래서 나한테 치료 받고 나은 사람들이 길을 가다가도 나를 알아보고 인사를 하기도 해요. 침은 우리가 약을 배울 때 김재성 선생한테도『방약합편』배우고 또 서울에 있는 대한침구학원(大韓鍼灸學院)에 가서 1년 동안 꾸준히 세밀하게 배웠지요. 수료증도 보관하고 있어요.

요새는 그렇게 세밀하게 가르쳐주지 않아요. 사람들이 약아가지고요. 한의과대학 가 가지고 세밀하게 배우기나 할 정도지요. 관침(管鍼)에 비해 일침(一鍼)이 더 어렵지요. 손이 떨려 잘 못하지요. 우리는 일침을 배워서 놓았지요. 우리는 손으로 만져가지고 바로 침을 놓지요. 일침이구삼약(一鍼二灸三藥)이지요. 뜸은 시간도 걸리고 귀찮아서 못하지요. 하지만할 수 있는 방법을 가르쳐 주었지요.

한약업사는 침놓을 줄 모르면 약 한제도 못 팔아요. 침놓을 줄 모르면 그 사람은 의원이 아니지요. 몇 년 전부터 수지침은 가능해졌어요. 단돈을 받으면 안 되지요. 침을 놓는 주지만, 돈을 받을 필요는 없지요. 약을 팔면 되니까요. 옳은 의원이 될라 카면 침도 놓고 뜸을 뜰 줄도 알아야 되고, 약도 또 잘 지을 줄 알아야 되고요. 마음도 정직해야 되고요.

그런데 이것을 법제화 해가지고 복잡하게 하니까 죽는 사람도 많을 거고, 외에 치료비를 쓰는 사람도 많을 거고 그렇지요. 하지만 그걸 또 법제화 안하고 할 수도 없고요. 요새처럼 자꾸 이렇게 파 뒤지고 이래 하니까 곤란한 사람도 있거든요. 그래 좀 어두운 구석도 있어야 하는데, 어둡게 하면 불법 아닙니까? 그게 법제화되니까 육법전서(六法全書)처럼 이렇게 두껍거든요. 감당을 못하거든요. 우리 인간은 법을 떠나서 할 게 많아요. 법으로 해결 못하는 것도 많잖아요? 너무 엄하게 해버리면 부작용도 때론 생깁니다. 법도 그렇고 병도 그렇고요.

■ 동광한약방의 한약 물증

▶ 대한침구학원(大韓鍼灸學院) 수료증 :

·기재 사항 : 본적, 성명, 출생 연월일, 수료내용, 수여 연월일, 수여기
관, 일련번호

·수료내용 : 우자(右者)는 본(本) 학원(學院) 소정의 침구학(鍼灸學), 경
혈학(經穴學), 해부학(解剖學), 생리학(生理學), 병리학(病理學), 진단학
(診斷學), 세균학(細菌學) 등의 침구(鍼灸)에 관한 약리(藥理)와 실지 기
능의 전 과정을 수료하였기 자(玆)에 본 증을 수여함

·수여일자 및 수여 주체 : 단기 4293년 8월 31일. 관인 대한침구학원
장 황진서(黃鎭瑞). 제866호

▶ 대구약령시 동양의약전문학원(東洋醫藥專門學院) 수료증 :

·기재 사항 : 본적, 출생 연월일, 성명, 수료내용, 수여 연월일, 수여기
관, 일련번호

·수료 내용 : 우자(右者)는 본 학원 소정의 한의약학(漢醫藥學) 전 과정
을 수료하였기 자(玆)에 본 증을 수여함

·수여일자 및 수여 주체 : 서기 1962년 4월 5일. 관인 동양의학전문학
원장(東洋醫藥專門學院長) 백인기(白仁基). 제94호

▶ 경상북도 한약종상 시험 합격증 :

·기재 사항 : 성명, 허가지역, 합격 증명 내용, 합격증서 발부 연월일,
발급주체, 일련번호

·합격 증명 내용 : 상기자는 1962년도 실시한 한약종상 시험에 합격하
였음을 증명함

·수여일자 및 수여 주체 : 1962년 10월 4일. 경상북도 지사 박경원. 제
85호

▶ 한약 기구 :
·1962년 한약방 개업 때 마련한 약장
·1962년 한약방 개업 때 마련한 약 짓는 탁자
·약방 책상과 서류꽂이 - 초등학교 입학 기념으로 부친이 사준 책상과
책꽂이
·직립식 제약 탁자
·약방 저울 3종(푼, 냥, 돈)
·약 상자(목재) : 처방 내려 지은 약을 담는 도구
·약통(목재)
·동인도(銅人圖) - 25만원에 구입

▶ 한방 액자 :
·백초유령(百草有靈) - 모든 약은 영(靈)이 있다.
·재약구인(藥在救人) - 약이 있어 사람을 구한다.
·제세신방(濟世神方) - 처방(화제)을 잘 내어 사람을 살린다. 화제(和劑)
는 모두 소중한 것이다.

▶ 자료집 :
·『오봉청낭결(五峰靑囊訣)』, 『학낭(鶴囊)』 - 비방 모음집 2종
·『태평요결(太平要訣)』: 작명법, 사주법, 신수풀이, 부적, 풍수지리 등
을 모아 자필하여 편집한 책

▶ 약통 :

20여 년 전 중국산 복령(茯笭)이 목제 약통에 포장되어 수입될 때 반입되었던 용기이다. 밑바닥보다 입구가 더 넓다. 예전에는 수입 당재(唐材)가 더 비쌌지만, 지금은 반대가 되었다. 중국에는 인건비가 저렴하여 다량의 물량이 재배 가능하기 때문이다. 지금은 예전처럼 목제 약통으로 포장된 채로 수입되지 않는다.

▶ 얼기미(체) :

약재를 약장에 넣기 전에 부스러기를 걸러내는 데에 사용

▶ 부적 그림 :

거창 출신의 정재원 선생이 부적 관련 저서를 간행했는데, 약을 지으려 동광한약방에 방문한 인연으로 선물해 준 것이다. 그는 거창사건 때 간신히 생존했던 인물로 동광한약방에서 병을 치료했다. 제액구복을 기원하는 내용으로 걸어둠으로써 조금이나마 마음의 안도를 느끼게 해주는 물건이다. 농사 곳의 특성상 예전에는 약을 지어가 병을 고친 고객들이 더러 곡물을 선물로 건네기도 했다.

▶ 사각 약통 :

높이 10cm, 가로 30cm, 세로 50cm 정도의 목제 사각 약통으로서, 화제에 따라 혼합해서 지은 약재를 한데 담는 그릇이다. 때로는 감기약 등 달여서 포장한 탕약을 담아두는 용도로도 활용된다.

▶ 초기(炒器) :

법제하는 용도로 사용하는 도구로 예전에는 땔감으로 했으나, 지금은 가스불을 사용한다.

▶ 챙이 :

약 부스러기를 가려내는 데 사용

▶ 한지 :

"환약 제조 때 밑에 까는 종이지요. 우리 집에는 사향소합원(麝香蘇合元)을 제조해서 복용해 왔어요. 한방에서는 사람을 살리는 만병통치약으로 활용됩니다. 기혈(氣血)이 잘 소통되지 않으면 안 되므로 이때 이 약 하나면 해결되는 좋은 약입니다. 열이 없을 때 써야 해요."

▶ 약절구 :

철재로 만들어진 약을 빻는 도구이다. 구술자의 약업 인생과 역사를 같이할 정도로 50년이 다 된 물건이다.

▶ 액자 :

·백인당중유태화(百忍堂中有泰和) - 모든 것을 참으면 가정이나 모든 것이 안정된다. 안중근 의사의 글이다.

▶ 석밀(石蜜) 약재 :

바위틈에서 채취한 꿀로서 사향소합원(麝香蘇合元) 환을 만들 때 활용

▶ 약저울(손저울) :

약을 지을 때 사용

▶ 돼지쓸개 :

아이들이 경기할 때 사용

▶ 밀(蜜) :

대형 벌통으로서 고약 제조 때 사용

▶ 수세미[絲果] :

즙(汁)을 내어 약으로 활용

▶ 4각 목제 약통 :

처방한 혼합 약재를 담는 통

▶ 처방에 활용되는 자료집 :

· 옛 『方藥合編』, 최근 『方藥合編』(황도연 저)
· 『五峰靑囊訣』(김재성 저)
· 『臨床處方集』(대구한의사회)
· 『韓方病院處方集』(대전대 한방병원)
· 전국의 다양한 처방들을 모아놓은 전집

▶ 약방 붓과 벼루 :

옛날 처방전을 기록하거나 첩약 포장지에 처방 이름을 쓸 때 사용

▶ 자체 처방전 양식 :

방문 연월일, 성명, 성별, 주소(연락처), 연령, 처방명, 처방 내용

▶ 약제비 계산서 영수증 :

공제 신청용 현금영수증

▶ **복용방법 공지표 :**

첩약을 지어갈 때 자가 탕제 및 복용법 명시(1일 복용 횟수와 시간, 매 첩 당 생강과 대추 가미 내용. 주의사항), 계자번호, 제조 환약(우황청심원, 우황포룡환) 광고

제3부

부산지역 원로 한약업사들의
약업(藥業)과 삶

영남약우회 멤버였던 천일당한약방 김희정

딸의 약국에서 한약을 조제했던 장수당한약방 조덕식

17세에 한약에 입문한 동강당한약방 이시호

영남약우회 멤버였던
천일당한약방 김희정

-1926년 생-

·
·
·

밀양 조약국 근무와 한약업사 시험
부산 감초당한약방(甘草堂韓藥房) 근무와 6.25전쟁
천일당한약방 개업과 영남약우회 활동
한약의 현실과 업권 갈등
한국 인삼의 우수성
천일당한약방의 한방 물증

연보
- 1926년 - 경남 창녕 출생
- 1942년 - 경남 밀양 조약국 입사
- 1947년 - 한약업사 자격증 취득
- 1948년 - 부산 감초당한약방 입사
- 1950년 - 6.25전쟁 입대, 화랑무공훈장 수훈
- 1961년 - 천일당한약방 개원
- 2006년 - 부산광역시 진구 부전1동 천일당한약방 경영

■ 밀양 조약국 근무와 한약업사 시험

당시 약방 근무는 월급도 없었고요

나는 경남 창녕에서 태어났어요. 17~18세 때 밀양에 살던 삼촌의 숙모가 그곳에서 꽤 이름 있던 조약국 집에 들어가서 일해보라고 권유해서 들어갔어요. 1대 경영자는 조원경 선생이었고, 나중에 그의 아들 조용술이 물러 받았지요.

당시 약방 근무는 월급도 없었고요, 단지 밥 먹여주는 정도였어요. 당시 조약국에는 서너 명의 종업원들이 일했어요. 이 중 1명은 의생(醫生) 시험 쳐서 한의사가 되었어요. 약방은 밀양시내 목조 2층 건물이었어요. 주인은 중국(상해) 동제대학에서 의학 공부해가지고 양방(洋方), 한방(韓方) 모두 했어요. 또 조선일보 밀양지국장도 역임했지요. 사장의 부친은 영천 출신으로서 밀양에 살던 친척의 권유로 밀양으로 와서 의생으로 돈을 벌어 5명의 아들 모두를 대학까지 공부시켰어요. 당시 그렇게 한다는 것은 참 대단한 일이지요.

당시에는 약 3~5첩으로 병을 모두 고쳤어요. 진맥(診脈) 시 손가락 감각을 예민하게 하기 위해 숫돌에다 문지르기도 했어요. 의술이 정말 탁월했다고 합니다. 나는 거기서 약을 썻어 말리고, 썰고, 심부름도 하는 등 참 일을 많이 했어요. 이렇게 약방 일을 하면서 한약 지식을 조금씩 체득해 나갔던 거지요.

1947년도에 한약업사 시험을 쳤어요

내가 밀양 '조약국'에서 4~5년 동안 근무했던 22세 되던 해에 한약업사 시험을 쳤어요. 1947년인가 그렇지요. 일제시대에 시험 치던 방식대로 쳤습니다. 경남도청 연무관에서 쳤지요. 당시에도 국가고시가 아니어서

지역별로 한약업사 시험을 봤어요. 말하자면 무의촌에다 한약업사를 배치시키기 위한 거지요. 당시에는 의사가 있나? 한의사가 있나? 그때는 한약업사 대우도 좋았어요.

필기시험도 있고, 법령시험, 실물시험도 있었어요. 유사한 약재를 가지고 주로 시험 쳤어요. 유사 약재 2~3종을 함께 진열해 놓고 특정 약재를 골라내라고 했어요. 원형 혹은 절단한 실물 약재들을 번갈아가며 섞어놓고 알아내도록 하는 거지요. 예전에는 규모가 큰 건재도매상에 오랫동안 종사해야 알아맞힐 수 있었지요. 처방 시험의 경우에는, 예를 들면 '오적산(五積散)을 써내라.' 하는 식이지요. 배합되는 약재 종류하고 중량을 써내야 하지요. 가감도 있기 때문에 그게 어렵지요. 또 '보중익기탕(補中益氣湯)은 어디에 쓰나?' 라는 문제도 나오지요. 중량 문제가 참 어려웠어요. 3푼, 5푼, 1돈 반, 2돈 등 처방 한가지에도 각 약재마다 중량이 다르거든요. 한 개라도 틀리면 안 되지요.

그러니 책을 많이 봐야 되지. 400~500종에 이르는 약재도 다 알아야 되고. 의서만 봐도 안 되고, 실물을 많이 접해야 하지요. 실물공부를 하기 위해서는 큰 도매상에 있어야 하지. 대구 류판학씨 집 같은 데는 전국에서 약 주문이 오므로 각종 약재를 구비해 놓거든요. 없는 약이 없을 정도지요. 이런 데서 근무해야 여러 가지 약재를 볼 수 있어요.

■ 부산 감초당한약방(甘草堂韓藥房) 근무와 6.25전쟁 입대

'감초당'은 65년의 역사를 지니고 있어요

밀양 '조약방'에서 수년 동안 근무하던 중 주인이 죽자, 곧바로 부산으로 와서 '감초당한약방'에 입사했어요. '감초당'은 1대 신세균 씨 이후 아들이 운영했는데, 65년의 역사를 지니고 있어요. 부산의 대표적인 한약방이라 할 수 있지요. 지금은 그의 동생이 한의원을 하며 계승하고 있지요.

당시 신세균 사장은 부산한약협회 회장을 하며 업계를 이끌고 있었어요. 부산 한약업사 시험 실무위원으로도 활동하고요. 후에 내가 감초당 지배인으로 있을 당시에는 실물시험 재료로 쓰일 유사 약재들을 골라주기도 했어요.

학술시험 문제는 대학교수들이, 법령관계는 경남도청 약사 업무 공무원들이 담당했지요. 반면 실물시험 관계는 지역 업계 대표 격이라고 할수 있었던 신 사장이 담당했어요. 나는 '감초당'에서 13년 동안 줄곧 근무했어요. '감초당'은 한약장사 해서 모은 돈으로 무역회사, 제약회사를 비롯하여 4개의 회사를 일구기도 했지요. 그러면서 약방을 통해서는 영남지역 일원에 약재를 공급했어요.

양구 7사단 의무대에 배치되었어요

6.25전쟁 중에는 약방 근무 중에 잠깐 동안 바깥으로 나와 바람을 쐬던 중 붙잡혀 입대했어요. 제주도로 가서 1개월 동안 훈련 받은 후 양구 7사단 의무대에 배치되었어요. 약방에서 일한 경력을 인정받은 거지요.

당시 입대한 동료들 중에는 제주도에서 군사훈련 받는 도중에도 병이 나거나 혹은 영양실조로 죽는 사람이 많았어요. 화장실에 가면 피똥이 벌겋게 묻어 있었어요. 속옷에는 이도 굉장히 많았고요. 훈련 동기생들이 당시 많이 사망했습니다. 이들 사망자들을 운반할 때는 마치 짐짝처럼 두 사람이 들어 차에다 싣기도 했어요.

입대 중에는 양구군 문덕리 전투가 가장 치열했어요. 1개 사단 3천명이 전몰했어요. 이러한 참전 경력으로 화랑무공훈장을 받기도 했어요. 이로 인해 2005년부터는 정부로부터 월 12만원씩 보상금을 받고 있어요. 처음에는 월 6만원씩 받았는데 오른 거지요. 내가 죽으면 부부가 국립묘지에 안장될 수도 있지만, 나는 문중 선산으로 갈 것입니다. 나는 보훈병원 무료 치료는 물론 비행기 탑승도 무료로 할 수 있어요. 직계 자녀들도 치료 혜택을 받을 수 있습니다.

■ 천일당한약방 개업과 영남약우회 활동

군 제대 후 '감초당'에 다시 들어갔어요

나는 군에 갔다 온 후에도 이전 근무처였던 '감초당'에 다시 들어갔어요. 줄곧 13년 동안을 근무한 셈이지요. 그러던 중 박정희 대통령 들어서고 하면서 법이 바뀌어 한약방을 개설하지 않은 경우에는 한약업사 허가가 소멸된다고 했어요. 내가 바로 그런 입장이 되어 상당한 고민을 했어요.

'감초당'에서는 나를 계속 일해주기를 바라며 붙잡았으니까요. 약방에 대한 의리와 앞으로의 내 살 길 사이에서 말이지요. 나는 부득불 독립을 해야 하겠다는 결심을 세우고 '감초당' 사장한테 이야기를 했지요. '감초당' 사장은 독립을 극구 반대했지요. 이 문제를 두고 3일 동안을 심각하게 갈등했습니다. 자격증을 살리기 위해서는 어쩔 수 없다고 생각했어요.

북부산 쪽에서는 가장 큰 상권을 유지했으니까요

그래서 '감초당'과 결별하고 '천일당한약방(天一堂韓藥房)'을 열어 독립했지요. 이렇게 되고 보니 약재 조달을 비롯하여 이전 근무처였던 감초당으로부터는 아무런 지원과 협조를 받을 수 없게 되었어요. 한편으로는 너무 난감했어요. 그래서 대구 약전골목의 류판학씨(남성한약방)에게로 가서 사정을 이야기했어요. 그러자 운영에 필요한 모든 약재를 공급해 줄 테니 약방을 개설하라고 해서 약방을 열었지요. 이때 맺은 인연으로 해서 그의 아들[2대 류창록] 대까지 관계를 이어가고 있습니다.

이로써 약방 개설 후 3년 만에 집도 구입하는 등 큰돈을 벌기도 했어요. 북부산 쪽에서는 가장 큰 상권을 유지했으니까요. '천일당(天一堂)' 상호는 중국인이 이름 지어준 것입니다. 이 중국인은 무허가로 약을 많이 팔기도 했던 사람인데, 한약업사 시험 때 감초당으로 찾아와 실물시험에 나오는 약재를 가르쳐 달라고도 했던 사람이거든요. 하지만 시험에 그만 떨어져 버렸어요. 그는 중국 상해에 3천 평 정도의 집터도 가지고 있는 등 돈은 좀 있었어요. 아들은 부산대 약대를 나와 약국을 하고 있어요.

영남지역 약업인들의 모임이지요

천일당한약방 개업 후 3년 만에 영남약우회(嶺南藥友會)를 결성했어요. 1960년대 중반쯤 되겠지요. 대구에서는 약전골목의 백인기(선일한약방), 류판학(남성한약방), 방태영(감초당한약방) 등이 주축이 되고, 부산에서는 김한준, 신세균 등이 모였지요.[1] 부산과 대구에서 각 12~13명씩 참여했

---

1 2004년 간행된 한약업사 『명부(名簿)』에는 부산지역에 총 54명의 한약업사들이 약업을 하고 있는 것으로 나타나 있다. 부산시 13구 1군의 분포 상황을 보면, 진구(13명)와 동구(8명), 중구(7명) 등 3개 지역이 절반 이상(28명)을 차지하는 가운데 단 1명만 남아있는 구역도 4개(금정, 수영, 동래, 연제)나 되었다. 이로써 부산은 인구에 비해 한약업사가 가장 빠르게 고갈되어 가는 지역 중의 하나라고 볼 수 있다. 대부분의 한약업사들이 고령이어서 사망 혹은 폐업으로 해마다 자연 감소하고 있는 추세이다. 2004년을 기준으로 54명의 한약업사 중 80세 이상은 7명이었다. 최고령자는 '대동당한약방'을 운영하고 있는 1917년생(90세) 옥치일이다. 그 밑으로 1920년생인 '성제당한약방'의 이규하(87세)를 비롯하여 1922년생인 '장수당한약방'의 조덕식(85세), 1923년생인 '연지당한약방'의 박희관(84세, 1926년생인 '천일당한약방'의 김희정(81세)과 '동명당한약방'의 이상권(81세), 1927년생인 '동강당한약방'의 이시호(80세) 등이다. 이들 중 일부(이규하, 박희관)는 2005년 작고하였다. 이런 추세로 본다면 앞으로 수년 이내에 이들을 더 이상 만날 수 없을 지도 모른다. 연구자가 거주하는 대구지역의 한약업사들만으로도 한국 한의약의 변화와 지속을 어느 정도 이해가능하다. 대구 외 다른 지역과의 비교 고찰을 통해서는 인력 충원과 약재 유통의 양상 등에서 지역적 변이에 따른 폭넓은 이해를 제공할 것이다. '긴급한 제보자'를 1명이라도 더 만나서 구술 자료를 채록해 두어야 할 필요성에서도 연구지역의 확대가 필요했다. 부산지역의 구술자는 김

던 것 같아요.

김한준은 남해 사람으로서 백씨가 '동춘당한약방'을 했고, 아우 김한우
도 연세대학을 나와 초량에서 약방을 운영했어요. 당시 부산 한약업계 원
로에 속했지요. 부산 범어사 계곡에서 첫 모임을 갖고 영남약우회를 결성
한 후 전국 약업계를 좌지우지할 정도로 영향력을 행사했어요.

부산지역 간사를 역임했어요

초대 회장에는 부산 '감초당한약방'의 신세균 씨가 그리고 부회장은
대구의 '남성한약방' 류판학 씨가 각각 맡았지요. 두 사람은 나이도 동갑
이었어요. 이후 부산과 대구에서 교대로 회장과 부회장을 맡아 이끌어 나
갔어요. 이 때 부산지역 간사를 신세균 씨가 나를 지목함으로써 상당히
당황하기도 했지만, 이로 인해 이전의 서운했던 서로의 감정을 삭이는 계
기도 되었어요. 내 입장에서도 퇴직 당시 퇴직금이 한 푼 없었을 뿐만 아
니라 이후 약재 공급도 전혀 없었기 때문에 상당히 서운했었지요.

이후에는 마산의 '한성당한약방'을 비롯하여 진주 등 여러 지역에서도
한약업자들이 참여했어요. 이후 영남약우회는 부산과 대구를 오가며 우
의와 친목을 다짐은 물론 약가 조정과 약재 생산, 한약 유통과 관련한 정
보 교환 등 약업 활동과정에서 적잖은 역할을 했어요. 무엇보다도 약업인
들 간에 순수한 인간미를 상호 나누었다는 게 가장 큰 보람이었어요.

영남약우회는 지금까지 존속하고 있지만, 나는 몇 년부터 참여하지 않
아요. 창립 40주년 기념행사 땐가 창립인 명단 작성과 관련해서 기분이
상해서 내가 나와 버렸어요. 분명 창립과정에 참여한 사람이 아닌데도 불
구하고, 어떤 사람이 명단에 들어있었기 때문이지요. 형님으로 부르던 류
판학 씨와 같이 활동했는데, 그의 아들 세대와 교류하기도 좀 그렇고 했
던 점도 있었지요.

희정, 조덕식, 이시호 등 3명의 원로 한약업사들이다.

대구약령시의 류판학 씨는 별명이 '꼬쟁이'라

이전에는 자연산 약이 많이 나왔으므로 약방으로 들어오는 약이 깨끗할 수 있었겠는교? 예전에는 약 캐다가 마다리나 섬에 약을 해오는 것을 보면… 중량 늘려 먹을라고 흙도 옳게 씻지도 않고 그냥 가지고 왔어요. 또 기계는 있나? 전부 손으로 썰어 말려서 약으로 썼지요.

그러니 류창록이 같은 사람이 그걸 할라 했겠어요? 그래도 서울 상대나와 가지고 엘리튼데… (웃으면서) 처음에는 아버지 명령으로 한약방을 계승하라고 했을 때 약 썰고 하는 아버지 약방 일을 보고는 절대 안 한다고 했다지요. 하지만 아버지가 영(令)을 내린께나 안 할 수가 있나. 류판학 씨는 별명이 '꼬쟁이'라. 정직하고. 장사 하는 사람이 남 속이지 않고 하나요. 하지만 이 사람은 정직하고 하도 곧은 사람이라서 '대구 꼬쟁이'라 했어요. 그리한께 약전골목에서 최고 많이 벌었지.

류창록 씨 하고는 나하고 형, 동생처럼 지냈어요. 나이는 일곱, 여덟, 열 차이가 났지만 그리 지냈어요. 경상도 사람들은 의리 하나로 인간관계를 맺는다 했지요. 류창록이도 자기 아버지 닮아 의리가 있어요.

■ 한약의 현실과 업권 갈등

세력에 밀려 … 이제는 이게 끝인 기라

당시에는 촌에 병원, 약국도 없었으므로 한약업사들이 침도 놓고, 뜸도 뜨고, 약도 짓고… 아픈 사람 찾아오는데 모두 해야지요. 그러므로 법대로만 할 수 있나요? 의사가 있나? 한의사가 있나?

(상당히 격앙된 어투로) 이놈의 나라가 … 한약업사들이 그 과정에서 나라를 위해 공을 세운 사람들임을 모르고 그냥 … 세력이란 게 … 딴 거는 … 돈벌이 하는 거야 모르지만, 의약(醫藥) 이거는 사람을 구하는 업

인데, 이걸 [못하도록] 그렇게 했으니 … 참! … 왜정시대에는 한약업사들이 침을 놓기도 하고, 아이 이름도 짓고, 사람 죽으면 풍수쟁이도 하지, 의원 노릇도 하지. 세상이 이렇게 정권도 변했지만, 이걸 몰라주는 기라. 세력에 밀려 … 이제는 이게 끝인 기라.

전란 중에 부산에서 한의사 제도를 만들었어요

신세균, 중국인 한의사 비우룡, 한의사로서 국가고시 위원장이기도 했던 정원희 이런 사람들이 '감초당약방'에 모여가지고 의논해서 전란 중에 부산에서 한의사 제도를 만들었어요. 당시 한의사인 이상화 선생도 의(醫)에 밝았어요. 그 사람은 『증보 방약합편(增補 方藥合編)』이라는 책도 만들었어요.

정원희 선생은 '신의(神醫)'라고 불릴 정도였지요. 한의, 한약은 싸울 게 아무 것도 없는데 … 어느 게 큰집이고, 작은집이거나 형, 동생 따질 게 없지요. 실제로는 한약업사가 큰집이지. 요즘은 한약업사 보고 '대학도 안 나온 찌끄레기'라고 말합니다. 당시에는 대학 공부할 여건이 되었나요? 당시에는 약방이나 한의원 등에 5년 이상 근무한 경력을 요구했거든요.

한의사, 한약업사 하고 다툴 게 뭐 있나?

가장 못된 적은 원래 한의사라. 한의사, 한약업사 하고 다툴 게 뭐 있나? 그 사람들이 한약을 조진 기라. 내가 한약협회 수석부회장 8년 했어요. 민관식이 할 때도 [한의사가] 한약업사 도와가지고 같이 싸워주어야 할 게 아닌가요? 그래 막아주어야 할 게 아닌가요? 그래서 우리가 보사부와 한의사협회에다 진정을 했어요. 약대 안에다가 한방과(韓方科)와 양방과(洋方科) 두 개를 하라. 그래도 안 된다 카는 기라. 다 먹을라고 하는 기라.

(다소 격앙된 어투로) 이때 한의사들이 우리 보고 온갖 … 사람까지 멸시하기도 했어요. 한의사들하고 많이들 싸웠어요. 요즘 간혹 예식장에서 만날 때 과거 그런 얘기를 하면, 이들이 "제발 그러지 마라. 미안해 죽겠다."고 말하데요. 그때쯤 손을 잡고 같이 했으면 할 낀데… 당시 부산지역에서 한의사들과 만나면 눈에서 악이 받쳐 바싹바싹했지요. 무허가업자들이 침도 놓고, 맥도 짚고 한다면서 말이지요.

국보위에 가서 수사까지 받았어요

1980년대 초 내가 한약협회 수석부회장 할 때는 국보위에 가서 수사까지 받았어요. 전임 회장단이 당시 회장(김재덕)의 판공비 문제를 경찰에다 고발한 건으로 말이지요. 이 일로 함께 조사를 받았어요. 당시 수사관은 전직 회장단을 불러놓고 "현 회장은 국회의원에게 얼마 주고 했는데, 너는 전부 네가 먹은 게 아니냐?"고 하면서 엄청난 물리력을 가했어요. 결국 나는 아무 일 없이 조사만 받고 풀려났어요. 잘못한 게 있어야지요.

■ 한국 인삼의 우수성

그야말로 영약(靈藥)이었지요

진피(陳皮)는 내부의 하얀 부분은 약이 아니므로 칼로 긁어내고 썰어서 사용했어요. 특히 인삼은 금산 인삼시장으로 직접 가서 사왔어요. 전체 생산량의 ⅓을 사왔으므로 인삼 가격이 오를 정도였지요. 그 정도로 대상(大商)에 속했어요. 일제시대만 해도 인삼의 질과 가격이 분명했습니다. 그야말로 영약(靈藥)이었지요. 일본인들도 탐을 내어 선망의 대상이 됨은 물론 인삼에 대한 연구도 많이 했지요.

(일본 여행 중 구입해 왔다는 일본인이 저술한 인삼 관련 자료를 보여

주며) 일제시대 일본인 의학박사 자사끼 구니까가 쓴『고려인삼자강법(高麗人蔘自强法)』입니다. 이 책에 보면 인삼에 대한 놀랄만한 내용들이 있어요. 활력을 가지고 병을 낫게 한 비화(秘話)들이 많아요. 한국 인삼이 세계 최고의 품질을 가졌다고 역설합니다.

도꾸가와 이에야스 집권 후 조선과의 통신사 교류과정에서 조선의 인삼을 가져다가 복용한 후 그 효험을 알고 통신사에게 인삼 씨앗을 가져오도록 명하기도 했어요. 인삼 씨앗 분실 사건을 조작한 후 몰래 일본으로 가져다가 이에야스에게 바치기도 했대요. 이후 이를 재배하여 그가 생전 총 745근의 인삼을 복용했다고 해요.

이 외에 강원도 심메마니가 목욕재계한 후 채약하는 이야기, 산삼을 캐서 부모에게 효도하는 이야기 등 인삼에 대한 갖가지 이야기가 나옵니다. 나도 인삼에 대한 글을 여러 군데 기고하기도 했어요. 하지만 지금은 인삼 제품의 질이 좋지 않아요. 영약인데, 정부에서는 식품으로 인정하여 관리합니다. 따라서 길거리 아무 데서도 판매합니다.

■ 천일당한약방의 한방 물증

▶ 의서『한방의어(漢方醫語)』:

"이 책은 1978년 일본 신주꾸 한방서점에서 구한 것입니다. 홍콩, 대만, 태국, 필리핀, 일본 등을 경유하며 여행하는 중 일본에서 구한 것이지요. 한 가지 단어별로 다양한 관련 병명을 한·양방으로 나누어 열거해 놓았지요. 의학 공부하는 사람들에게는 정말 귀중한 책이라고 봐요. 이외에도 상당량의 한방고서가 있어요. 아마도 내가 전국적으로 오래된 한방 의서를 많이 소장하는 사람 중의 하나일 걸요."

▶ **한방 액자 '인술시업(仁術是業)' :**

"어진 기술을 가지고 사람을 좋게 해준다는 의미이지요. '감초당한약방'에 근무할 당시 '낙산(洛山)'이라는 어느 고승이 찾아와 감기약을 부탁하기에 '패독산(敗毒散)' 약을 처방해 그냥 드리자, 즉석에서 땀을 뻘뻘 흘려가며 써준 글입니다. 온갖 심혈을 기울인 글이지요. 금강산 어느 암자에 거하는데, 성질이 상당히 괴팍하기로 소문이 나 있다는 것만 알지요. 이후 고승과는 아무런 인연을 맺지 못했어요. 당시 나이가 80대였어요."

▶ **미수(眉叟) 허목(許穆)[1595-1682] 선생의 글 :**

"교유했던 우암(尤庵) 송시열(宋時烈)[1541~1593] 선생의 치병(治病)과 관련한 유명한 일화를 남기기도 했던 허미수 선생의 글입니다. 조선 효종 때 우암은 노론의 영수였고, 미수는 남인의 거두였습니다. 우암이 큰 병을 얻어 의술이 뛰어났던 정적 관계에 있던 미수에게 처방을 의뢰하자, 미수 선생이 독극약 처방으로 치료한 이야기입니다.

우암 선생은 병이 나서 자신의 오줌을 복용하기도 했던 당대 유명한 학자입니다. 한번은 그의 아들이 의술이 뛰어난 허미수 선생에게 가서 아버지의 병세를 이야기 하며 약을 청하자, 그는 극약에 속하는 비상(砒霜) 한 냥을 주었어요. 우암의 아들은 상당한 의심이 생겨 절반만을 아버지에게 복용토록 했어요.

허미수의 처방을 따르지 않아서 그런지 우암은 수년 뒤에 같은 병이 재발했어요. 다시 그의 아들이 허미수에게 가서 약을 청하자, 이 사실을 알고 있기라도 하듯, 그는 호통을 치며 다시 약을 지어주었어요. 나는 매일 아침마다 약방을 들어서면 나와 약업 평생을 같이해온 저 약장과 허미수 선생의 저 글 앞에서 기도를 합니다.

▶ '의가 십요, 병가 십요(醫家 十要, 病家 十要)' :

"내가 개업할 때 만든 저 약장(藥欌)의 글을 써주기도 했던 정창진 선생이 쓴 글입니다. 병을 치료하는 사람과 병을 치료 받는 사람의 새겨야할 마음가짐과 태도를 각각 10가지씩 적어놓은 것입니다. 정창진 선생의 부친은 경남 사천 사람으로 '정약국'을 했던 분이지요. 일제시대는 축지법까지 썼다는 이야기가 전해내려 올 정도로 대단한 분이지요. 정 선생은 부친의 가업을 잇지 않고 일본으로 가버렸어요.

이후 그의 부친은 약업으로 벌인 돈을 모두 챙겨 지리산으로 들어갔다가 수년간 생활하다 나왔는데, 많던 재산을 자식들에게는 일절 물려주지 않았대요. 정창진 선생은 이름난 서예가이자 한학자이고, 의술(침술)에도 탁월했던 분이지요. 특히 구안와사 환자의 경우 침 한번으로 완치시키기도 했지요. 감초당 시절부터 같이 근무했어요.

이후 독립해 생활하는 동안 침(鍼) 시술과정에서 사망사고가 생겨 참 어려운 시기를 겪기도 했어요. 그래서 내가 정 선생의 뒤를 한동안 봐주기도 했는데, 독립 후에는 '천일당'에 모셔다가 같이 일하기도 했어요."

▶ '복령(茯笭)' :

복령의 효능과 복용방법 등 관련 내용을 구술자가 붓으로 적은 글이다.

▶ 약연(藥碾) :

17세 대 밀양의 한약방(조약국)에 들어가 근무하며 약을 배웠던 스승으로부터 물러 받은 약연이다. 최소한 60년은 되었음 직하다. 몸체는 돌이고, 약재를 분쇄하는 내부와 연알은 쇠, 손잡이는 나무로 되어있다.

▶ 약절구와 공이 :

딱딱한 종류의 약재를 으깨는데 사용되는 도구로서, 달일 때 약성이 잘 우러나도록 하기 위함이다. 밀양의 스승으로부터 물러 받은 약기(藥器)이다.

▶ 약재전시장 :

인삼과 꿀을 비롯한 각종 표본 약재들이 병에 담겨 약장 앞에 전시되어 있다. 진열장 외벽에는 경옥고(瓊玉膏)와 우황청심환(牛黃淸心丸) 광고도 붙어 있다.

▶ 우황청심환(牛黃淸心丸) 광고 :

'본방(本方) 우황청심환(牛黃淸心丸)'

▶ 경옥고(瓊玉膏) 광고 :

'정력강장자양제(精力强壯滋養劑) 경옥고(瓊玉膏)'

▶ 각종 증서 :

약장 우측 벽면에 한약업사 자격증, 한약업사 허가증, 감사장, 표창장 등의 각종 액자가 부착되어 있다.

▶ 동료 한약업자들로부터 받은 연하장 모음 액자 :

연말연시 때 지역 내외의 여러 동료 한약업자들로부터 받은 연하장을 하나의 액자 속에 모았다. 모두 한문으로 쓰여 있다.

딸의 약국에서 한약을 조제했던
장수당한약방 조덕식

-1922년 생-

.
.
.

일본에서 침술(鍼術) 공부
6.25전쟁 때 단신 월남
약 심부름하며 한약 공부
한약업사 허가 취소, 딸(2녀)의 약국 근무
한약의 특수성과 한의업계 비판

연보
· 1922년 - 2월 5일, 황해도 신천군 출생
· 1937년 - 도일(渡日) 후 중학 진학, 졸업
· 1945년 - 해방 후 귀국
· 1950년 - 월남 후 부산에서 침술로 생계유지
· 1962년 - 한약업사 시험 합격 후 개업 대신 침술 지속
· 1970년 - 약사였던 딸(2녀)의 약국에서 한약 조제(16년 간)
· 1986년 - 경남 진양군 금산면에서 한약방 첫 개업
· 1987년 - 한약방 경남 양산 이전
· 1996년 - 한약방 부산 이전
· 2006년 - 한약방 경남 거제 이전

■ 일본에서 침술(鍼術) 공부

왜정시대에 침(鍼)부터 배웠어요

나는 1922년 2월 5일 황해도 신천군에서 출생했지요. 처음에는 왜정시대에 침(鍼)부터 배웠어요. 예전에는 일본에 침이 세었어요. 당시 일본에서 중학 댕길 때 하숙하는 집 주인 어른이 침 배워주는 선생 택이라. 가만히 보니 어른들도 그 집에 왔다 갔다 했어요. 여름철에 문 열어놓고 침 공부하는 것을 보게 되었어요. 처음으로 침을 놓는 것을 보았지요. 그래서 학생들도 배우면 안 되겠느냐고 물어보고 승낙을 받았어요.

침 공부하는 책을 주기에 책을 꾸준히 보았어요. 차츰 재미도 느끼면서 때로는 침놓는 것을 보기도 하고, 또 놓는 법도 한 번씩 배웠지요. 이게 계기가 되어서 해방되고서는 침 연구를 해서 그렇게 업으로 해왔지요. 당시가 15세 무렵인데, 약 2년간 하숙집 주인 선생한테서 배웠어요. 정식으로 배운 게 아니라, 어깨너머로 배운 거지요. 그렇게 시작해서 오늘날까지 온 거지요.

학도병으로 일본 군대에 들어갔어요

중학교 졸업 후에는 학도병으로 일본 군대에 들어갔어요. 20세쯤 되면 모두 군대 갔어요. 나는 전쟁터로는 가지 않고 일본 내에서 근무했지요. 전쟁터로 나가려고 하는데 마침 해방이 되어가지고 다행히 안 갔어요. 당시에는 일본 들어가기가 참 힘들었어요. 돈 많으면 몰라도 돈 없으면 힘들었어요. 경찰서에서 모두 조사하고, 일본 사람들이 인정해 주어야 도항증(渡航證)을 해주지 안 그러면 못 가지요. 고향에서 혼자 일본으로 갔어요.

■ 6.25전쟁 때 단신 월남

빨갱이 안 될라고 도망질 했지요

해방 후에는 고향에서 도망질 하느라고 맘을 잡고 무엇을 할 수 있어야지요. 자꾸만 빨갱이 되라고 해서 안 될라고 도망질 했지요. 공산당에 자꾸 가입하라고 하잖아요. 그기 한번 들면 다시는 빠져나오지를 못해요. 그러면 적색분자가 되는 거지요. 그러므로 밤낮으로 쫓겨 다니고, 숨어서 다니지요. 거지 같이 다니지요. 때로는 공동묘지 가서 죽은 사람 밑에 가서 숨어서 살기도 했어요. 붙들리면 죽으니까요. 이러니 일이나 공부가 되겠어요?

6.25전쟁 때 단신으로 월남해서 침 놓아주고 했지요

6.25전쟁 때 단신으로 월남했어요. 부산으로 와서 새로 시작한 거지요. 당시에는 생계 방편으로 약도 조금씩 하면서 또 무면허 돌팔이로 침도 놓아주고 그리 했지요. 그런데 한의과대학이 생겨나면서 침구사(鍼灸士) 면허가 절대 생기지 않잖아요. 그러니까 한약업사가 된 거지요.

일제시대에는 침구사 제도가 있었는데, 한의과대학에서 못하게 했잖아요. 처음에는 동양의약대학이었지요. 6.25전쟁 끝나고 만든 거지요. 경희대 한의과대학 전신이지요. 아는 사람 침 놓아주면 그 대가로 조금씩 벌어먹고 살았어요. 간판도 없이 아는 사람들이 요청하면 떠돌아다니면서 침 놓아주고 했지요. 소문이 나면 사람들이 찾아와서 침 놓아주기를 요청하지요. 당시에는 집이 어디 있어요? 모두 판잣집인데요.

당시에만 해도 의료시설이 절대적으로 부족했지요. 부산시내에도 의원이 몇 없었어요. 그러니까 우리 같은 돌팔이가 살 수 있었던 거지요. 때로는 약으로, 때로는 침으로 사람들을 살린 것이지요. 당시에도 한약방이 있었지만, 모두들 나이도 많고 자연 사망하여 별로 없었지요.

■ 약 심부름하며 한약 공부

1962년도에 한약종상 시험을 쳐서 합격했어요

1962년도에 한약종상 시험을 쳐서 합격했어요. 침사(鍼士)는 자격이 없었으므로 제 살 길을 찾기 위해서는 한약업사를 택할 수밖에 없었지요. 나는 누가 곁에서 권유나 조언을 해서 이 길을 택한 것이 아니고 내 스스로 판단해서 택한 것입니다.

한약업사 시험을 보기 위해서 『방약합편』을 비롯한 여러 의서(醫書)를 독습했어요. 당시에는 대부분이 스스로 공부할 수밖에 없었어요. 답답하면 같은 목적으로 공부하던 동료끼리 모여 서로 모르는 부분에 대해 의견을 교환하기도 했지요. 돈 없는 사람들은 선생을 두기도 어려웠어요. 『방약합편』이나 『동의보감』, 『사상의학』이 기본으로 공부했던 의학서였지요. 한약방 하는 선생님들을 찾아가면 "자기 스스로 공부해야지" 하면서 받아주지도 않아요.

약 심부름을 하며 한약 공부를 했지요

실물공부를 위해서는 약방을 찾아가서 부탁을 하여 약재를 관찰하곤 했지요. 그래서 체면 불구하고 머리 숙이고 "공부 좀 할라고 그러는데…" 하면, 동정이 가서 허락해 주지요. 그게 참 어려워요. 때로는 약방 주인에게 묻기도 해요. 그러니까 자주 왔다 갔다 하는 약방의 경우에는 이웃에서 아는 사람들이 약을 부탁할 때 나름대로 처방을 내려가지고 그 집에 가서 약을 구입해 주기도 했지요. 그 전 단계에서는 어디가 아프다고 부탁을 받을 경우, 나름대로 판단을 해가지고 약방 주인한테 '이런 환자의 경우 어떤 약을 쓰면 좋은지, 그리고 약가(藥價)는 어떤지'를 물으면서 처방 공부를 하곤 했지요.

약방에서는 약을 팔아 이문이 생기고, 나는 약방 주인과 친분을 쌓으면서 한약 공부가 되고요. 또 얼마 되지는 않지만 조금이라도 약 심부름 값도 생기지요. 예를 들어 시호탕(柴胡湯) 감기약이면 '무슨 탕(湯)이면 무슨 탕' 해서 약방에 가서 "이런 관계로 왔는데, 이걸 쓸려고 하는데…" 해가지고, "됐다"고 하면 "약 지어주시오"라고 해서 가져다주기도 했지요.

이런 방식으로 한약 공부를 한 겁니다. 이러한 실습과정이 상당 기간 동안 지속됐어요. 6.25전쟁이 나서 단신으로 부산에 온 직후부터 계속됐지요. 10년, 20년이나 됐지요. 자격이 없으므로 무슨 간판을 걸 수도 없는 상태였으니까요.

■ 한약업사 허가 취소, 딸(2녀)의 약국 근무

자유롭게 옮겨 다니지도 못했어요

영업 허가지역은 경남 진양군 지수면이었어요. 돈 있는 사람들은 부산 시내에 남고, 없는 사람들은 모두 촌으로 쫓겨 갔어요. 당시에는 정부에서 어디로 가라고 지시했어요. 지금은 마음대로 다니지만, 당시에는 한번 지시하면 자유롭게 옮겨 다니지도 못했어요. 그만큼 무시당하는 기라. 거기서 시작해서 거기서 끝내야 하는 거지요.

당시에는 집 얻을 돈도 없었는데, 개업을 어떻게 했겠어요. 자격증만 받아놓고 또 돌팔이를 해먹는 기라. 밥은 먹어야 되니까요. 죽지는 못하고요. 그러니까 돈 없는 사람은 할 수 없어요. 돈이 있어야 방도 얻고 하지요. 돈이 없으니 어떻게 해요. 꼼짝도 못하지요.

면허 취소로 한약은 내가 짓고 양약은 딸이 취급하고요

한약업사 자격 취득 후 개업을 하지 않은 상태에서 무허가로 생활하다 가 면허가 취소되기도 했어요. 즉 무면허로 딸(2녀)이 약방 하는 데서 같 이 15~16년 동안 일했어요. 한약은 내가 짓고 양약은 딸이 취급하고요. 딸의 약국에서 같이 하다 보니 장점도 있지만, 안 맞는 점도 있어요. 환 자들이 원하는 걸 해줘야 하는데, 자기는 자기 하는 걸 하고 나는 내가 하는 걸 하니… 따로따로 하니 잘 안 맞아요.

그 후 언제 면허 살려준다 해서 살렸지요. 그래가지고 진양군 금산면 에다 65세 무렵 처음으로 개업했어요. 거기서 1년 정도 하다가 경남 양 산으로 옮겨왔어요. 금산면은 너무 촌이어서 이리로 왔지요. 부산으로 오 려고 하다가 집이 부산이고 또 양산이 좋다고 해서 양산으로 갔어요. 그 후 부산으로 왔는데, 10년 정도 됐어요.

이제 다음 주쯤에는 장녀가 사는 거제(고현)로 다시 옮겨 갑니다. 거기 집이 하나 있으니까요. 이거는 남의 집이니까 집세 내기도 힘들어요. 2천 5백만원 전세에다 달세도 50만원을 내니까요. 밥도 먹어야 되는데, 밥 먹 을 입장도 못 되는데 어떻게 해요. 놀기도 그렇고 겸사겸사 해서 그리로 가는 거지요.

식구들이 조력해서 운영해 나왔어요

한약방에는 첫 개업 때만 잠깐 동안 종업원을 두기도 했지만, 비용 부 담으로 인해 식구들이 조력해서 운영해 나왔어요. 약재는 울산이나 포항 등지로부터 조달했어요. 전화만 하면 뒷날 곧바로 배달해 줘요.

휴일이거나 손님 없는 시간에는 주로 성경책을 보는 정도입니다. 계모 임 같은 것도 별로 없고요. 비방도 없이 그저 의약서 있는 내용대로 했을 뿐입니다. 1남 6녀의 자녀[2]를 두고 있는데, 그 중 2녀가 약사입니다. 아들

2 면담과정에 동참했던 4녀는 도와주는 이 없이 혼자서 약업을 해왔기 때문에 자식

은 막내고요. 모든 자녀들을 대학공부 시켰어요.

■ 한약의 특수성과 한의업계 비판

한의학을 하는 사람들은 우리를 무시해요

한방은 한 뿌리인데, 한의학을 하는 사람들은 우리를 무시해요. 이들이 우리를 어떻게 보냐 하면, 마치 유치원 아이처럼 생각해요. 너희들이 무얼 아냐 이거야. 너희들 안다는 거는 그저 국문이나 한문 조금 아는 거 외에 뭐냐. 이런 식이에요. 그러니깐 상대가 안 되잖아요? 그러니 알면 너희가 하고, 우리는 모르는 대로 흘러간다 이거요. 할 말이 없어요. 아무리 우리가 이야기를 해봐야 인정이 안 되는 거를 뭐라 말하겠어요.

이게 이렇고 저게 저렇다고 말하면, 인정하고 존경하고 받들어주고 이렇게 해야 하는데 아예 무시해버리고 하는 거예요. 더구나 양의약 하는 사람들도 역시 그래요. 지금 40대, 50대 그런 사람들도 어렸을 때는 우리에게 지시 받고 그랬는데, 대학 나오고 뭐하고 한다고 이들조차도 우리를 무시하고 있어요. 이까짓 거 배워가지고 선생이라 하고 있구나 생각해요. 그러니까 할 말이 없어요. 근본적인 이유는 우리들이 못 배웠다고 그러는 거예요. 그저 『방약합편』이나 『동의보감』 이런 거 가지고 선생들한테 처방이나 배웠지, 뭐 학술적으로 무얼 아냐 이거지요.

약자를 자꾸만 죽일라고 하지요

한의사들은 우리가 조금만 잘못하면 자꾸 고발하잖아요. 약자를 조금

공부시키는 데 고생이 많았다고 귀띔해 주었다. 4녀는 공무원으로서 다음 주 거제 이사를 앞두고 짐 싸는 일을 돕기 위해 이날 약방에 와 있었다. 4녀 외에도 부산 사는 3녀도 와서 일을 도와주고 있었다.

씩 도와야 하는데… 그런데 약자를 자꾸만 죽일라고 하지요. 이제 우리가 끝이에요. 이제 더 이상 나오지 않아요. 별의 별 것 다 얘기해요. 예를 들면, 한약업사는 진료를 절대 못한다고 하지요. 자기네들 처방 받아와서 약 지으라고 이거지요.

진료, 생각해 보세요. 내가 진료하면 내가 처방을 내야지, 그걸 다른 사람한테 가서 처방을 받아와서 하면 그게 무슨… 양의약은 의사가 진료하고 약사가 약 지어주는 게 맞아요. 하지만 한약은 맞지 않아요. 언제 한의사가 처방해가지고 우리 보고 약 지어주라고 하겠어요? 자기네들이 모두 다 하지요. 그러면 우리가 아무 것도 못하잖아요? 그러니 상대가 안된다고요.

따라서 모두가 협조해서 밀고 돌려주고 당겨주고 해야 발전이 있지, 상대를 자꾸 무시해버리면요. 아무리 자기가 올라가려 해도 높이 못 올라가지요. 남을 자꾸 도와주는데서 뭣이라도 되지, 자꾸만 상대를 누지르면 결국 자신이 망하는 거지요. 한의과대학 나와서 한의사 하는 사람들 하는 것 보세요. 알아봐야 그 범위 안에서 하는 거지, 그 이상 더 무엇을 압니까? 배운 거 그 범위 내에서 할 뿐이지요. 경험이 있어요? 무얼 알 거요? 자꾸만 한약업사를 무시하고 우습게 알지요.

그 사람들은 우리를 사람 취급도 안 해요. 저희가 모두 다 한다고 하지요. 침(鍼)도 저거가 하고, 약(藥)도 저거가 하고요. 발전이 있으려면 상대를 인정하고 상호 존중을 해나가야 하지요. 내가 아는 것만 해가지고 상대 아는 것을 수용하지 않으면 안 되거든요.

한약은 학술적으로 배운다고 해서 모두 되는 게 아니지요

한약은 학술적으로 배운다고 해서 모두 되는 게 아니지요. 학술적으로는 약재의 성분이 어떻고, 무슨 역할을 한다고 배울 수 있지만요. 실제로는 체험자들의 입장에서는, 즉 임상경험에서는 각 사례마다 아주 달라요.

영 달라요. 가령 당귀(當歸)는 무슨 역할 하는지, 무슨 성분을 가졌는지에 대해 학술적으로는 그 정도는 알겠지만, 그게 인체에 들어가서 어떻게 움직여서 약이 되는지는 알지 못하지요.

따라서 순식간에 잠시 잠깐 만에 통달이 되지도 않고 또 알려고 해도 그렇게 안 돼요. 약재 한가지만이라도 그것 전체에 대해 알려면 한 달을 해도 안 돼요. 즉 당귀가 인체하고 어떤 관련이 있는지, 사람에 따라 어떻게 여러 가지로 다르게 반응하는지를 알아야 해요. 동일한 처방이라도 사람에 따라서, 가감(加減)에 따라서도 다양하게 나타나는데, 이거는 오로지 오랜 시간을 경과한 오랜 경험이 필요하지요.

한 날 한 시에 태어난 쌍둥이의 신체도 다르잖아요? 그러니까 사람마다 다른 처방을 옳게 맞추어 나가려 하니까 얼마나 힘들겠어요. 같은데도 아니고, 아닌데도 같게 나타나는 것. 어째서 이거는 됐는데, 이거는 안 되는지 이거를 옳게 판단하려면 얼마나 오랜 경험을 해야 하겠어요.

한의약 공부라는 것은 선생님과 마주 앉아야 돼요

한의약 공부라는 것은 혼자서는 안 되고, 선생님과 마주 앉아야 돼요. 제일 쉬운 거…『방약합편』이나『동의보감』,『사상의학』같은 것도 처음에는 무슨 처방을 내어 가지고 하나하나 조목조목 그려가지고 해도 결과가 뭔지 몰라 많이 더듬거렸어요. '이것이 요렇게 끌고 오고, 이것이 요렇게 밀어주고 이렇게 되어서 이렇게 되더라' 해요. '그래서 그렇구나.' 하면서 틀림없다고 생각했는데, 내가 해보면 또 안 되거든요. 어떻게 선생님은 되었느냐? 이런 식으로 자꾸 됐다, 안됐다 하므로 정확하게 똑같이 하려면 얼마나 많은 시간이 걸리겠어요?

17세에 한약에 입문한
동강당한약방 이시호

−1927년 생−

.
.
.

부산부(釜山府) 곡정(谷町) 출생과 학교생활
약성가(藥性歌)를 익히면서 한약 수업
경남도청 대강당(연무관)에서 한약업사 시험
감초당한약방 근무와 약방 개업
동강당한약방의 한약 물증

연보

- ·1927년 - 9월 10일, 부산 출생
- ·1940년 - 부산 부민심상소학교(富民尋常小學校) 졸업
- ·1942년 - 부산 제5공립보통학교(고등과) 졸업
- ·1942년 - 한약방 근무
- ·1947년 - 한약업사 자격증 취득
- ·1949년 - 감초당한약방 입사
- ·1958년 - 동강당한약방 개원
- ·2006년 - 부산광역시 남구 문현동 동강당한약방 운영

■ 부산부(釜山府) 곡정(谷町) 출생과 학교생활

16세(1942년)에 고등소학교를 졸업했습니다

1927년 9월 10일 당시 부산부(釜山府) 곡정(谷町)에서 1남 2녀 중 장남으로 태어났어요. 그곳은 지금 부산광역시 서구 아미동입니다. 일제 강점기 부민심상소학교(富民尋常小學校)를 마친 후 2년제 고등공민학교를 또 공부했어요. 일본 말로 '곡(谷)'은 '다니'여서 '다니마찌'라고 불렀어요. 이곳에서 16~17세까지 살았어요.

일제시대에는 보통학교를 '진조 쇼가꾸'라 하는 '심상소학교'라 불렀어요. 부민심상소학교는 이전의 경남도청 자리였던 남구 부민동에 있었어요. 선생의 ⅓은 일본인이었고, 나머지는 한국인이었어요. 14세(1940년)에 소학교를 졸업했어요. 일본인만 다니는 2년제 고등소학교가 있었는데, 이는 취직을 위한 학교였어요.

중학교 학제는 당시 5년제였어요. 한국인이 다녔던 동래중학교와 부산상업학교가 있었습니다. 이들 학교는 공립이었지요. 그 외에 사립학교가 몇 개 더 있었어요. 경남상업학교는 일본인들이 다녔던 실업계 학교입니다. 한국인들은 당시 고등소학교에 다닐 수 없었어요. 일본인 자녀들은 2년제 고등소학교를 마친 다음 각처 요지(要地)에 취직을 했어요. 그럼 나는 어떻게 거기를 다닐 수 있었는고 하면요.

모친이 고등소학교 교장 사택에서 식모 일을 하고 있었기 때문이지요. 중학교나 상업학교에는 가정 형편상 들어갈 수 없었으므로 그런 인연으로 고등소학교로 들어갔지요. 당시 1개 반에 50명의 학생들이 공부했어요. 내가 속한 학급에는 나를 포함해서 단 2명만이 조선 학생이었어요. 발목에는 띠 같은 것을 휘휘 두르고 다녔어요. 2년 공부 후 16세(1942년)에 고등소학교를 졸업했습니다.

■ 약성가(藥性歌)를 익히면서 한약 수업

그저 밥 얻어먹으러 간다고 해서 들어간 거지요

고등소학교 인근에 한약방이 있었어요. 고등소학교 2년 졸업 후 밥도 얻어먹고 한약공부도 할 걸 겸해서 한약과 인연을 맺게 되었지요. 뭐 취직이랄 것도 없이 그저 밥 얻어먹으러 간다고 해서 들어간 거지요. 이때 내 나이가 16, 17세 되었어요. 지금은 모두 약을 썰어가지고 넣어주지만, 당시에는 원형 약재를 사와서 물에 불려가지고 약 석두에 썰어 말리는 등 참 일이 많았어요. 요새 한의사들은 참 수월합니다.

(왼편 손바닥의 상처를 보여주며) 이것이 당시 약을 썰다가 생긴 상처입니다. 상처 부위에 아직도 푸른 빛깔이 있습니다. 이는 상처 지혈을 위해 숯검정이나 먹 즙을 붙였기 때문이지요. 당시에는 이것이 지혈요법(止血療法)으로 쓰였어요. 처음에는 약을 씻어 말리고 썰고 하는 이런 일들만 했지만, 조금 경력이 쌓이고 약의 성질을 알고 난 뒤에는 선생의 처방전을 건네받아 약을 짓기도 했지요. 이 상태에서 좀 더 나아가면 환자가 왔을 때 선생이 나에게 진찰한 후 내 나름대로 처방을 내려가지고 약을 직접 지어보라고 시키지요.

약성가(藥性歌) 내용을 써주면서 가르쳐 주었어요

당시 근무하던 한약방에서 약재 조달은 부산 서부지역에서 큰 규모이던 '동춘당한약방'으로 직접 가서 필요한 약재를 사오는 식이었지요. '감초당한약방'은 부산 동부지역에서 가장 상권이 컸어요. 거상(巨商)이었지요. 당시에는 버스나 택시도 없고, 전차밖에 없었으므로 구입한 약재를 등짐으로 지거나 어깨에 둘러매고 왔어요. 원형 약재를 사기지고 약방에서 약을 만들어야 했지요. 당시 약방에는 내 혼자 일을 거들었으므로 꾸준하게 했지요.

한약 공부는 이처럼 약방에서 일을 해나가면서 했지요. 선생은 하루에 한 가지씩 약성가(藥性歌) 내용을 써주면서 가르쳐 주었어요. 토를 달아서 가르쳐 주었지요. 연필과 종이도 귀해서 머릿속으로 외워야 했어요.

(『방약합편(方藥合編)』 상단의 약성가 내용을 펴 보이면서, 몇 가지 약 재의 해당 약성가를 당시 하던 모습대로 운율을 넣어 읊어보였다.) 인삼 (人蔘)부터 감초(甘草), 황기(黃芪) 등 몇 가지를 차례로 해보면, "인삼미감 (人蔘味甘) 보원기(補元氣) 지갈생진(止渴生津) 조영위(調榮衛)~, 감초감온 (甘草甘溫) 화제약(和諸藥) 생능사화(生能瀉火) 구온작(灸溫作)이라. 황기감 온(黃芪甘溫) 수한표(收汗表) 탁창생기(托瘡生肌) 허막소(虛莫少)라." 이런 식으로 자나 깨나 흥얼거리며 외었어요. 예전에는 『방약합편』을 비롯한 한의서는 모두 한자 그대로였어요. 지금은 번역이 되어 나오지만요.

약성가를 외어야 약을 짓고 진맥하는 방법이라도 가르쳐 주었어요

때로는 선생이 써주기도 하고, 내가 쓰기도 하고. 이걸 모두 외어야 하 지요. 이걸 완전히 머리에 외어야 해요. 이게 공부방법이지요. 전부 약성 가를 외어서 머리 안에 넣어야만 그 다음에 약을 짓고 진맥하는 방법이 라도 가르쳐 주었어요. 약성가는 각 약재에 대한 약성(藥性)이 기록된 것 인데, 지금도 모두를 머리에 외우고 있어요. 모두 외우려면 최소한 수년 이 걸려요. 『방약합편』 약성가에만 500여 가지가 있어요.

어느 정도 숙련이 되고 나면 이제는 손님 왔을 때 선생이 손님하고 대 화하는 것도 들어보아야 해요. 또 손님이 왔을 때 "네가 직접 손님을 봐 라."고 하면서 실습을 시키기도 해요. 때로는 손님의 맥(脈)도 짚어보라고 했지요. 그러면서 "어떤 약을 써야 되겠나?"라면서 직접 처방을 만들어 보라고도 시켰어요. 당시는 혼자서 선생님 밑에서 일하고 또 공부하기가 참 어려웠어요.

약 공부는 우선 약부터 만지면서 기존 지식을 익히고, 약성가도 외우고, 처방법도 알아야 되고요. 처방 내용 중 약재별로 들어가는 약재의 양까지는 외우지 않더라도 "이 손님은 이러이러한데 어떤 약을 써야 되겠나?"라고 물으며 직접 처방을 내어보라고도 하지요. 참 어려워요. 이런 방법으로 5년 이상 해보니까 차츰 숙달이 되기 시작했어요. 이 약방에서 5~6년 동안 수종하며 일을 하고 또 공부도 했어요.

■ 경남도청 대강당(연무관)에서 한약업사 시험

시험 치기 위해 공부했던 노트입니다

한약업사 시험 준비를 위해서는 여러 가지 한의약서를 별도로 공부해야 되지요. (서랍 속에서 제목도 없는 낡은 노트 한권을 꺼내 펼쳐 보이며) 당시 한약업사 시험 준비를 위해 여러 가지 의약서로부터 발췌해 놓았던 노트를 아직까지 보관하고 있어요. 시험 치기 위해 공부했던 노트입니다. 한약종상의 의의와 업무권, 한약 처방 지침, 자주 출제된 약명, 독·극약과 극성약, 유사약재, 기출 중요문제 등이 다양하게 수록되어 있지요. 모두 숙지해야 되지요.

구술자의 한약업사 '수험준비용 노트'에 수록된 주요 내용의 제목들을 원문 그대로 제시하면 다음과 같다.

  - (漢)藥種商의　意義
  - (漢)藥種商의　業務權
  - 六陳良藥 : 陳皮, 枳實, 狼毒, 麻黃, 吳茱萸 등
  - 八陳良藥
  - 十劑 : 宣, 通, 補, 燥, 湯 등 10種 藥性 大綱領
  - 藥物의　生理的　分類

- 强壯劑, 發汗解熱劑, 止瀉劑 등 同種 症狀別 藥材 모음
- 漢藥調劑法
- 重要 問題
- 各 道別 問題와 解答
- 形容相似藥品
- 毒藥 五種, 劇藥 五種, 劇性藥品 43種
- 試驗善出 藥名表(괄호 안은 異名 또는 本名)
- 類似藥品 出題의 形式的 探求 : 下相同藥材, 中相同藥材 등(앞 뒤 글자가 같은 약재끼리 모아서 구별)
- 漢藥處方 指針

경남도청 자리였던 기와집 무도관(武道館)에서 쳤어요

약방 근무하면서 공부해서 시험 쳤지요. 1946년인가, 47년인가 할 겁니다. 당시 나이 조건이 있었어요. 만 20세가 돼야 시험 칠 수 있었지요. 한약 경력은 크게 따지지 않았어요. 당시 학력 조건은 중학 정도로 이야기를 했지만, 근무하는 약방 선생이 말해주면 통과되던 식으로 돌아갔어요.

첫 시험 장소는 부민학교 근처 옛 동강동(현 대청동) 일본 아이들이 다니던 남일초등학교인가, 남일제2국민학교인가 하는 데였어요. 첫 시험, 아마도 1946년도지 싶어요. 그때는 내가 만 20세가 되지 않아 응시할 수 없었어요. 그 다음 해 2차 시험에는 나이가 되어 응시할 수 있었어요. 옛 경남도청 자리였던 기와집 무도관(武道館)에서 쳤어요. 도청 대강당이지요. 6.25사변 나서는 임시로 국회의사당이 바로 이곳 무도관에 있었어요.('천일당한약방'의 김희정은 연무관이라 했다.)

1947년 내가 시험 칠 그때 나이가 21세였지요. 당시 함께 시험 쳤던 사람들은 이제 대부분 타계했어요. 당시 응시자들 대부분이 나보다 나이가 훨씬 많았으니까요. 부산을 포함한 경상남도에서 주관한 시험이었지요. 40~50명이 응시했어요. 허가증은 경상남도 도지사가 발급해 주었어요. 당시 시험과목은 실물과 학과로 나누어져 있었습니다. 시험 동기들이

누구인지는 아무도 기억나지 않습니다. 부산에는 몇 안 되었고, 하동, 진주, 김해, 울산, 양산 등 각처에서 모였어요.

■ 감초당한약방 근무와 약방 개업

살림집 아랫방에다 약장을 놓고 영업을 시작했어요

합격 후 처음에는 나이도 어리고 돈도 없고 경험도 없어서 한약 공부했던 그 한약방에서 조금 더 일을 했어요. 그러다가 신세균 씨가 운영했던 '감초당한약방'으로 옮겨 한동안 더 남의 일을 했어요. 천일당[한약방]의 김희정이도 같이 근무했는데, 둘도 없는 친굽니다. 81세입니다. 나보다는 나이가 한 살 많지만요. 현업에 종사하는 부산지역의 원로 한약업사로는 부전1동 천일당한약방 김희정(81세) 외에도 영주동 대동한약방 옥치일(90세), 문현2동 강원한약방 이경주(85세) 등이 있습니다.

'감초당한약당'에서 10년 넘게 있었어요. 6.25전쟁 때 군에 갔다가 와서 '감초당'에 다시 복직했어요. 그러다가 30세 조금 넘어서 그러니까 1950년대 후반쯤이지요. 문현동에다 처음으로 내 약방을 열었지요. 당시 돈이 없어 골목에 있던 살림집 아랫방에다 약장을 놓고 영업을 시작했어요. 처음에는 종업원도 없이 혼자 약방을 운영했지요. 간판은 물론 걸었었지요.

내 머리 안에 처방이 모두 있는 기라

(연구자가 자필 처방전 몇 장 얻을 수 있느냐고 묻자) 3~4년 전에 상지대학 한의학과 교수가 날 찾아와서 좋은 처방 있으면 좀 소개해 달라고 했어요. 하지만 처방이란 기억하고 있는 것이지 별도로 기록되어 있는 것이 없다고 말했어요.

손님이 오면 내가 알아서 처방을 만들어야지요. 내가 처방을 가지고
하는 것이 아니고, 손님이 오면 이야기도 듣고, 맥도 짚어보고 해서 '이
런 사람은 이런 약을 써야겠다.'라고 생각해서 처방을 내지요. 내 머리
안에 처방이 모두 있는 기라.

■ 동강당한약방의 한약 물증

▶ 釜山富民公立尋常小學校 卒業證書 : 昭和 十五年 (1940년, 14세)
▶ 五行鍼灸學術硏究院 修業證書 : 檀紀 四二九一년 十二月 (1958년)
▶ 大韓鍼灸醫學專門學院 成績優秀 表彰狀 : 檀紀 四二九0년 三月
　 (1957년)
▶ 日本 皇太子 誕生奉祝記念 글쓰기대회 佳作 賞狀 : 富民公立普
　 通學校 三學年(昭和 十一年, 1936년)
▶ 大韓鍼灸醫學專門學院 卒業證書 : 檀紀 四二九0년 三月 (1957년)
▶ 釜山第五公立普通學校(國民學校 高等科) 卒業證書 : 昭和 十七
　 五 三月 (池田政峯, 1942년, 16세)
▶ 釜山直轄市 漢藥協會 창립 기념사진(1963. 2. 22) : 리화정 입구,
　 인물사진은 회장으로 추대된 감초당한약방의 신세균
▶ 부산한약협회 3회 총회 기념사진(1963)
▶ 부산한약협회 4회 총회 기념사진(1964)
▶ 한약방 책장
▶ 들저울(20kg, 60kg) 추
▶ 각종 손저울
▶ 약절구
▶ 약석두
▶ 약장
▶ 벼루 함(약 숟가락, 처방 붓, 벼루, 먹)

제4부

경남지역 원로 한약업사들의
약업(藥業)과 삶

개성 삼용상회와도 거래했던 천수당한약방 오대준

교직과 약업을 겸했던 강민당약방 조한제

단절의 기로에 선 3대 계승자, 보생당한약방 박유홍

개성 삼용상회와도 거래했던
천수당한약방 오대준
-1921년 생-

.
.
.

부친의 일산한약방과 한약 입문
공직생활과 한약업사 시험
천수당한약방(天壽堂韓藥房) 개업과 운영
『처방록(處方錄)』과 『처방비람(處方備覽)』
천수당한약방의 한방 물증

연보

·1921년 - 3월 29일, 경남 합천 출생
·1925년 - 부친이 20년 간 합천에서 일산(一山)한약방 운영
·1940년 - 진주농림학교 졸업
·1941년 - 35년 간 경남 시군 행정공무원 근무(산림과장, 도유림 소장)
·1955년 - 8월 25일, 한약업사 시험 합격
·1976년 - 8월 10일, 퇴직 후 경남 진주에서 한약방 개설
·2006년 - 경남 진주시 상봉동 천수당한약방 운영

■ 부친의 일산한약방과 한약 입문

부친 호를 따서 일산한약방(一山韓藥房)이었고요

합천군 초계면에서 태어났어요. 처가는 거창이고요. 우리 집은 옛날부터 일찍 계명한 경우에 속합니다. 조부는 유교 선진 한문학자였고 토호세력으로서 500석 규모의 부자였어요. 조금 부풀려가지고 500석이라지만, 실제로도 300석은 했지 싶어요.

부친은 일제시대 상투 쪼지고 공부를 해서 한약종상을 이십여 년 간(1925~1944) 계속했어요. 합천군(陝川郡) 적중면(赤中面) 상시리(上市里)에 약방이 있었어요. 약방 옥호는 부친 호를 따서 '일산한약방(一山韓藥房)'이었고요. 예날 살던 4칸 집이 아직 있어요. 약방은 살림집과 따로 있어요.

위로는 누님이 계시고, 아래로 남동생, 여동생, 여동생, 남동생이 차례로 있지요. 나는 3남 3녀 중 장남입니다. 경북대학교 물리학 교수인 오철한이가 내 밑에 동생하고 진주고 동기 동창입니다. 자녀들은 아들, 딸, 아들, 아들, 아들 해서 4남 1녀입니다. 4명의 아들과 사위까지 모두 진주고를 나왔어요. 장남 오학주는 서울 의대를 나와 의학박사로 서울에서 개업하고 있어요. 차남 오경주는 고등학교 교감이고, 삼남 오창주는 치과전문의, 4남 오정주는 일반 공무원으로 근무 중입니다. 사위는 경찰대학을 나와서 현재 서울 송파경찰서 서장으로 있습니다.

소년시절부터 약방 하는 것을 거들어 주는 과정에서 한 기라

내가 왜 한약을 했냐 하면… 소년시절부터 집에 아버지 약방 하는 것을 보고 늘 거들어 주는 과정에서 어깨너머로 한 기라. 나도 그때 이게 될라고 그렇게 된 기라. 행정 공무원 하고나서 편안하게 막설하면(중단하면) 되는데 말이야. 자꾸 뭣이 집에 조부도 [약업을] 하제, (약장을 가리키며) 약장 저게 조부 때부터 사용하던 것인데. 그리고 조부님 자필로 한지에다 붓으로 써서 만든 책으로 공부도 하고요.

지금 생각하면 나도 참 우찌 해서 한약 공부를 해가지고 한약방을 했는지 하는 생각도 들어요. 어떤 사람들은 산림계 공무원 하면서 예전에 권총과 수갑을 차고 댕긴 사람이 언제 공부해 가지고 저런 약방을 하는가 의아해 하기도 해요. 실제로 선고가 약방을 했기 때문에 그런 영향으로, 그런 머리를 가지고 있기 때문에 약방을 하는 것이지요. 안 그러면 하겠어요? 지금도 호신용으로 수갑을 가지고 있어요. 권총도 차고 다녔다니까요.

나는 실제로 사회적으로 활동을 많이 한 사람입니다. 늦게야 비로소 집에 아버지한테서 공부를 해가지고 한 것이지요. 부친이 사용하던 오동나무 약장을 가보(家寶)로 '유항심(有恒心)이면 유항산(有恒産)'이라는 말을 좌우명으로 삼고 약방을 해오고 있는 것이지요. 실물공부는 아버지 밑에서 약 심부름 하고 또 법제도 하면서 배웠고요, 이론 공부는 공무원 시절 『방약합편』이나 『동의보감』 등 의서를 보면서 했지요. 예전에 부친께서는 공무원 하면서 좀 더 높은 직위의 일을 하라고 권유해서 공직생활을 했는데, 막상 공직 은퇴하고 나서는 할 일이 없어 한약방을 개업한 거지요.

■ 공직생활과 한약업사 시험

공직생활을 하면서도 계속 한약공부를 했어요

1955년 8월 25일 경상남도 한약업사 시험을 쳐서 자격을 얻었어요. 내가 35세쯤 되었지요. 당시 나는 산림공무원으로 재직 중에 시험을 쳤지요. 한약은 초등학교 댕기기 전부터 아버지한테 조금씩 공부를 해왔어요. 내가 시험 치던 1955년 이전에도 한약종상 시험이 있었어요. 부친은 내가 태어나던 무렵부터 약업을 했기 때문에 일제시대 시험을 쳐서 약방을 했지요.

고향에서 보통학교를 졸업한 후부터 부친의 약방에서 일을 도우며 한약공부를 해왔어요. 이후 진주농림학교를 졸업하고 공직생활을 하면서도 계속 한약공부를 했어요. 당시 산림계 공무원은 사법권을 가지고 있어 권총과 수갑까지 차고 다녔어요.

(서랍 속에 있던 수갑을 꺼내면서 크게 웃으며) 기념으로 당시 사용하던 수갑을 아직도 가지고 있어요. 합천, 남해, 울산, 고성, 거제, 통영, 밀양, 양산, 하동, 산청, 거창 등 경남도내 4개 군을 제외한 모든 지역을 돌며 산림계 공무원으로 35년간 봉직했어요. 정년퇴직 후 무엇을 할 게 없어서 한약업사 영업허가증을 가지고 한약방을 열었지요. 허가증을 자꾸 갱신하면서 살려두고 있었지요. 1976년 8월 10일 저 건너편에다 처음으로 약방을 열었어요. 내가 56세 때지요.

약재의 법제효과에 대해서도 시험에 나왔어요

시험 칠 때는 독약 5종, 극약 5종의 보관방법을 물었어요. 황기(黃芪)도 법제한 것과 안한 것이 약효가 틀리므로 약재의 법제효과에 대해서도 시험에 나왔어요. '섬서(蟾蜍)'라고 두꺼비 골 쪼개면 그 사이에서 나오는 흰 액이 간병(癎病)과 정(疔)에 좋다고 하는 그런 것도 시험에 났어요. 아버지가 그런 것을 가르쳐 주지 않았다면… 시험이 어려웠어요.

합격 후에 곧 개업을 하지 않고… 면허증만 갱신하면 살릴 수 있었거든요. 정년퇴직한 후에 이전의 면허증을 가지고 약방 개업을 했지요. 예전에는 말소 안 됐어요. 4년 만에 한 번씩 갱신을 하면 되었어요. 2~3회 갱신했습니다.

■ 천수당한약방(天壽堂韓藥房) 개업과 운영

공직 정년퇴직하고 56세 되던 해에 한약방을 열었지요

진주시 상봉서동 저기 길 건너편에서 처음으로 약방을 열었어요. 1976년 8월 10일, 내가 공직 정년퇴직하고 56세 되던 해이지요. 옛날부터 합천으로 오가던 길목이었으므로 이곳에다 약방을 개설했지요. 예전부터 70평 되는 집이 이곳에 있었고, 촌으로부터 양식과 장작도 이 길을 통해 가져다가 썼지요. 자녀들도 이곳에서 모두 공부시켰어요. 여기 내 집이 있으니까 한 거지요. 여기는 한참 후에 옮겨온 곳입니다.

예전에는 약방 개업할 때 주위에 어디 알리고 할 것도 없이 그냥 열었어요. '천수당(天壽堂)' 간판은 김태완이라는 사람이 썼어요. 진주시청 앞에서 간판업을 했는데, 명필이었어요. 그의 아들이 물러 받아 하다가 부도가 나자 서울로 가버렸어요. 약재는 진주시내 건재도매상인 '대원한약방'으로부터 계속 가져다가 썼어요. 2대째 계승 중인데, 1대 때는 거상으로서 돈을 많이 벌었어요. 2대인 그의 아들은 한의사이지요.

나는 중풍 약을 많이 썼어요

나는 중풍 약을 많이 썼어요. 중풍 약은 혈관 약 외에 머리의 피를 풀어주는 처방을 해야 합니다. 백복신(白茯神), 원지(遠志), 석창포(石菖蒲) 등이 총명탕(聰明湯)에 들어가는 약인데, 여기에 조구등(釣鉤藤) 같은 약을 가미하여 머리부터 맑게 해주면서 혈을 돌려주어야 하지요. 따라서 머리를 맑게 안 해주고 '소풍탕(消風湯)' 같은 풍(風)만 쳐서는 안 돼요. 헛하품이나 변비가 오면 안 되지요. 대장에 배변이 막혀 있으면 안 돼요. 이럴 때는 어디 침 맞아가지고는 안 돼요.

어떤 때는 환자가 많이 와서 약 짓느라고 밤새도록 일을 하기도 했지요. 1990년도까지 그랬어요. 그때는 약도 집에서 모두 손으로 썰었지요.

이럴 때는 종업원을 고용해야 해요. 예전에는 진주 서부시장 등으로 가서 포대기에 캐내어오는 약들을 사가지고 와서 집에서 썰었어요.

산수유(山茱萸)는 씨를 뽑아버리고 남는 것으로 약을 하는데, 손톱이나 이빨로 깨물어 작업을 해요. 씨앗을 먹으면 정력이 떨어져요. 경남 함양이나 전남 구례 등지에서 많이 생산되지요. 구례 등지에서는 처녀들이 이빨로 씨앗을 빼냈었기 때문에 막 이빨이 시립다고도 했어요.

한약은 원인을 찾아서 치료하지요

물어보면 대충 알아요. 가령 '물을 많이 먹소?' 카면 … 물을 많이 먹으면, 속에 열이 많이 차 있다는 것이지요. 적게 먹으면 속이 차갑다는 것이고요. 속이 차가우면 인삼이나 부자(附子)를 많이 넣어 따뜻하게 해주고요. 하지만 속에 허열(虛熱)이 있을 때 그기에 인삼, 부자를 넣으면 큰일 나지요. 이때는 피를 많이 도와주는 당귀(當歸), 천궁(川芎) 등의 약을 써야 해요.

속이 차가운 경우에는 기운을 돋우는 황기(黃芪)나 백출(白朮), 인삼, 부자 저런 거를 많이 쓰지요. 이런 식으로 대충 물어 봐요. 부위별로 어디가 아픈지, 다리가 아픈가 아니면 위가 아픈가를 환부를 물어 보지요. 맥진(脈診)도 하지만, 진료행위라고 법적으로는 못 하게 하지요. 물어보면 대충 알 수 있어요. 한의학이나 한약이나 비슷해요.

약방에서는 대증요법 위주로 하지만, 한방에서는 원인 규명부터 하지요. 가령 눈이 나쁘다 할 경우, 간에 열이 세다고 생각하여 간을 다스리는 약부터 쓰라고 『동의보감』에 그렇게 나와 있어요. 양방(洋方)의 신의(新醫)들은 무조건 백내장 같으면 칼을 가지고 수술을 바로 하라고 합니다. 한약은 원인을 찾아서 치료하지요.

약재는 건재방(乾材房)에서 주로 구입해다 써요

약재를 육안으로 보면 품질을 알 수 있어요. 어떤 때는 품질이 좋지 않아 반품시킨 경우도 있어요. 집안사람 오(吳)가가 하는 건재방(乾材房)에서 주로 구입해다 써요. 예전에는 약 창고에다 몇 십 근, 몇 백 근씩 많이 묶어서 저장해 넣고 썼지요. 지금은 쓸 만큼만 5근, 10근 정도 전화만 하면 건재 약방에서 배달해 줘요. 그러므로 약방에서 보관할 걱정은 안 해요. 예전에는 약 창고에 막 고양이가 약을 먹기도 했는데, 그런 신경도 많이 썼지요.

■ 『처방록(處方錄)』과 『처방비람(處方備覽)』

『처방록(處方錄)』은 부친이 손수 자필로 써놓은 것입니다. 『동의보감』 등 여러 의서를 종합적으로 연구해서 좋은 처방을 모아 놓은 것이지요. 부친이 활용하던 것을 물러 받아 내가 계속 쓰고 있지요. 『동의보감』 등 여러 의서를 바탕으로 부친은 나름대로의 임상 및 연구를 해서 중요한 처방을 여기에다 기록해 모아둔 것이지요.

처방집(處方集)입니다. 한지에다 손수 붓글씨로 써놓은 것이지요. 피부병, 천금환(千金丸)으로 치료하는 매독 같은 거, 코 내려앉은 그런 것도 한약으로 낫게 했어요. 침구문(鍼灸文)도 있고, 풍담문(風膽文)도 있어요. 나는 침을 놓지 않지만, 부친은 커다란 침을 사용했어요. 지금도 부친이 쓰시던 침이 남아있어요. 환자들이 오면 침을 배에다 놓던 기억이 나요.

신선단(神仙丹)은 중풍 처방이고요. 이런 것은 『동의보감』에 있는 것이 아니라, 자기가 연구·종합해서 정리해 놓은 것이지요. 자기가 이리 하고 저리 하고 경험해 본 처방들을 여기에 정리한 것이지요. 일종의 비방이지요.

『처방비람(處方備覽)』은 내가 연구해서 모아놓은 처방집입니다. 부친이 약방 할 때부터 나름대로 좋다고 생각하는 처방들을 모은 것이지요. 이 중에는 내가 연구하거나 임상 경험한 것도 있습니다. 아버지의 것은 붓으로 한지에 기록된 것인 반면, 내 것은 대학노트에다 펜으로 쓴 것입니다. 차이가 있지요. 그 외 부친 때부터 사용하던 의서로는 『방약합편(方藥合編)』과 『중정 방약합편(重訂 方藥合編)』, 『동의보감(東醫寶鑑)』 등도 있어요. 나도 아버지가 남긴 이런 책들을 공부할 때는 물론 약방하면서 처방 내는데도 활용하고 있지요.

■ 천수당한약방의 한방 물증

▶ 1947년 개성(開城) '삼용상회(蔘茸商會)'에서 '일산한약방'으로 부쳐 온 신년 약방 연하엽서 :

"예전에 아버지 약방 할 때는 대구 약전골목이나 개성 등지로부터 약을 가져다 썼는 모양입니다. 약방들에는 '한약시세표(漢藥時勢表)'를 기입한 엽서를 연말연시에 아버지 앞으로 보내주기도 했어요."

- ·북한 개성 '삼용상회'에서 1947년 1월 5일자로 보낸 것
- ·수취인은 오대준의 부친 오도호(吳道浩)로 되어 있고, '일산한약방(一山韓藥房)'이라 적혀 있음(호 一山)
- ·수취인 주소는 '산청군(山淸郡) 적중면(赤中面) 상시리(上市里)'로 되어 있음
- ·'대일본제국○○(大日本帝國○○)' 글자가 엽서 자체에 인쇄되어 있는 것으로 보아 일제 강점기 제작된 것임을 엿볼 수 있고, 광복 이후에도 한동안 통용되었음을 알 수 있음
- ·오전(五錢)짜리 일제 엽서에다 '조선해방'을 기념하는 20전짜리 우표가 부착되어 있어 당시 엽서 1장당 우편요금이 25전임을 엿볼 수 있음과 동시에 일제 강점과 조선 해방의 상반된 시대 표상이

겹쳐있는 아이러니를 읽을 수 있음

· 엽서 뒷면에는 발신자가 '삼용상회(蔘茸商會)'로 되어 있음

· 발신자 주소는 '개성시(開城府) ○정(○町) 630 삼용상회(蔘茸商會)'로 적혀 있음

· '경하신년(敬賀新年)'이라는 글귀가 인쇄되어 있는 것으로 보아 홍보 혹은 연말연시 인사의례 목적으로 제작된 것임을 알 수 있음

〈개성 삼용상회 약재 가격표(1947.1.5)〉

약재	약가	약재	약가	약재	약가	약재	약가
황기	90원	반하	90원	천황련	400원	지각	120원
길경	60원	사삼	50원	패모	130원	당목향	400원
백출	25원	원지	200원	마황	90원	전충	450원
창출	65원	오미자	70원	원구향	250원	원사인	320원
황령	40원	백하조	80원	삼릉	120원	일사인	150원
시호	120원	지실	30원	원두충	500원	태계피	150원
전호	80원	산수유	90원	포부자	500원	초과	550원
강활	60원	통두단	80원	원계피	130원	원랑천	110원
독활	15원	백복령	40원	태계피	70원	간황	60원
당택	85원	백개자	30원	원조매	100원	배금	60원
토천궁	85원	목과	50원	각랑	150원	원육	800원
일천궁	70원	산사	70원	별갑	300원	저령	320원
백지	10원	진피	90원	익지인	450원	오수유	80원
백작약	110원	법신곡	50원	육두구	400원	열지황	-
향부자	25원	영사	400원	화정향	500원	구증대	300원
형개	60원	고련피	60원	산조인	200원	구증중	250원
맥문동	100원	후박	25원	유황	300원	영특	200원
차전자	70원	방풍	100원	백간잠	250원	절삼	900원

· '소포료 12근 10원, 36근 50원', '주문 시에는 우편환으로 선금송부(先金付送)하세요' 라고 적혀있는 것으로 보아 약재 주문 시 구입자가 우송료를 부담하고 약가는 선입금 되었음을 알 수 있음

· 엽서 뒷면에는 각종 한약명과 근 당 약가가 기재되어 있는 '삼용
상회가격표(蔘茸商會價格表)'가 제시됨
· 삼용상회가격표에 제시된 약재와 약가(72종) : 1947년 1월 5일
기준

▶ 대·소형 약장 :

"(크기가 작은 약장을 가리키며) 저기 작은 약장은 조부, 아버지까지
계속 써오던 것입니다. 최소한 100년은 되었을 겁니다. 예전에는 중국산
이 아니라 당구나 천궁, 백작약(白灼藥) 등 약이 작아서 마치 ○○이 곶
감만 했어요. 그래도 그걸 복용하고 나면 효과가 있곤 했는데, 요즘은 3
배, 4배까지 먹어도 효과가 안 나타나요. 왜냐하면 약재 자체가 부실해서
그렇지요. 예전에는 당귀니 천궁이니 하는 것들이 산에서, 지리산에서 나
던 것들은 조금만 넣어도 효과가 아주 대단했어요.

지금은 전부 비료를 주고 키웠으니 택도 없지. 어떤 약재는 3배, 4배,
5배까지 써도 이전의 약에 될까 말까 하지.『방약합편』에 있는 약도 2배
로 해야 돼요. 1980년대까지만 해도 약효가 좋았는데, 재배 많이 되고부
터는 약효가 많이 떨어져요.

큰 약장은 하철 한의사가 사용하던 약장입니다. 내가 당시 진양군청에
다닐 때 이웃에 살았어요. 그가 수시로『동의보감』을 나한테 가져와서
묻곤 했어요. 당시 한의사는 자격 얻기가 수월하여 시험만 치면 딸 수 있
었어요. 그 한의사가 돌아가시자 내가 그 약장을 구입하여 지금까지 쓰고
있어요. 당시 하철 한의사는 갓 한의사 시험을 쳐서 개업한 상태였어요.
그러니 의약 지식이 아직 높지 못했지요. 저 약장이 70~80년은 되었을
걸요."

▶ 약 보관함 :

약장에 넣고 남은 약재를 보관하던 일종의 약궤(藥櫃)로 '(동)東·의(

醫)·보(寶)·감(鑑)' 글귀가 새겨져 있음

▶ '만상운집(萬祥雲集)', '홍익인간(弘益人間)' :
경신년 구술자의 환갑 때(경신년) 운초 선생이 써준 글

▶ 증서 :
한약업사 자격증, 한약업사 허가증

▶ 진주농업학교 시절 학생복 차림

▶ 약방 진료복 :
'한약업사 오대준'이라고 쓴 명찰을 부착한 하얀색 진료복

▶ 책장

▶ 부친의 비방 모음집 :
『處方錄』

▶ 본인 처방 모음집 :
『處方備覽』

▶ 주요 약재 보관함 :
약장 위에 일렬로 설치한 목제 약궤(藥櫃)로 녹용·인삼(鹿茸·人蔘), 독약·극약(毒藥·劇藥), 험방·집취(驗方·集聚), 해석·당재(海石·唐材) 등으로 분류하여 보관하고, 외부에는 해당 명칭을 써놓음. 각 약궤마다 자물통을

장착하여 보관.

▶ **약방 저울(손저울) :**

약장 서랍에다 걸어 보관

▶ **자필 이력 :**

다음은 2006년 간행된『대한한약협회 회원 신상 및 업적』란에 투고
한 구술자의 자서(自書) 내용이다.

- 성명 : 오대준. 1921년 3월 29일 경남 합천 출생. 1955년 한약업사
  시험 합격
- 주요 경력 : 한약업사 국가시험 합격, 경남 시군 행정공무원 근무
  (산림과장, 도유림 소장)
- 주요 약력 : 1921년 3월 29일 부친 오도호(吳道浩, 號 一山) 님과
  모친 주옥(朱玉) 님의 3남 3녀 중 장남으로 경남 합천에서 출생하
  였다. 선대부터 유교 한문학자의 가문으로 조부님과 부친은 한약
  에 대한 조예와 해박한 지식으로 한약인(韓藥人)이며, 부친은
  1925~1944년 동안 합천에서 일산한약방(一山韓藥房, 그 당시 漢
  藥種商 도지사 면허)을 운영, 원근 각지에서 운집한 환자들에게
  명성을 날렸다.
- 대헌(大軒, 오대준의 호)은 소년기에 부친의 약방에서 실무를 습득
  하였고, 공무원 재직 시에도 계속 한약 공부를 하여 1955년 8월
  25일 한약업사(당시 한약종상) 시험에 합격하여 자격증을 취득하
  고, 1976년 8월 10일 거주지인 진주에서 한약방을 개설, 현재에
  이르고 있다.
- 그 당시 한약종상 시험 출제에 독약(毒藥) 5종, 극약(劇藥) 5종의
  보관방법, 한약재의 법제 효과, 섬서(蟾蜍)의 효능과 문제점 등은
  부친의 가르침이 없었더라면 합격을 못하였을 것이다. 섬서는 두
  꺼비의 두 눈 사이에서 짜낸 흰 독액(毒液)으로서 간병(癎病), 정
  악종(疔 惡種) 등에 좋다.

· 고등교육을 수료하고 관직 재임 35년 성상을 회고할 때 일찍이 한
약에 종사 못한 것을 후회했지만, 노년기에나마 가업을 계승하고
조부와 부친께서 사용하시던 오동나무 약장과 고서, 비방록 등을
가보로 간직하여 한의서 등을 탐독하면서, 또한 가훈 '유항심 유
항산(有恒心 有恒産)'을 가슴에 명심하고 한의학을 섭렵하니 다행
으로 생각되는 바이다.

· 가족으로는 부인 연안 이씨 주두(廚斗) 여사와 4남 1녀를 두었는
데, 장남은 의학박사, 차남은 고등학교 교감, 3남은 치과전문의, 4
남은 공무원으로 근무 중이다. 이 중 2명이 보건 분야에 종사하고
있으니, 차원은 다르지만 대대로 이어온 의약인(醫藥人)이라는 긍
지에 흐뭇한 생각이 든다.

· 당년 85세, 얼마 남지 않은 여생인 백수(白壽)를 바라보면서 한약
발전에 더욱 이바지 할 것을 다짐하며 창밖을 보니 멀리 비봉산에
새벽 먼동이 튼다.

교직과 약업을 겸했던
강민당한약방 조한제
-1928년 생-

.
.
.

교직생활과 한약 공부

행춘당한약방을 다니며 실물 공부

경남 진양군 대평면에 한약방 개원

집증(執症) 방식과 특수 처방

연보
·1928년 - 5월 4일, 경남 산청군 단성면 묵곡리 출생
·1948년 - 진주농업학교 졸업
·1965년 - 함안중학교 교사 재직 중 한의서 공부
·1975년 - 한약업사 자격 취득
·1976년 - 3월, 진양군 대평면 한약방 개업
·2006년 - 경남 진주시 상봉서동 강민당한약방 운영

■ 교직생활과 한약 공부

교직생활 중 한약의 오묘함에 차츰 빠져들기 시작했어요

1928년 5월 4일 경남 산청군 단성면 묵곡리에서 태어났어요. 이곳은 성철스님 출생지로도 이름난 곳입니다. 나는 5세 때 가족을 따라 진주로 나왔어요. 진주농업학교 졸업 후 과학교사로 일하기 시작하여 1975년 한약방 개업 때까지 줄곧 일선 학교에서 근무했어요.

함안중학교 근무 때 도서관에 소장되어 있던 한의서에 관심을 가지면서부터 한약의 오묘함에 차츰 빠져들기 시작했어요. 하숙생활을 하던 시기였으므로 학교 일 외의 남는 시간 대부분을 한의서 탐독하는데 투자했어요.

한약 내용을 조금씩 알게 되면서부터는 학교 동료 교사들이 어디가 안 좋다고 하면 그동안 공부한 지식을 동원하여 나름대로 관련 처방을 내어 건네주기도 했지요. 당시 동료 교사들은 내가 항시 한의서를 공부하고 있음을 알기 때문에 상당한 지식을 쌓고 있다고는 생각했을지라도 처방 내용에 대해서는 그다지 신뢰가 높지 않아 처방전을 받아두기는 하되 대부분 활용하지는 않은 것 같았어요.

그러던 중 부산대학교에서 행한 방학 중의 교사연수 과정에서 공부한 지식을 활용한 적이 있어요. 어느 교사가 음식으로 인한 피부병, 두드러기 증상을 보였어요. 그래서 패독산(敗毒散) 처방을 2첩 내 주었어요. 그 교사가 내 말대로 약을 지어 먹은 결과 괜찮아졌어요.

나는 자나 깨나 공부할 요량으로 항시 『방약합편』 등 한의서를 끼고 다녔는데, 부산 연수 중에도 그랬기 때문에 가능했던 거지요. 이로써 당시 나는 교사들 사이에서 '한방에 상당한 조예가 있는 사람'으로 소문이 나기도 했어요.

학교 숙직실이 진찰실일 정도가 되었지요

이후 나는 진주 대곡중학교로 전근되어 왔어요. 이곳에서도 나는 배운한약 지식을 실습 겸해서 동료교사들을 상대로 건강 상담은 물론 때로는처방전을 써주기도 했어요. 이런 소문으로 심지어는 몇몇 학부형까지도나한테로 와서 처방을 받아가기도 했어요. 이로 인해 학교 숙직실이 진찰실일 정도가 되었지요.

1960년대 당시 사정으로 볼 때 시골 읍면 지역에는 약국과 의원이 없었을 뿐만 아니라, 도회지로의 병원 출입 또한 쉽지 않았어요. 당시 나에게 진찰 받은 사람들은 위장병, 감기, 피부병 등이 많았어요. 많은 사람들이 내가 처방한 약으로 병을 고쳤어요. 교장 선생님도 '고진음자(固眞飮子)'라는 보약 처방을 받아 상당한 효험을 보고 놀라워했어요. 당시 이곳에서 근무한 4년 반 동안 학교 급사를 시켜 거의 매일 보약을 한 첩씩약탕기에 달였어요. (크게 웃으면서) 첫 번째 탕약(湯液)은 내가 먹고, 재탕(再湯)은 급사에게 주었지요. 나중에 그 급사는 정식 서무직원으로 발령 받았어요.

법제까지 해다가 약을 지어주기 시작했어요

한참 시간이 흐른 후 내가 약방을 차려놓고 있을 때 그 급사가 가족들과 함께 나한테 약을 지으러 왔어요. 부인의 약만 짓기에, "자네도 약 한제 먹어야지." 하니까, 예전에 보약을 복용했던 대곡중학교 시절을 떠올리며 "나는 끄떡없어 괜찮아요."라며 크게 웃기도 했어요. 나도 당시 4년 반동안 거의 매일처럼 보약을 먹은 탓인지 별다른 이상 없이 건강하게 지내요. 그래서 그런지는 몰라도 사람들이 내 나이를 79세로 보지 않아요.

당시 보약을 복용했던 일도 체험을 통해 내가 익힌 한약 지식을 실습해보는 일환이었지요. 한편으로는 건강을 지켜내고자 하는 목적도 있었겠지요. 어느 시점부터는 이제 내가 처방을 내어 약방에 가서 관련 약재를 직접 구입하여 의약서대로 법제할 것은 법제까지 해다가 약을 지어주기 시작했어요.

■ 행춘당한약방을 다니며 실물 공부

40~50명을 선발했는데, 1,000명이나 되는 사람들이 몰렸어요

이처럼 한창 한약 공부를 하던 시기에는 학교생활의 격무에도 불구하고 4, 5년간 하루 4시간 정도의 수면밖에 취하지 않았어요. 학교 일과 천주교회 다니는 신앙생활 외에는 한의서 탐독하는 일이 전부였어요. 38세 무렵인 1965년쯤 한의서를 처음 접하고 10여 년의 시간이 흐를 즈음이었지요.

내가 47세 되는 1975년도에 경상남도 한약업사 시험이 실시되었어요. 그래서 진양댐 수몰지구인 진양군 대평면에 응시원서를 냈어요. 부산 동아대학교에서 시험을 쳤어요. 당시 40~50명을 선발했는데, 1,000명이나 되는 사람들이 몰렸어요. 큰 운동장이 가득 찼어요.

오전에는 학과시험을 보았고, 오후에는 실물시험과 면접시험을 쳤어요. 시험도 어려웠지만, 합격되리라고는 생각도 안했어요. 그러던 중 진주시청 보건소 약무 담당자, 약사 감시원이죠. 그를 우연히 길에서 만나 물어보았어요. 그가 합격 사실을 확인해 주었어요. 당시 합격통지서를 받은 적도 없어요. 시청에는 경남도로부터 합격자 명단이 내려와 있었어요.

최고 득점자 1명만을 뽑는 식이었어요

당시 합격자 선발은 총점의 60% 이상의 점수를 얻었으면서 동일지역 응시자 중 최고 득점자 1명만을 뽑는 식이었어요. 응시 자격은 고졸 학력 이상에다 5년 이상의 실무경력이 있어야 했어요. 한약방이나 한의원 등에 종사한 경력이 필요했지요.

나는 진주 '행춘당한약방'과의 인연으로 주인의 근무 확인서를 받아 제출했어요. 합격자 발표가 있고 난 후에는 관할 경찰서로부터 신원조회가 있거든요. 약방 주인으로부터 근무 사실 여부를 확인함과 동시에 학력 증명서 내용도 확인하거든요. 이 과정에서 나에 대해서도 '행춘당한약방'에 확인하러 왔었대요. 약방 주인이 "10년 정도 일을 했는데, 신발값 정도 월급 주었다."고 말해 주었대요.

행춘당한약방을 드나들며 각종 실물 약재를 익혔지요

시험에 대비한 공부 방법으로는 이론 부분은 앞에서 말한 대로 10여 년간 기성 한의서 11종 모두를 가지고 지속적으로 독학했습니다. 시험 또한 실제로 11종 한의서 모두에서 조금씩 출제되었어요.

실물시험에 대비해서는 진주시내 행춘당한약방을 드나들며 각종 실물 약재를 익혔지요. 거의 매일처럼 퇴근하기가 바쁘게 건재약방으로 가서 실물을 보며 익혔지요. 특히 주말이나 공휴일이 되면 아침부터 약방으로 나가 약 짓는 일을 거들며 처방 내는 방법까지 익혀 나갔지요. 주인이 혹시 출타 중이거나 하면 내방객을 상대로 내가 상담을 해서 처방을 내리고 이에 따라 약을 지어주기도 했어요. 물론 실습하는 대가로 무료 봉사였지요.

이 무렵에도 동료교사를 비롯한 아는 사람들의 약을 내가 지어 주었어요. 초기에는 이전처럼 내가 처방을 내려 직접 약을 지어 주었지만, 행춘당한약방에 드나들면서부터는 내가 처방을 내려 약을 지어놓으면 그리로 가서 약을 찾아가도록 했지요.

나는 약방에 건재 약가만을 지불하고, 처방료가 붙은 한약 소매 값은 환자로부터 직접 받았어요. 나로서는 약을 팔아줌으로써 약방에 도움을 주었던 것이고, 나 또한 일을 도와주면서 약 짓는 실습과 실물 약재를 익히고 또 약을 지어주는 대가까지 챙기는 셈이었지요.

■ 경남 진양군 대평면 한약방 개원

교직과 약방 운영을 한동안 겸직했지요

1975년도에 시험을 치고 합격된 이듬해인 1976년 3월에 허가지역인 진양군 대평면 남강댐 수몰 지구에 처음으로 약방을 열었어요. 아직 교직에 몸담고 있던 터라 교직과 약방 운영을 한동안 겸직했지요. 주 중에는 교직에 있으면서 토요일 오후부터 일요일까지 약방에서 일을 했지요. 당시까지만 해도 시골에는 약국이나 의원도 없고 또 시내까지 병원 가는 일도 여간 어려운 일이 아니었어요. 그래서 주말에 약방문을 열기가 바쁘게 사람들이 몰려왔어요.

온 가족들이 매달려 약을 썰고 첩약을 싸는 등의 일을 했지요. 어떤 때는 밤늦게까지 일을 했어요. 이처럼 겸직을 하는 동안 관할 보건소나 지서에서 '경고'를 주기도 했어요. 원칙적으로는 겸직을 할 수 없게 되어 있었어요. 당시만 해도 시골에는 의료시설이 전무하잖아요? 그래서 무의면에 한약방 영업을 허가함으로써 보건의료의 사각지대를 다소나마 보완하자는 취지였지요.

그런데 허가는 받아놓고 역할을 하지 않는 것은 안 맞지요. 환자는 수시로 발생하는데 주말에만 약방문을 여니까 역할을 제대로 못하는 거지요. "곧 전업하겠으니 조금만 봐 달라."고 담당자에게 사정을 했어요. 이렇게 해서 3년 동안 한약방 일과 교직을 겸직해 왔어요.

1979년 본격적으로 한약업사의 길을 걷기 시작했습니다

1979년에 드디어 교직에 사표를 제출하고 본격적으로 한약업사의 길

을 걷기 시작했습니다. 전업이지요. 새로운 직업인으로서 사람들의 건강
을 챙기는 한의약업인이 된 것입니다. 당년 51세였지요. 이곳에서 2년 동
안을 더 영업하다가 첫 개업한 5년 후에 지금의 이 자리(진주시 상봉서
동)로 이전하여 오늘에 이르고 있습니다. (연구자가 한약업사로 전업하던
당시 심정이 어떠했는지를 묻자, 크게 웃으면서) 학교생활의 격무로 시달
리던 일상으로부터 벗어남으로써 그야말로 '신선이 된 기분'이었어요.

■ 집증(執症) 방식과 특수 처방

기혈(氣血)의 흐름을 파악하기 위한 맥진(脈診)을 행합니다

환자의 진료방법으로는 우선 환자가 어디에 이상이 있어 왔는지를 물
어봄으로써 기본적인 병의 상태를 확인할 수 있지요. '문진(問診)'인 셈이
지요. 동시에 일상생활과 관련한 질문을 해봄으로써 발병의 원인을 추론
해 볼 수 있습니다. 이 과정에서 환자가 당면한 고민거리나 병증에 따른
이전의 치료 경로, 복약(服藥) 사실 등을 종합적으로 살펴봅니다. 이것은
환자의 병증에 대한 정확한 판단과 보다 합당한 처방을 내리기 위한 참
고자료로 활용하기 위해서지요.

그런 다음 기혈(氣血)의 흐름을 파악하기 위한 맥진(脈診)을 행합니다.
환자 진찰과 처방을 위해서는 주역과 사주에 대한 공부도 상당히 중요합
니다. 어쩌면 이것이 한방의 요체일 수도 있는데, 여기에 통달하면 신의
(神醫)의 경지에까지 오를 수 있지요. 평생 약업에 종사해오면서 좀 아쉽
게 생각되는 점은 사주와 주역을 깊이 있게 공부하지 못한 점과 각종 한
의약서를 심도 있게 들여다볼 수 있을 만큼의 한학(漢學) 실력을 갖추지
못한 점이지요.

원시적임에도 불구하고, 과학적인 체계를 따르고 있습니다

부자(附子)는 정해진 대로 법제를 함으로써 함유된 독성을 제거하는 효과가 있어요. 이처럼 한약을 다루는 지식과 처방은 오래 전에 만들어졌음에도 불구하고, 지금도 기존의 처방에 의존하고 있기 때문에 선인(先人)들이 얼마나 대단합니까? 마찬가지로 현재 행해지고 있는 이런 진찰방식도 대단히 원시적임에도 불구하고, 면밀히 들여다보면 대단히 과학적인 체계를 따르고 있음을 실감하게 됩니다.

약방에 필요한 약재는 진주의 거상인 '대원한약방'으로부터 주로 조달했습니다. 물론 개업 초기에는 한동안 '행춘당한약방' 약을 썼지요. 그 외에 건재상회나 중간상인들로부터도 구입해서 썼어요. 녹용 등 일부 약재는 서울 제기동의 경동한약시장 약상(藥商)들로부터 가져옵니다. 예전에는 특히 중간 약상들이 시골 장터를 다니면서 시골의 채약꾼들이 캐내어 온 국산약을 수집해다 주었어요. 한약 규격화 사업이 시행된 이후에는 규격 한약재를 쓰고 있습니다.

술 깨는 약과 보신약을 자신 있게 지을 수 있습니다

술 깨는 약과 보신약을 자신 있게 지을 수 있습니다. 술 깨는 약은 '갈화해설탕(葛花解渫湯)'인데요, 술을 많이 마시는 내 아들 직장 동료들이 서울에서도 주문해 지어가요. 보신약은 특히 신장과 간장을 각각 보하는 육미지황탕(六味地黃湯)과 사물탕(四物湯)입니다. 나도 이러한 보신약을 꾸준히 복용해 왔어요. 사람들이 나를 79세인 제 나이로 잘 안 볼 정도로 건강을 유지하는 것도 이 때문이 아닌가 봐요. 물론 수십 년간 휴일마다 꾸준히 등산을 통해 건강을 다져온 점도 있지만요.

5세 때 진주로 나온 이후 70년 이상을 이곳 주변에서 살아왔어요. 30년간의 한약 인생 속에 나름대로 한약에 대한 연구와 경험도 상당히 쌓아왔다고 생각해요. 그런데도 요즘은 대부분의 사람들이 아프면 병원으로 가버려요. 이웃에 오랫동안 나를 아는 사람들도 그러하니, 때로는 동네 사람들이 참 바보라는 생각도 해봅니다.

현재 모 회사 이사로 있는 39세의 막내아들이 한때 한방을 이으려고 했어요. 회사생활 하다가 한의대 들어가기 위해 1년 동안 입시공부를 한 적이 있어요. 상당히 좋은 성적도 나왔어요. 그런데 자기 형들을 비롯해서 주위 사람들이 만류해서 상과계열로 진학했어요. 39세로 중견회사 이사까지 됐으니 오히려 잘된 일이기도 하겠지요. 내 둘째 아들은 사법고시에 합격해서 지금 변호사로 일하고 있어요. (약방에 걸려 있는 사법시험 합격증을 보며) 손님들이 저걸 보고 한마디씩 하는 걸 보면 때로는 힘을 얻기도 합니다.

단절의 기로에 선 3대 계승자,
보생당한약방 박유홍

-1942년 생-

.
.
.

3대 한방 가업

한약 실물 수련과 약성가(藥性歌) 외우기

비방(秘方) 전수를 통한 한약 견문 넓히기

1983년의 마지막 시험

가감법(加味法)과 가미온담탕(加味溫膽湯), 처방

패약(掛藥)과 약재 보관

보생당한약방의 한약 물증

연보
·1942년 : 경남 사천 출생
·1955년 : 1대 창업주 조부 사망
·1968년 : 한약방에 수종하며 한약 공부 시작
·1988년 : 2대 계승자 부친 사망
·2006년 : 경남 사천시 동동 보생당한약방 계승

■ 3대 한방 가업

조부님은 일제시대 한약종상 자격을 얻어 약업을 줄곧 해오셨지요

할아버지는 경남 남해군 설천면 비란 마을에서 한약업을 해오셨어요. 거기가 박씨 집성촌이고 나의 고향이기도 하지요. 조부님은 일제시대 한약종상 자격을 얻어 약업을 줄곧 해오셨지요. 그러다가 제가 국민학교를 마칠 무렵이던 1955년 경 돌아가셨어요.

제 어릴 때 기억에 의하면, 조부님은 한약 처방은 물론 침(鍼)도 놓고, 침 모양의 수술용 칼(침칼)을 이용하여 종기 환자들을 수술하기도 했어요. 당시 조부님이 사용하던 침은 길이가 10cm 정도나 될 만큼 컸어요. 종기 환자가 오면 먼저 침칼로 환부를 찔러 고름을 짜낸 후 약방에서 제조한 고약(膏藥)을 붙여 치료했어요. 신기하게도 그렇게 하면 말끔히 낫곤 했어요.

지금 생각하면 당시 조부님이 사용했던 고약 처방과 제조법을 기록해 두거나 혹은 배워두었더라면 하는 아쉬움이 남습니다. 아버지도 가업을 계승하여 한약업에 종사하셨지만, 침을 놓지 않고 침칼을 이용한 수술도 하지 않아 조부님의 고약 처방과 제조법을 전수받지 못한 것 같아요. 제 기억으로는 당시 조부님은 여러 가지 처방 약재들을 단지 안에다 넣은 후 불로 구워 만들었던 것 같아요.

아버지는 조부님의 약업을 물러 받아 육지로 나오셨어요

아버지는 조부님의 약업을 물러 받아 육지(사천, 당시 삼천포시)로 나오셨어요. '광신당(廣信堂)'이라는 옥호를 사용했어요. 이후 지금의 2층집을 지어 이곳으로 이전했지요. 그러다가 88올림픽 직전 타계했어요. 나는 학교를 마친 후 한동안 객지생활을 했어요. 어릴 때부터 항시 할아버지,

아버지가 하시는 약업을 보아왔지만, 젊은 시절에는 곧바로 부친의 약업을 이어야겠다는 생각보다는 다른 생각도 가지게 되지요.

27, 28세 때, 그러니까 1968년이나 69년쯤 한약방으로 들어와 수종하며 본격적으로 매달리게 되었어요. 내가 가야할 길이 이쪽이라는 걸 발견했다고나 할까요. 아버지 밑에서 한동안 약방 일을 도우며 어느 정도 공부를 한 다음에는 좀 더 넓은 세계를 체험하고 싶었어요.

■ 한약 실물 수련과 약성가(藥性歌) 외우기

오랜 실물 수련과정을 통해 체득하는 방법으로 공부했어요

우선 아버지 밑에서 약방 일을 거들며 오랜 실물 수련과정을 통해 체득하는 방법으로 공부했어요. 예를 들면, 약 썰기를 통해 약재의 외형 관찰은 물론 맛보고 냄새를 맡아보고 촉감을 느낌으로써 체득이 되는 거지요.

워낙 약 써는 일을 많이 해서 약 작두를 잡는 오른쪽 어깨가 위로 올라갔어요. 나도 잘 모르고 있었는데, 양복을 맞추러 가서야 비로소 사실을 알게 되었어요. 거울을 비춰보니 실제로 오른쪽 어깨가 상당히 올라가 있음을 알게 되었어요. 양복 지을 때는 왼쪽 어깨에다 '속'을 2개씩 넣어 균형을 맞추었지요.

약성가(藥性歌)를 반복적으로 외었어요

두 번째로는 각 약재의 성질을 한자로 풀이해 놓은 약성가(藥性歌)를 반복적으로 외었어요. 약방 일을 하면서 쉴 새 없이 외었어요. 자내 깨나 중얼거리는 식으로 혹은 노래하듯이 외었어요. 어떤 사람들은 약성가 외는 소리를 마치 중이 염불하는 것 같다고도 했어요. 책을 읽듯이 외울 수도 있지만, 이 경우에는 잘 외워지지도 않을뿐더러 머릿속에 오랫동안 기억되지도 않아요. 그래서 칠언절구(七言絶句) 식의 운율을 붙여 외우면 훨씬 더 잘 외어집니다. 인삼을 예로 들어 볼까요. "임삼(人蔘)은 미감(味甘)하니 보원기(補元氣)하고, 지갈생진(止渴生津)은 조영위(調榮衛)라." 이렇게 해서 한 가지가 끝납니다.

(약성가 4, 5구절을 즉석에서 들려주었지만, 애석하게도 녹음기 오작동으로 채록하지 못했다.) 이런 식으로 수많은 약재 하나하나에 대한 성질과 효능을 간단하게 7~8자씩 압축하여 일정한 운율을 붙여 반복적으로 음독(音讀)함으로써 익혀나갑니다. 약성(藥性)의 내용은 『방약합편』 상단에 나와 있어 보통 그걸 보고 익히지요. 하지만 때로는 약성가 내용을 따로 떼어내어 책으로 편집한 것을 활용하기도 해요.

나는 조부님이 손수 자필로 만들었던 『약성가』 책으로 공부했어요. 거기에는 약 300종의 약재에 대한 내용이 기재되어 있었어요. 하지만 지금은 없어요. 내가 한창 한약 공부를 하던 시기에 어느 날 밤 촛불을 켠 상태에서 『약성가』를 펴 놓고 졸면서 공부하다가 그만 태워 버렸어요. 만일 그것이 남아있다면 옛 한약 입문자들의 공부법과 관련한 귀중한 자료도 될 텐데 말입니다.

기성 한의약서들을 통해 한약 이론 지식을 쌓아 나갔어요

세 번째로는 조부 때부터 사용하던 각종 한방 의서를 읽고 또 『방약합편』을 비롯한 기성 한의약서들을 통해 한약 이론 지식을 쌓아 나갔어요. 『동의보감』을 질환별로 나누어 여러 권으로 편집한 책도 있고요. 100여 권은 족히 됩니다. 아버지도 이 책으로 공부했는데, 다음 대에는 계승이 어려울 것 같아 약방을 그만 두게 되면 경상대학이나 관련 기관에 기증이라도 할까 합니다. 국립대학에 한방전문대학원을 설립한다는 보도도 나오고 있으니까요.

유명한 선생을 찾거나 약을 지으면서 처방 내는 방법 등을 익혔어요

그 다음으로는 위에서 이야기 했던 것처럼, 지역의 이름난 선생들을 찾아다니며 일을 도와주는 가운데 비방 등 한의약 지식의 폭과 깊이를 더했어요.

마지막으로는 화제에 따라 약을 지음으로써 기존에 익혔던 한약 기초 지식[약명·약성·기미·성상]을 바탕으로 환자 진찰법[병을 알아내는 법]과 처방 내는 방법 등을 익혔어요. 약방 주인의 환자 상담 내용과 처방 내용을 상호 비교해 보면, 어느 정도 한약 공부가 되어 있는 상태에서는 '손님이 어떤 증상으로 와서 선생이 어떤 처방을 내려 어떤 약을 쓰는지'를 대충은 짐작할 수 있지요. 이를 반복적으로 학습하면 환자 상담과 처방 내는 법을 비롯하여 그 선생이 가지고 있는 비방 내용까지 습득할 수 있어요. 실제로 일부 비방들은 이런 방법을 통해 유포·전승되기도 했어요. 이 경우 종사자는 일의 대가보다는 배운다는 생각으로 약방에 수종해야 합니다.

화제에 따라 오랫동안 약을 짓다보면, 이상의 여러 가지 한약 지식과 기술을 학습·숙련시키는 외에 한약의 단순 기능을 숙련시키게도 돼요. 약재 무게를 측정하는 기능을 예로 들 수 있어요. 손으로 약을 자주 집어 놓다 보면 5개 손가락 끝 감각이 고도로 발달하게 되어 나중에는 그냥 저울이 되어버립니다.

5개 손가락이 그냥 저울이 되어버립니다

아버지 밑에서 일을 할 때 삼천포 장날이 되면 사량도, 신수도, 창선도 등 인근 도서를 비롯한 각처에서 사람들이 몰려와요. 이들은 장날이니까 시장도 보고 약도 지어갈 겸 해서지요. 한창 한약 경기가 좋을 때는 장날만 되면 약 짓는 손님들로 북적거렸어요.

당시에는 자동추출기가 아직 보급되지 않아 모든 약을 첩지에 싸서 팔

왔거든요, 그러면 이것을 가져가서 각 가정에서 소형 약탕기로 약을 달여 복용했지요. 약 짓고 첩약 싸 내기가 여간 힘들지가 않지요. 이런 날은 아침 10시쯤 해서부터 늦게까지 손님들이 줄을 지어 기다려요. 처음에는 일일이 약을 저울에 달아 지었어요. 그러니 시간이 많이 걸리지요. 저울에 약을 다는 일을 반복적으로 오랫동안 하다보면 어느 순간부터는 감각이 와요. 5개 손가락으로 쥐어 올린 약의 무게가 저울처럼 정확해지는 거지요.

장날 때처럼 분주한 날에는 이러한 숙련 기능이 정말 필요해요. 약 써는 일부터 약 무게 달기, 약첩 싸는 일, 포장 일 등에서 말입니다. 약 무게 다는 기능을 숙련시키기 위해 한 동안은 손에 집어든 약재가 어느 정도 무게가 나가는지를 저울을 이용하여 연습까지 했어요. 반대로 일정량의 약재를 저울에다 반복적으로 달아보기도 하고요. 물론 쉬운 거는 아니지요. 각 약재마다 무게가 다르니까요. 한창 바쁜 때 줄을 서서 기다리던 손님이 이를 보고 "그런 식으로 손으로 집어 약을 지으면 어떻게 약 근량(斤量)을 옳게 맞출 수가 있나?"고 하며 다소 의아해 하기도 했어요. 이에 나는 "그럼, 손님이 들고 있는 약재를 전부 저울에 직접 달아 보이소, 30g이 나갈 겁니다."라고 말해 주었어요. (웃으면서) 실제로 그 손님이 약을 저울에 달아보니 내 말대로 정확한 근량이 나왔어요.

■ 비방(秘方) 전수를 통한 한약 견문 넓히기

이른바 '비방(秘方)'을 전수 받으러 노력했어요

그래서 아버지 약방을 나와 관내의 삼천포나 인근 남해 등지로 이름 있던 선생들을 찾아다니며 이른바 '비방(秘方)'을 전수 받으러 노력했어요. 처음에는 남해군의 한의사 두 분을 차례로 찾아갔어요.

그 중 한 분은 남해군 고현면 탑동 부락에서 한의원을 운영하던 차○○ 선생님이었어요. 일제시대 한지한의사(限地韓醫師) 자격을 가지고 있었어요. 상당한 의술은 물론 비방도 가지고 있었어요. 그 선생은 이후 좀 더 큰 곳으로 가서 의업을 해야 되겠다고 생각하여 부산으로 이전했어요. 그렇게 하시다가 오래 전 작고했어요. 이곳에서 1년 반 정도 근무했어요.

두 번째로는 남해읍에 소재한 정덕상 한의사 문하로 들어갔어요. 그 선생 역시 일제시대 한지한의사였어요. 옥호는 '○○한의원'이었는데, 기억이 잘 안 나네요. 이 분도 벌써 타계했어요. 여기서도 1년 반 정도 근무했습니다. 이들 한의원 근무시절에는 월급 개념도 없었고요. 명절에 그저 용돈 조금 받고 신발 정도 얻어 신는 정도였어요. 나는 돈을 벌기 위한 목적보다는 이들이 가지고 있는 비방을 공부해서 전수 받는 데 있었어요.

비방이란 소중한 것이어서 어느 누구에게라도 잘 알려주지 않는 것이므로 이를 '베껴오기 위한' 것이지요. 당시 나는 선생님이 처방을 내려 약을 지으라고 하면, 불러주는 화제(和劑)를 머릿속에 외워두었다가 기록하여 익힐 생각이었거든요. 그렇지만 선생님이 내 계획을 눈치 채고는 나에게 더 이상 약 짓는 일을 시키지 않는 것입니다. 당시에는 한의사가 환자를 진찰하여 처방이 내려지면 종사자에게 '무슨 약 몇 돈!' 하는 식으로 그냥 불러주는 식이었어요.

두 번째 한의사한테는 당시 그의 아들과 함께 일을 했지만, 그는 별로 취미가 없었는지 아버지 업을 계승하지 않았어요. 내가 보기에 그는 술과 담배를 많이 하는 등 공부할 준비가 전혀 되어있지 않았어요.

삼천포의 명망이 있던 어느 한약방에도 들어갔어요

그 후 나는 삼천포로 나와 이름은 잘 기억나지 않지만, 상당히 명망이 있던 어느 한약방에 들어갔어요. 이곳에서 7, 8년 동안 근무했어요. 물론 당시 아버지는 혼자 약방을 꾸려가고 있었지요. 이곳 선생님은 의술에 밝아 옛날 전염병인 호열자(虎烈剌) 퇴치를 위한 한·양방(韓·洋方) 합동 치료과정에 지역 대표로 참여하기도 했어요. 당시 전염병 환자들을 격리 수용하는 병막(病幕)을 따로 지어놓고 치료하기도 했거든요. 이 약방에 비교적 오랜 기간 근무하는 동안 심장병을 치료하는 비방을 얻기도 했어요.

■ 1983년의 마지막 시험

15년의 공부가 무위로 …

28세부터 15년가량 갈고닦은 지식을 바탕으로 1983년도에 실시된 한약업사 시험에 응시했지만, 불운하게도 떨어졌어요. 응시자가 적을 것으로 예상하고 산골인 하동군 악양면에 지원했지요.

하지만 모두들 이런 생각을 했음인지 무려 18명이나 응시했어요. 경쟁률이 18대 1입니다. 무의촌 1명 선발을 원칙으로 했기 때문에 아무리 높은 성적이더라도 차점자는 떨어집니다. 합격자 사정은 1개 응시지역 1명 선발에다 동점일 때는 고령자 우선으로 했어요. 그리고 총점의 60% 이상을 득점해야 합니다.

시험은 학과 이론과 실물로 나누어 쳤어요. 실물시험을 예로 들면, 당귀(當歸)와 강활(羌活), 백지(白芷)와 당귀(當歸) 등 절단한 유사 약재 50~60종을 진열해 놓은 상태에서 30여 명씩으로 구성된 1개 조의 응시생들로 하여금 1m 이격된 상태에서 걸어가면서 지정된 약재를 답안지에 적어내도록 했어요. 맛을 보거나 냄새를 맡아보거나 만질 수도 없었어요.

먼저 시험을 본 어떤 이들은 운동장에다 크게 '몇 번에 무슨 약재!' 라는 식으로 적어 놓기도 했어요. 하지만 다음 조가 시험 칠 때는 약재 진열 순서를 바꿔버리기 때문에 소용이 없지요. 학과 시험의 경우는 예를 들어 '십전대보탕은 보음제(補陰劑)냐, 보양제(補陽劑)냐?' 라는 질문을 하고 ○×로 답하게 한다든지, 가미온담탕(加味溫膽湯)의 약재와 중량, 가미 내용을 쓰게 한다든지 하는 형식으로 출제되었어요. 학과 및 실물시험 후에는 면접시험을 통해 '왜 한약업사 시험에 응시하려 하느냐?' 등의 질문을 하기도 했어요.

약방 계승에 어려움이 생긴 것이지요

이후 시험이 계속 실시되었더라면 2차, 3차라도 응시하여 꼭 자격증을 취득했을 겁니다. 하지만 이게 마지막 시험이 됨으로써 결국 약방 계승에 어려움이 생긴 것이지요. 이모부님을 모신 것도 궁극적으로는 약방을 지속시키기 위한 하나의 방편인 셈이지요. 아마도 전국적으로 나와 유사한 사례가 더러 있을 걸요. 시험 단절은 이처럼 한약전통 계승에 상당한 어려움으로 작용하고 있습니다.

■ 가감법(加味法)과 가미온담탕(加味溫膽湯) 처방

가감법(加味法)이 진짜 의술(醫術)이지요

한약은 특히 오랜 임상경험이 필요한 분야입니다. 동일 처방이더라도 사람에 따라 가미 내용이 모두 다르거든요. (『방약합편』을 펼쳐 보이며) 예를 들어 『방약합편』에 나와 있는 심장 우울증 처방인 '가미온담탕(加味溫膽湯)'을 살펴보면… 본방과 가미 내용이 함께 나와 있어요. 본방은 큰 글씨로 약재 이름이 나와 있고요. 작은 글씨로 '활투(活套)'라고 쓰여 있는 옆에 '이런 증상에는 이러한 약을 쓰라'고 되어 있어요. '치심담허각 촉사이경((治心膽虛怯 觸事易驚)' 해가지고 심과 담이 허한 데 잘 놀라는 데 쓰라고 되어 있지요. 그리고 '활투'에 '기울가소엽(氣鬱加蘇葉), 불면가 당귀산조인(不眠加當歸酸棗仁)'이라 되어 있어 우울증에는 소엽(蘇葉)을,

그리고 잠을 못 잘 때는 당귀(當歸)와 산조인(酸棗仁, 대추)을 가미(加味)하라고 나와 있지요.

보통은 의서대로 본방과 가미 내용을 활용하지만, 환자의 병증과 체질, 기혈 순환관계 등에 따라 가미 내용과 가감법의 내용이 각기 다릅니다. 따라서 환자의 상태와 병의 내용을 첫째 잘 판단해야 합니다. 그 하나의 방법으로서 맥진(脈診)을 통해 기혈 순환을 알아보고, 혀의 색깔을 살펴 체열(體熱)을 판단하는 것이지요. 그러니까 가미법(加味法)이 진짜 의술(醫術)이지요.

·'加味溫膽湯' : 香附子 一錢 四分, 橘紅 一錢 二分, 半夏, 枳實, 竹茹 各 八分, 人蔘, 茯笭, 柴胡, 麥門冬, 桔梗 各 六分, 甘草 四分, 薑三片 棗二牧
(治心膽虛怯 觸事易驚)
〔活套〕氣鬱加蘇葉, 不眠加當歸酸棗仁

---

* 黃度淵 원저, 『對譯 證脈·方藥合編』, 南山堂, 2002(1978), pp. 205-206.

위의 처방에 나와 있는 약재들은 제각각 일정한 역할을 합니다. 어떤 것은 주연을 하지만, 어떤 것은 조연을 합니다. 다른 약재를 도와 약효를 배가시키기도 하지요. 향부자(香附子)는 기(氣)를 높여 줍니다. 유자 껍질인 귤홍(橘紅)은 열을 다스립니다. 유자 씨앗은 '귤핵(橘該)'라고 해요. 유사하게 감기 해열제로는 밀감 껍질인 진피(陳皮)를 많이 쓰지요. 또 반하(半夏), 지실(枳實)은 담(膽)을 키웁니다. 죽여(竹茹)는 열을 내리게 하고요. 인삼(人蔘)은 음기를 돋웁니다. 복령(茯笭)은 담을 내리고 이뇨작용을 합니다. 시호(柴胡)는 간장의 열을 내리고요. 맥문동(麥門冬)도 열을 내려 줍니다. 길경(桔梗)은 신진대사를 촉진시키고, 감초(甘草)는 약의 맛을 조화시켜 줍니다.

약 중에는 쓰기도 하고 매운 맛이 나는 것도 있는데, 이런 거북한 맛들을 중화시켜 먹기 좋도록 해주지요. 그래서 '약방의 감초'라고 하지요. 그 외에 '강삼 조이(薑三 棗二)'로 생강 2쪽과 대추 3개를 넣습니다.

'가미온담탕' 처방은 기본적으로 몸 내부에 열이 차고 기혈 순환이 잘 안 되는 경우에 쓰는 것인데, 병증의 정도와 증상의 차이, 기혈 순환 정도, 체질 특성 등 여러 변수에 따라 배합하는 약재의 종류와 양에 차이를 둔다는 것이지요.

심장에 열이 맺혀 눈에서 피가 나는 증세였어요

한약은 병의 근본을 찾아 치료한다는 점에서 양방과 차이가 있고요, 완치되면 재발률이 낮습니다. 많은 사례가 있지만, 2가지만 이야기해 볼게요. 하나는 서울 MBC 보도국장으로 있던 김○○씨의 사례입니다. 지금은 울산 MBC 사장으로 있어요.

사천(전 삼천포시) 출신인데, 일상에서 많은 신경을 써 심장에 열이 맺혀 눈에서 피가 나는 증세를 나타냈어요. 서울에서 용하다는 병원을 다니며 양방 쪽으로 온갖 치료를 해도 낫지를 않았어요. 일시적인 호전현상만 있을 뿐 근본적인 치료가 어려웠지요.

그러던 중 고향 방문차 주위 소개로 '보생당한약방'을 찾아왔어요. 과거 약방에서 7, 8년간을 수종하며 배워두었던 '가미온담탕(加味溫膽湯)' 처방을 내려 우선 한 제의 약을 지어주었지요. 이 약을 먹고 상당히 호전됨을 느껴 곧바로 한제 더 먹었지요. 그랬더니 그냥 말끔히 나은 거예요. 약 두 제로요. 이에 그는 너무 감사하다고 하면서 일본에서 약간의 선물을 사오기도 했어요. 어느 날 진주에 일이 있어 왔다가 나에게 고맙다는 인사를 하기 위해 바쁜 와중에도 밤에 나를 찾아 삼천포로 내려 왔어요.

이처럼 처방을 내는 데는 환자의 병증을 비롯한 종합적인 판단을 내린 후 약재의 가감을 잘해야 합니다. 이는 오랜 경험과 한방 지식에 의한 지적 노하우가 바탕이 되어야만 가능한 일입니다.

당뇨병 완치 사례입니다

또 다른 한 가지는 이모(정도일의 부인)의 당뇨병 완치 사례입니다. 이 경우는 '중병은 약 100첩을 써야 끝을 본다.'는 옛 말을 상기시켜 주는 적절한 본보기가 되는 사례입니다. 보통 사람들은 한 약방에서 두어 제 약을 지어 먹어본 후 낫지 않으면 중단해 버립니다. 약방에서 더 복용해 볼 것을 권하면, '낫지도 않는 것을 약 팔아먹으려고 그런다.' 는 오해와 더불어 더 이상 약을 먹으려 하지 않지요.

이모는 당뇨 증세가 심해 4년 전 진주 경상대학병원에서 1개월간 입원하기도 했어요. 퇴원할 때 인슐린 당뇨 치료 주사제 1개월 치를 받아왔으나 가정 주사투약이 쉽지도 않을뿐더러 완치도 장담할 수가 없어 투약을 중단해 버렸어요. 이에 이모부는 우선 관련되는 2가지 처방, 즉 '청심연자음(淸心蓮子飮)'과 '생진양혈탕(生津養血湯)'을 보탠 '합방(合方)'으로 2제의 약을 지어 먹도록 했어요. 그렇지만 별다른 효과가 나타나지 않았어요.

이모부는 이모가 자기 부인이므로 어떻게든지 낫게 해야겠다는 일념으로 약 복용을 중단하지 않고 계속해서 두 제를 더 지어 복용토록 했어요. 4제를 모두 먹은 후 병원에 가서 당뇨 검사를 해보았어요. 그런데 놀라운 효과가 생긴 사실을 확인했어요. 병원에서는 '정상 수치'가 나왔으므로 더 이상 당뇨 약을 먹지 않아도 되겠다고 했어요. 이후 이모는 한 제를 더 복용했어요. 그런 다음 다시 병원에 가서 검사를 해보니, 의사는 더 이상 병원에 오지 않아도 된다고 했어요. 그래서 1개월 치를 받아두었던 당뇨 주사제는 병원에 되돌려주고 왔어요. 이런 식으로 6개월 동안을 지속적으로 합방 당뇨 약을 복용한 결과 이모는 지금까지 별다른 당뇨 증세를 보이지 않고 정상 상태를 유지해 오고 있습니다.

이 약으로 당뇨가 근본적으로 치료된 결과라고 봐야지요. 이후 경남 남해군 설천면 시골에 이 사실이 소문이 나서 많은 당뇨 환자들이 약 지으러 오기도 했어요. 하지만 아니다 다를까, 시골 사람들은 두 제 정도의 약을 먹어보고는 병이 낫지 않는다면서 더 이상 약을 먹지 않는 거예요. 상당수가 이런 식으로 장기 복용을 중단했어요. 그러니 '중병은 약 100첩을 쓰야 끝을 본다.'는 옛 말이 옳은 거지요. 이런 치료 사례가 곧 간행될 『대한한약협회백년사(大韓韓藥協會百年史)』 후편에 수록되어 나올 것입니다.

· **당뇨 치료 복합 처방 ; '淸心蓮子飮'과 '生津養血湯'**
1. '淸心蓮子飮' : 蓮子 二錢, 人蔘, 黃芪 赤茯苓 各 一錢, 黃芩,
   車前子, 麥門冬, 地骨皮, 甘草 各 五分
   (治心以上炎)
2. '生津養血湯' : 當歸, 白灼藥, 生地黃, 麥門冬 各 一錢, 川芎, 黃蓮
   各 八五, 天花粉 五分, 知母, 黃柏 並蜜炒, 蓮肉, 烏梅, 薄荷, 甘草
   各 五分
   (治上消)

---

*(黃度淵 원저, 『對譯 證脈·方藥合編』. 南山堂. 2002(1978). pp. 185-187.

■ 괘약(掛藥)과 약재 보관

천장에다 괘약(掛藥)하기도 했지요

예전에는 약방에다 약을 다소 많이 보관했지만, 지금은 건재도매상에 전화만 하면 즉각 배달해 주기 때문에 별도의 비축 약재를 많이 구입해서 보관할 필요가 없어요. 조금 많이 쓰이는 약재는 약통이나 규격 봉투 상태로 보관해요. 예전에는 약장에 채우고 남는 경우 보통 짚으로 짠 가마니에 담아 창고에 보관했지요. 일부는 플라스틱 통에 담아 보관했고요. 조부님이 영업할 때는 천장에다 괘약(掛藥)하기도 했지요. 아버지가 할 무렵에는 초기에 조금 괘약하는 모습이 보이다가 곧바로 없어졌어요.

진피(陳皮)나 당귀(當歸) 등의 약재는 진액이 많아 잘 건조했다고 하더라도 보관과정에서 자체적으로 액이 나오기도 하므로 곰팡이가 피기 쉬워요. 따라서 이런 약재들은 특히 여름에 자주 일광(日光)하는 것이 최상의 약재 관리방법입니다. 변질되거나 좀이 슬기 쉬운 약재들은 한 번씩 햇볕에 내어다 말리곤 하지요.

조부님이 사용하던 약장은 아주 작은 크기였어요

조부님이 사용하던 약장은 아주 작은 크기였어요. 이에 비해 아버지가 사용하던 것은 그보다 2배, 3배는 컸어요. 또 내가 사용하는 것은 아버지 것보다도 2~3배는 더 커요.

이처럼 시간이 지날수록 약장 규모가 점점 커지는 이유는 그만큼 더 많은 약재가 필요한 때문으로 봐야지요. 이거는 예전에 비해 사람들의 한약 수요가 늘어났기 때문이라고 해석해서는 안 됩니다. 그럼 왜 그럴까요? 보다 근본적인 이유는 오늘날의 약재가 갖는 약성이 그만큼 떨어지기 때문입니다. 예전에는 대부분의 약재가 우리 산야에 자생해온 것이었으므로 약성이 강해 의약서 처방에 나와 있는 정도의 소량으로도 병에 잘 들었어요. 많은 약이 들지 않았어요. 따라서 소형의 약장이더라도 서랍에 가득 채운 경우 상당 기간 쓸 수가 있었어요.

하지만 차츰 재배 약재나 수입 약재를 많이 사용함에 따라 상대적으로 약성이 떨어지게 되었지요. 그래서 동일 처방이더라도 사용하는 약재의 양이 많아지게 됩니다. 실제로 의약서 처방에 나와 있는 대로 약을 쓰면 병에 잘 들지 않아요. 내가 보기에는 재배산의 경우 퇴비나 비료 등을 쓰기 때문에 그렇지 않은가 해요.[1]

내가 새 약장을 들이면서 조부님의 약장을 놔둘 데가 없어 대문간에다 내놓았는데 어느 날 골동품상이 몰래 가져 가버렸는지 없어졌어요. 아버

---

1 혹자는 이러한 구술자의 지적 내용 외에 육식 비율의 증대로 사람들의 체질에 변화가 생겨 처방약이 많이 소요될 수밖에 없다고 생각한다.

지의 약장은 현재 약장으로 사용하지는 않지만, 서류함으로 활용하면서 약방 안에 보관하고 있어요. 예전에는 당귀를 1cm 정도만 썼으나, 지금은 2~5cm를 써야 동일한 약효가 날 정도입니다. 옛날과 지금의 약재가 내는 약성의 차이는 자연산과 재배산의 차이 정도로 큽니다.

촌사람들이 약재를 캐다가 약방으로 팔러오곤 했어요

예전에는 삼천포 장날이 되면 인근의 도서나 육지 촌사람들이 약재를 캐다가 약방으로 팔러오곤 했어요. 창출(蒼朮), 우슬(牛膝), 시호(柴胡), 백출(白朮), 남성(南星), 길경(桔梗), 갈근(葛根) 등이 대표적인 약재들입니다. 이들은 주로 생 혹은 건조시킨 것을 원형의 상태로 가져왔어요. 약방에서는 품질 상태를 따져 근(600g) 단위로 값을 쳐 구입했어요.

약방에서는 이들 약재를 모두 썰고 덜 마른 것은 말리고 해서 약을 만들어 썼어요. 따라서 약을 썰고 짓고, 첩약 싸고 하는 데 많은 일손이 필요했지요. 예전에는 땔감을 많이 했기 때문에 산이 훤히 드러나므로 약이 살았으나, 지금은 산림이 울창하여 예전에 있던 약초조차 녹아버려 없어집니다.

첩약 소매 외에 약간의 도매도 했습니다

'보생당한약방'에서는 첩약 소매 외에 약간의 도매도 했습니다. 내가 직접 남해군 창선 수산에 있던 정행구 선생 약방으로 약을 가져다주기도 했어요. 허가가 없어 상호도 없이 영업을 했거든요. 또 사량도 '추(秋)약국' 집이나, 삼천포의 '광제당한약방' 등에도 약 배달을 가곤 했어요. 예전에는 삼천포 관내에 7개의 약방이 있었어요. 지금은 3곳 밖에 없습니다.

한약재 규격화 사업 이후에는 대부분의 약재를 건재방(乾材房)으로부터 주문해다 씁니다. 규격품은 사용량이나 부피 크기 등에 따라 한 근부터 다섯 근들이 까지가 제조되는데, 우리 집에는 보통 3근 들이까지 들어옵니다. 감초는 여러 처방에 들어가는 편이므로 세 근들이 규격품을 들이지요.

지금처럼 한약 수요가 급감한 상태에서는…

예전에는 장사가 잘 되어 밤 1시, 2시까지 주문 받은 약을 짓고 또 포장하느라 바빴던 적도 있습니다. 이럴 때는 어떻게 해서든지 약을 배우고 또 자격증을 취득해서 계승하려고 애썼지요. 하지만 지금처럼 한약 수요가 급감한 상태에서는 차라리 다른 일을 했더라면 하는 생각도 들어요. 약이나 좀 팔리면 괜찮은데, 그렇지도 않은 상태에서 하루 종일 약방을 지키기도 여간 힘든 일이 아닙니다. 다른 일을 볼 수도 없고, 여기에 얽매여 있어야 하기 때문이지요.

■ 보생당한약방의 한약 물증

▶ 한방 고서 :

조부가 사용해오던 100여 권으로 『동의보감-외형편 권지 1(東醫寶鑑-外形編 卷之 一)』, 『동의보감-안면부(東醫寶鑑-眼面頭)』 등으로 분류되어 있다.

▶ 약궤(藥櫃) :

· 조부 때부터 중재(重材, 귀중 약)을 보관하기 위해 약을 넣고 자물쇠로 잠가둠
· 지금은 조부와 부가 사용하던 100여 권의 한방 고서들을 넣어두는 책궤(册櫃)로 활용

▶ 한약 주판 :

·조부가 사용하던 것으로서 뒷면에는 한글로 '광신당'이라는 약방 옥
 호가 새겨져 있음

▶ 약방 벼루 함 :

·벼루/먹/물통/붓 등이 한 세트를 이룸
·각각을 담는 4개의 공간이 구획되어 있음
·예전에는 약방에서 붓으로 처방전을 기재했는데, 조부 때부터 사용하
 던 것임

참고문헌 및 구술자료 목록

문헌자료

대한한약협회, 『2004회원명부』, 2004.

대한한약협회, 『대한한약협회백년사』, 2006.

박경용, 『한국 전통의료의 민속지 1 - 원로 한약업사의 삶과 약업 생활사』, 경인문화사, 2009.

박경용, 『전통의료 구술자료 집성 ① - 대구약령시 원로 한약업사 6인의 의약업과 삶-』, 경인문화사, 2011.

黃度淵 원저, 『對譯 證脈·方藥合編』, 南山堂, 2002(1978).

대한한약협회, 『대한한약신문』 107호, 2006. 2. 25.

구술자료(음원 목록)

김종식(1948년생, 복원당한약방) 구술. 2006년 5월 11일.(3-05LH11052006 김종식001)

김희정(1926년생, 천일당한약방) 구술. 2006년 8월 17일.(3-04LH17082006 김희정001)

류경희(1924년생, 인산한약방) 구술. 2006년 3월 25일.(3-05LH25032006류경희001

류경희(1924년생, 인산한약방) 구술 2006년 8월 16일.(3-05LH16082006류경희001)

류경희(1924년생, 인산한약방) 구술. 2006년 8월 21일.(3-05LH21082006류경희001)

박경열(1928년생, 동광한약방) 구술. 2006년 8월 25일.(3-05LH25082006박
　　　경열001)

박경열(1928년생, 동광한약방) 구술. 2006년 10월 25일.(3-05LH25102006박
　　　경열001)

박기택(1925년생, 온화당한약방) 구술. 2006년 3월 27일.(3-05LH27032006
　　　박기택001)

박기택(1928년생, 온화당한약방) 구술. 2006년 5월 10일.(3-05LH10052006
　　　박기택001)

박정순(1957년생, 춘원당한약방) 구술, 2006년 4월 15일.(3-05LH15042006
　　　박정순001)

박유홍(1942년생, 보생당한약방) 구술. 2006년 9월 2일 면담.

신전희(1943년생, 백초당한약방) 구술. 2006년 8월 10일 면담.

양명주(1926년생, 춘원당한약방) 구술. 2006년 4월 15일.(3-05LH15042006
　　　양명주001)

양명주(1926년생, 춘원당한약방) 구술 2006년 10월 17일.(3-05LH17102006
　　　양명주001)

오대준(1921년생, 천수당한약방) 구술. 2006년 9월 2일.(3-04LH02092006오
　　　대준001)

이기인(1919년생, 선인장한약방) 구술. 2006년 4월 9일.(3-05LH09042006이
　　　기인001)

이기인(1919년생, 선인장한약방) 구술 2006년 5월 5일.(3-05LH05052006이
　　　기인001)

이시호(1927년생, 동강당한약방) 구술. 2006년 9월 2일.(3-04LH02092006이
　　　시호001)

조덕식(1922년생, 장수당한약방) 구술. 2006년 9월 2일.(3-04LH02092006조
　　　덕식001)

조우현(1923년생, 일제한약방) 구술. 2006년 3월 24일.(3-05LH24032006조
　　　우현001)

조한제(1928년생, 강민당한약방) 구술. 2006년 9월 20일 면담.

홍준희(1919년생, 상고당한약방) 구술. 2006년 3월 25일.(3-05LH25032006
　　　홍준희001)

　[* 3-구술자료 / 05-대구경북 지역 / 04-부산경남 지역 / LH-생애사 /
19092006-일월년(인터뷰 일자) / 이기인-구술자 / 001-첫 번째 자료목록]

찾아보기

— 가

가감(加減) 46, 113, 167, 252

가미(加味) 113, 204, 294

가미법(加味法) 298

가미온담탕(加味溫膽湯) 298, 299, 300

가미향사육군자탕(加味香砂六君子湯) 80

가업 계승 163

간접치료 16

갈근탕(葛根湯) 87

갈화해설탕(葛花解渫湯) 287

감초(甘草) 167, 257, 299

감초당한약방 230, 260

강민당한약방 279

강활(羌活) 297

건재(乾材) 212, 284

건재도매상 230, 302

건재방(乾材房) 272, 304

건재약(乾材藥) 68, 102

건재약방 101, 155, 284

건지황(乾地黃) 153

경동한약시장 287

경분(輕粉) 69, 86

경악전서 102

경험방 73, 159

경험방 노트 72

경험의학 6, 7

고방(古方) 106

고약(膏藥) 152, 291

고정방(固定方) 73

고진음자(固眞飮子) 282

골수염 136, 138

관침(管鍼) 217

관형찰색(觀形察色) 72

쾌약(掛藥) 35, 302

구증구포(九蒸九炮) 116, 170

귀비탕(歸脾湯) 101

규격품 69

귤홍(橘紅) 299

금강경 15

금은화(金銀花) 132

기(氣) 23, 72, 299

기보만병환(耆補萬病丸) 12, 13

기혈(氣血) 221, 286

길경(桔梗) 299

김구영 정골원 136

김기곤 112
김재성 123, 186, 189
김종식 161
김홍조약방 190
김희정 227, 259

— 나

남강약방 43
남성(南星) 302
남성약방 190, 191
남성한약방 111, 208
낭독(狼毒) 111
내과학 61
녹각(鹿角) 70
녹용(鹿茸) 125, 127
늑막염 136

— 다

달원산(達原散) 113, 114
당귀(當歸) 6, 114, 252, 271
당뇨병 301
당재(唐材) 220
대구약령시(大邱藥令市) 65, 171, 218, 235
대구의학전문학교 188

대구한의대 190
대남한약방 190
대동한약방(大東韓藥房) 104
대방약합편(大方藥合編) 159
대지당한약방 68
대한침구학원 192, 217, 218
대한한약협회 277
대한한약협회백년사 301
독·극약(毒·劇藥) 276
독·극약사용대장 117
독·극약장 116
돈(錢) 11
동강당한약방 253, 261
동광한약방 179, 200, 218
동양의약대학(東洋醫藥大學) 106, 112
동양의약전문학원(東洋醫藥專門學院) 124, 189, 218
동양의학사전 113
동의보감(東醫寶鑑) 6, 163, 250
동초(童炒) 83, 169
두충(杜沖) 83
등심초(燈心草) 117

— 라

류경희 49
류창록 190

류판학 190, 232, 235

― 마

마황(麻黃) 111
망진(望診) 8
맥(脈) 115, 257
맥문동(麥門冬) 116, 299
맥진(脈診) 8, 271, 286
면허제도 107
명의(名醫) 104, 214
무의촌(無醫村) 166
문진(問診) 8, 286
민간약(民間藥) 215
민족시보사 61
민족의약 109
밀구(密灸) 83, 169
밀초(蜜炒) 83

― 바

박경열 179
박기택 97
박유홍 289
박태식 113
반하(半夏) 64, 111
방문(方文) 206

방약합편(方藥合編) 35, 44, 102, 206, 214
방풍통성산(防風通聖散) 85
배심일점통(背心一點痛) 84
백복신(白茯神) 270
백작약(白灼藥) 275
백지(白芷) 6, 210, 297
백초유령(百草有靈) 198
백출(白朮) 138, 271
백출산(白朮散) 215
법제(法劑) 14, 115, 139, 169
변정환 112
변증방약합편(辨證方藥合編)
병랑(兵郎) 113
병리학 125
보건소 69
보사(補瀉) 10
보생당한약방 289, 300, 304
보양제(補陽劑) 297
보음제(補陰劑) 297
보중익기탕(補中益氣湯) 7, 167, 230
복령(茯笭) 209, 299
복원당한약방 161, 163, 173
본방(本方) 73, 204, 206
본초강목(本草綱目) 166
부자(附子) 271, 287
비방(秘方) 11, 38, 86, 129, 295
비산(砒酸) 156
비상(砒霜) 69, 239

― 사

사물탕(四物湯) 287
사상의학(四象醫學) 9, 10, 247
사향(麝香) 20
사향소합원(麝香蘇合元) 221
산수유(山茱萸) 116, 271
산약(山藥) 83, 136, 153
산제(散劑) 130, 152
산조인(酸棗仁) 81, 112
삼용상회(蔘茸商會) 273
3정성(三精誠) 16
상고당한약방 31
상약(上藥) 215
생강(生薑) 84, 87
생리학 218
생약(生藥) 68, 135
생진양혈탕(生津養血湯) 301
석웅황(石雄黃) 86
석창포(石菖蒲) 270
선(禪) 15
선인장한약방 2
성화한의원(成和韓醫院) 61
소시호탕(小柴胡湯) 193
소아마비 20
소풍탕(消風湯) 270
수종(隨從) 33, 43
숙지황(熟地黃) 116, 167, 170
시호(柴胡) 127, 163, 170

시호탕(柴胡湯) 248
신경통 143
신농유업(神農遺業) 95
신약사(新藥師) 87, 88
신의(神醫) 236, 286
신의사(新醫師) 88
실물공부 62, 268, 283
실물시험 63, 64, 192, 233, 283
십전대보탕(十全大補湯) 36, 63, 297
쌍화탕 11

― 아

약궤(藥櫃) 275, 305
약낭(藥囊) 39
약령시(藥令市) 151
약물학(藥物學) 115
약방(藥房) 172
약상(藥商) 110, 287
약성(藥性) 257, 293, 302
약성가(藥性歌) 256, 257, 292
약업(藥業) 137, 291
약업사(藥業社) 68, 87
약작두 153
약장(藥欌) 118, 302
약재 167, 292, 302
약저울 47, 221
약전골목 6, 43, 68, 124, 190

약탕기 169, 171, 295

양명주 121

양방(洋方) 74, 229, 271

양약(洋藥) 87

양약사(洋藥師) 82

양의(洋醫) 88, 156

업권(業權) 109, 195, 211

역학(易學) 196, 197

연기론(緣起論) 18

염수초(鹽水炒) 83

염주초(鹽酒炒) 83, 169

영남약우회 227, 232, 233

영보한약방(榮保韓藥房) 104

영약(靈藥) 237

오대준 265

오봉청낭결(五峰靑囊訣) 189, 201, 205

오수유(吳須庚) 111

오운(五運) 10

오운육기(五運六氣) 9

오운육기법(五運六氣法) 9

오장육부(五臟六腑) 20, 24

오적산(五積散) 7

오행(五行) 65

오행학(五行學) 61

온화당한약방 97, 116

왕진(往診) 112

용안육(龍眼肉) 116, 134

우담(牛膽) 69

우슬(牛膝) 302

우황청심원(牛黃淸心元) 20, 223

웅담(熊膽) 69

원방(原方) 204

원용(元茸) 82

원지(遠志) 134, 270

위장염 123

유불선(儒彿禪) 15

유황(硫黃) 112

육기(六氣) 8, 9

육미지황탕(六味地黃湯) 287

육방전서(六方全書) 6, 217

6.25전쟁 189

육진양약(六陣良藥) 111, 156

육효(六爻) 195

음양(陰陽) 8, 10

음양오행(陰陽五行) 8

음양조화 8, 24

의료법 106

의생(醫生) 12, 229

의서(醫書) 247

의약(醫藥) 235

의자(醫子) 39, 189

의학입문(醫學入門) 6, 102

이기인 2, 26, 29

이시호 253

인동초(忍冬草) 136

인산한약방 49, 72, 82, 93

인삼패독산(人蔘敗毒散) 36

인술시업(仁術是業) 239

인연소치(因緣所致) 18

일산한약방(一山韓藥房) 267, 273
일선당한약방 68
일제시대 163
일제한약방 41, 45
일침(一鍼) 217
일침이구삼약(一鍼二灸三藥) 152, 192, 216
임상경험 87, 164, 168, 213

― 자

자격제도 107
자궁종염(子宮腫炎) 84
자생약초 46
자연산(自然産) 169, 171, 302
작약(芍藥) 8
장수당한약방 243
재배산(栽培産) 302
적정풍(赤疔風) 70, 86
정업(正業) 91, 92, 213
정일성한의원 62
제약회사 170
제일한약방 111
제중한방학낭 159
제한한방병원 112
제한한의원 112
조구등(釣鉤藤) 270
조덕식 243

조우현 41
조제한약사 82, 109, 193
조한제 279
좌족열궐병(左足熱厥病) 83
주세(酒洗) 83, 115
주초(酒炒) 83, 115
주침(酒浸) 83
중량환산표 93
중상(仲商) 126
지각(地殼) 111
지기(地氣) 22
지사제(止瀉劑) 204
지실(枳實) 111. 299
지황(地黃) 153
진단학 125, 218
진맥(診脈) 229, 257
진피(陳皮) 229, 257
집증(執症) 72, 114

― 차

차전자(車前子) 215
찰색(察色) 8
창출(蒼朮) 209, 302
채약(採藥) 151, 210
채약자 65, 69
처방(處方) 251, 299
처방록(處方錄) 272

처방전 78, 80, 113
천궁(川芎) 126, 138, 271
천문동(天門冬) 64
천수당한약방 265, 270
천일당한약방 227, 232, 238, 259
첩약(貼藥) 295
첩지(貼紙) 118, 199
청낭결(靑囊訣) 201
청도한약방 112
청심연자음(淸心蓮子飮) 301
촉진(觸診) 34
총명탕(聰明湯) 270
추채(秋採) 133, 151
춘원당한약방 121, 149, 159
춘채(春採) 133, 151
치병삼보(治病三寶) 22
치본의학(治本醫學) 16
치심각병(治心却病) 15
치표의학(治標醫學) 16
침사(鍼士) 247
침구사(鍼灸士) 246
침구학 61, 125, 218

— 카

콜레라 13, 14

— 타

탕제(湯劑) 169, 171
태평요결(太平要訣) 196, 219
태화환(太和丸) 83
토사자(兎糸子) 83
토초(土炒) 83, 138, 153

— 파

파두(巴豆) 73
팔달한약방 113
패독산(敗毒散) 239, 281
패모(貝母) 136
편작(扁鵲) 38
풍(風) 9, 270
풍담문(風膽文)
피부병 86, 138

— 하

하약(下藥) 215
학과시험 102
학낭(鶴囊) 202, 219
한방병원 166, 205
한약 입문 186
한약(韓藥) 212, 235, 251

한약국(韓藥局) 108
한약도매업 107
한약방 45
한약사(韓藥師) 108, 109
한약시세표(漢藥時勢表) 273
한약업(韓藥業) 150
한약업사(韓藥業士) 6, 17, 88, 105, 193
한약업사 자격증 108, 117
한약업사 허가증 118
한약자원학과 106
한약종상(韓藥種商) 36, 37, 109, 123, 193, 212
한약협회 107, 205, 237
한의약(韓醫藥) 10
한의약업인(韓醫藥業人) 286
한의학(韓醫學) 250
한지한의사(閑地韓醫師) 107, 296
합방(合方) 301
해부학 125
행춘당한약방 283, 287
향부자(香附子) 83, 169
향유(香薷) 111
허가제도 108
허열(虛熱) 271
형개(荊芥) 111
호동루(胡桐淚) 70, 86
혼합 판매 109
홍준희 31
화(火) 9, 73

화제(和劑) 62, 130, 294, 296
화타(華陀) 38
화해환(和解丸) 83
환제(丸劑) 86
활석(滑石) 74
활인적선(活人積善) 11, 17
활투(活套) 298
황금(黃芩) 170
황기(黃芪) 112, 257, 269
황련(黃蓮) 83
황제내경(皇帝內徑) 61, 62
후세방(後世方) 73, 82